KB138110

철학의 위안

장 드 묑이 그의 번역서를 필립 4세에게 바치다

현대지성 클래식 2

철학의 위안

DE CONSOLATIONE PHILOSOPHIAE

보에티우스 지음 | 박문재 옮김

현대
지성

차례

해 제

『철학의 위안』은 고대 로마 제국의 철학자이자 정치가였던 보에티우스가 억울한 누명을 쓰고 먼 곳으로 유배 보내져 억류되어 있으면서 처형당할 날을 기다리는 동안에 쓴 책이라는 사실 때문에 그 저술 배경과 관련해서도 흥미를 끌고, 아울러 산문과 시를 번갈아 사용하는 형식을 통해서 인생의 가장 근본적인 문제를 진지하게 다루고 있다는 사실과 관련해서도 흥미를 끄는 책이다. AD 6세기의 로마를 배경으로 보에티우스가 걸어온 파란만장한 인생역정은 두 축으로 전개되었는데, 하나는 일생 동안 철학과 문학을 광범위하게 섭렵한 것이었고, 다른 하나는 명문가 출신이라는 사실과 혼인 인맥을 배경으로 한 탄탄한 정치적 입지 속에서 자신의 철학 사상을 정치적으로 펼쳐가다가 결국에는 테오도리쿠스 왕의 미움과 정적들이 씌운 누명으로 갑자기 몰락하여 처형당하게 된 것이었다. 이제 이 둘을 중심으로 『철학의 위안』이라는 책을 이해하기 위한 정지작업으로 들어가 보자.

1. 당시의 역사적 배경

보에티우스가 태어난 시기는, 로마 제국에 복속되어 있던 게르만족을 이끌던 오도아케르(Odoacer)가 476년에 반란을 일으켜서 서로마 제국의 마지막 황제 로물루스 아우구스툴루스(Romulus Augustulus)를 폐위시킨 무렵이었다. 호노리우스(Honorius, 395-423년) 황제 때까지는 서로마 제국의 수

도는 밀라노였지만, 401년에 서고트족의 알라리크 1세의 침공으로 함락된 뒤에는, 늪지대로 둘러싸여 있던 라벤나로 옮겨졌는데, 오도아케르는 라벤나에서 왕으로 자처하고, 자신이 서로마 제국을 계승했다고 주장했다. 그는 콘스탄티노플을 수도로 한 동로마 제국의 황제였던 제논에게 충성을 맹세했고, 로마 원로원의 지지를 받아서 서로마 지역을 평화롭게 다스렸다.

그러다가 489년에 동고트족의 왕 테오도리쿠스(Theodoricus)는 동로마 제국의 황제였던 제논의 후원 하에 서로마 지역을 공격해서 오도아케르를 죽이고 그 곳을 장악했다. 하지만 그는 비록 아리우스주의자였지만 어려서부터 콘스탄티노플에서 인질로 잡혀 있으면서 로마식 교육을 받은 인물이었기 때문에, 서로마 지역의 귀족들의 자유와 독립성을 보장해 주었다. 로마 원로원은 테오도리쿠스를 오도아케르의 후계자로 인정하고서 사실상 서로마 제국의 황제로 대우하였다.

동로마 제국과 서로마 제국의 정치적 통합을 방해한 중요한 요소는 서방의 교황과 동방 교회들 간의 신앙적인 갈등이었는데, 그러한 상황은 동로마 제국의 황제 제논의 후계자였던 아나스타시우스(Anastasius)가 518년에 죽고 유스티누스 1세(518-527년)가 즉위하면서 극적으로 바뀌었지만, 라벤나와 콘스탄티노플의 관계는 점점 더 악화되었고, 이러한 동방과 서방 간의 고조된 불신은 524년에 보에티우스가 반역죄로 처형당하는 데 불씨를 지폈다.

2. 보에티우스의 삶과 죽음

우리가 "보에티우스"라는 약칭으로 부르는 이 책의 저자는 본명이 아니키우스 만리우스 세베리누스 보에티우스(Anicius Manlius Severinus Boethius)

로서 475년과 477년 사이에 귀족 가문들 중의 하나였던 아니키우스 가문에서 태어났다. 아니키우스 가문은 상당한 부를 지닌 가문으로서 콘스탄티누스 황제를 따라 그리스도교로 개종하였지만 계속해서 자부심을 가지고 로마 제국의 전통을 지켜나갔다. 그의 아버지는 집정관을 지냈고, 아버지가 죽자 그 직책을 물려받은 보에티우스는 당시 로마의 유력 가문이었던 심마쿠스 가문으로 입양되었다. 그를 양자로 삼았고 나중에 그의 장인이 된 퀸투스 아우렐리우스 멤미우스 심마쿠스(Quintus Aurelius Memmius Symmachus)는 485년에 집정관을 지낸 유력자로서 이후의 보에티우스에게 지대한 영향을 미쳤다. 심마쿠스는 자신의 이교 조상들에 대해 자부심을 지니고 있긴 했지만, 독실한 가톨릭 신자로서 당시의 신학적인 논쟁들에도 적극적으로 참여하는 한편, 자신의 그리스도교 신앙을 로마의 전통적인 문학 및 문화와 접목시키고자 해서, 일곱 권으로 된 로마사를 집필하고, 보에티우스가 『철학의 위안』에서 활용한 마크로비우스(Macrobius)의 『스키피오의 꿈 주석』을 간행하는 데 참여하기도 했다.

보에티우스는 심마쿠스의 딸인 루스티키아나(Rusticiana)와 결혼해서 두 아들을 낳았다. 그녀는 "아버지의 판박이"였고, 그녀의 정숙하고 고결한 삶은 타의 추종을 불허하는 것이었다. 그녀는 보에티우스가 옥에 갇혀 있는 동안에 헌신적으로 그를 뒷바라지했고, 그가 처형당한 후에는 자선 사업에 헌신했다. 벨리사리우스가 이탈리아를 침공했을 때, 그녀는 고트족에 의해 죽임을 당할 수 있는 위험을 아랑곳하지 않고서, 로마에 세워져 있던 테오도리쿠스 상을 헐어버리기도 하였다.

명문가 출신이라는 배경과 처가의 위세를 등에 업은 보에티우스는 그야말로 승승장구해서, 그의 장인 심마쿠스처럼 로마 귀족 사회와 정가에서 지도적인 인물이 되었다. 한편으로는 테오도리쿠스, 다른 한편으로는 콘스탄티노플의 적극적인 후원 하에, 그는 20대 후반인 510년에 이미 집정관이 되었다. 그가 캄파니아 속주의 총독이었던 파우스투스(Faustus)의 강제 매점령에 반대하여 그 결정을 철회시킨 것도 아마 이 시기였던 것으로 보인다. 522년에는 그의 두 아들이 10대의 나이에 집정관으로 임명되었는데, 이것은 테오도리쿠스가 보에티우스에게 하사한 선물이었다고 보아야 한다. 그는 두 아들이 집정관으로 임명되는 날 테오도리쿠스 왕에게 바치는 찬사를 낭독하고 나서, 원형경기장에서 자신의 두 아들 사이에 앉아 로마 시민들의 환호를 받았다. 그에게 주어진 이러한 영광은 더 큰 출세를 위한 서곡이었다.

테오도리쿠스는 그에게 라벤나 궁정에서 오늘날의 대통령 비서실장에 해당하는 '마기스테르 오피키오룸'(magister officiorum) 직을 맡겼고, 그는 왕을 알현하려고 하는 자들과 왕 사이에서 조정자로서의 역할을 하였다. 이 직책의 임무는 궁정 내에 질서 유지를 감독하고, 황궁 수비대를 관장하며, 원로원 의원들과 외국 사절들이 왕을 알현하는 것을 주관하고, 국가의 행사와 연회를 감독하는 것이었다. 보에티우스가 누명을 쓰고 몰락하게 된 것은 스스로 얘기했듯이 부패와 불의를 단호하게 처리함으로써 궁정 관리들과 원로원으로부터 미움을 산 것이 원인이 되기도 했지만, 그가 자신의 직위를 독단적으로 행사해서 다른 고관대작들을 왕으로부터 소외시킨 것이 큰 원인으로 작용했던 것으로 보인다.

로마 원로원 의원 알비누스(Albinus)는 493년에 집정관을 지내고 몇 년 후에는 총독도 지냈을 뿐만 아니라 교황 호르미스다스(Hormisdas)의 최측근으로서 동방과 서방 교회를 화해시키는 데에도 큰 역할을 했던 아주 유력한 인물이었는데, 523-524년에 동로마 황제 유스티누스의 조신들에게 테오도리쿠스를 모욕하는 서신을 보냈다는 죄목으로 고발되었고, 고발자는 왕의 비서직을 맡고 있던 키프리아누스(Cyprianus)였다. 알비누스는 자신에게 덧씌워진 그러한 죄목을 부정했지만, 테오도리쿠스는 정식 재판 절차 없이 그를 반역죄로 베로나에서 처형하였다. 테오도리쿠스는 애당초 동로마 제국의 황제 제논의 은밀한 지원 하에 오도아케르를 무너뜨리고 서로마 지역을 장악한 경험이 있었기 때문에, 콘스탄티노플에서 자기를 무너뜨리기 위한 음모를 꾸미고 있다는 의심을 품기에 충분했고, 이미 나이도 70이 넘었고 건강도 좋지 않았기 때문에 그의 그러한 두려움은 상당히 컸을 것이었다.

보에티우스는 라벤나에서 단지 1년 동안 관직에 있었지만, 끊임없이 자기 자신을 라벤나가 아니라 로마와 연결시킨 그의 행보는 테오도리쿠스에게 상당한 실망을 안겨 주었고, 그가 알비누스 사건에 대해 보인 반응은 거기에 기름을 부었던 것으로 보인다. 이 사건이 있은 지 한 세대 후에 라벤나에서의 사건들을 기록한 어떤 역사가는 이렇게 말한다. " '마기스테르 오피키오룸'직에 있던 보에티우스는 왕의 면전에서 이렇게 고하였다. '알비누스는 절대로 그런 짓을 할 인물이 아니기 때문에, 키프리아누스의 고발은 거짓입니다. 나의 주 왕이여, 그 고발은 거짓입니다.' "

보에티우스가 왕 앞에서 이렇게 대담한 말을 했다는 것은 그가 왕이 이 고발을 기각할 것이라고 예상했음을 보여 준다. 하지만 테오도리쿠스는 보에티우스의 이러한 말과 태도를 그와 원로원이 한통속이 되어 공모했다는 증거로 받아들였다. 그리고 그의 그러한 의심은 전직 관리들이 보에티우스가 원로원의 반역죄를 비호하고 있다는 취지의 밀고를 해옴으로써 더욱 강화되었다. 보에티우스는 자기를 고발한 자들인 키프리아누스와 오필리오 형제의 부패와 비리를 왕에게 고발하지만, 이후에 그들은 궁정에서 영향력 있는 자리들을 꿰찼고, 특히 키프리아누스는 왕실 재무관을 거쳐서, 보에티우스가 맡고 있던 왕의 비서실장이 되었다.

알비누스와 보에티우스는 둘 다 체포되고 투옥되었다. 알비누스는 즉석에서 처형당했고, 보에티우스는 티키눔(Ticinum, 지금의 파비아)으로 유배되어 연금되었다. 티키눔의 행정장관이었던 에우세비우스는 로마로 호출되어 왕의 교지를 받았는데, 그 내용은 로마에서 원로원이 법정을 열어 심리해서 보에티우스에게 사형을 선고했다는 것이었다. 이렇게 해서 보에티우스에게는 법정에서 자신을 변호할 기회조차 부여받지 못하고, 자신의 유배지에서 처형당할 처지에 놓이게 되었다. 보에티우스는 이 책에서 원로원 의원들이 자기를 배신했다고 통렬하게 비판한다.

보에티우스는 테오도리쿠스가 자신의 최측근이자 저명한 원로원 의원이었던 자기를 처형하는 것을 강행하기 힘들 것이라고 믿었던 것으로 보인다. 그러한 잔인하고 야만적인 처사는 이제까지 이 왕의 성품이나 그가 지금까지 보여 주었던 행태와 어울리지 않는 것이었기 때문이었다. 비잔틴의 저명한 역사학자인 프로코피우스(Procopius, 500-565년)는 보에티우스와 심마쿠스를 처형한 것이 테오도리쿠스 치세의 유일한 오점이었다고 말하면서, 이 왕이 그렇게 한 것은 보에티우스를 시기한 자들이 반역죄를 거론하여 왕을 부추긴 탓이었다고 지적한다. 하지만 라벤나와 콘스탄티노플 간의 사이가 급속하게 악화된 것도 보에티우스에 크게 불리하게 작용했다. 이 관계가 악화될수록, 동로마 제국의 황제가 서로마 제국의 귀족들과 공모해서 자신을 제거하려고 음모를 꾸미고 있다는 테오도리쿠스의 의심은 커질 수밖에 없었고, 반역에 대한 테오도리쿠스의 이러한 민감한 반응은 보에티우스의 처형을 재촉하는 요인이 될 수밖에 없었기 때문이었다.

보에티우스가 자신의 유배지였던 파비아(Pavia)에서 어떻게 생활했는지도 분명하지 않다. 그는 거기에서의 자신의 생활이 열악하다고 불평했지만, 자신의 필생의 주저를 집필할 수 있는 시간적인 여유와 책들을 볼 수 있는 여건이 허용되었다. 따라서 그는 파비아 근방에서 가난한 농민들이 거주하고 있던 마을인 아게르 칼벤티아누스(Ager Calventianus)에서 가택 연금 형식으로 감시를 받고 있었던 것으로 보인다. 그가 처형된 방식에 대해서도 두 가지 설이 있다. 라벤나 연대기의 저자는 집행관들이 노끈으로 그의 목을 감아 조였고, 그의 눈알이 튀어나오자, 몽둥이로 때려서 죽음에 이르게 하였다고 기록한다. 보에티우스는 로마 원로원의 의원으로서 덜 야만적인 처형방식을 기대했겠지만, 반역죄라는 중죄를 범한 죄인에 대한 사형을 집행한 동고트족 집행관들은 그를 곱게 죽이려고 하지 않았을 것이다. 따라서 다른 기록에서는 그가 칼에 찔려 죽었다고 말하지만, 라벤나 연대기의 기록이 더 믿을 만한 것으로 보인다.

3. 보에티우스와 신플라톤주의

보에티우스가 『철학의 위안』에서 다룬 폭넓은 형이상학적인 문제들과 관련해서, 아테네와 알렉산드리아에서 활동했던 신플라톤주의자들은 아리스토텔레스학파의 정교한 논리에 오랫동안 종속되어 있었다. 보에티우스 당시까지 그리스의 철학 풍토는 플로티노스(Plotinos)가 3세기에 로마에서 시작한 새로운 방향의 플라톤주의에 의해 지배되었고, 그의 제자 포르피리오스의 저작들을 통해 널리 보급되었다. 보에티우스는 마리우스 빅토리누스와 아우구스티누스의 모범을 따라 자신의 가톨릭 신앙과 당시의 철학 간의 조화를 추구하였다.

    5세기의 아테네에서 프로클로스(Proclos, 410-485년)는 이 학파의 대표자였다. 그는 플라톤의 여러 대화편에 대한 주석과 더불어서, 『플라톤의 신학』이라는 제목의 방대한 저작과 『신학원론』이라 불리는 신플라톤주의의 강령이라고 할 수 있는 저작을 집필하였다. 프로클로스는 이교의 종교적 실천들을 열렬히 옹호하고, 그리스도교를 신랄하게 비판하였다. 유스티니아누스 황제가 529년에 아테네에 있던 플라톤학파의 근거지인 아카데미아를 폐쇄한 것도 신플라톤주의자들의 한 우두머리였던 다마스키우스(Damascius)가 그리스도교에 대해 보인 적대적인 태도 때문이었다.

알렉산드리아의 상황은 다소 달랐다. 이 국제적인 도시에서는 1세기의 유대인 학자 필로(Philo)가 구약성경의 가르침과 플라톤 사상의 조화를 추구한 전통을 이어받아서, 클레멘스와 오리게네스 등과 같은 그리스도교 신학자들, 그리고 오리게네스와 플로티노스의 스승이었던 암모니오스 사카스(Ammonios Saccas)가 계속해서 플라톤을 호의적으로 받아들였고, 그리스도교인들이 플라톤을 존중한 이러한 전통은 보에티우스의 시대까지 이어졌다. 특히 중요한 사건은 아테네에서 프로클로스에게 배운 헤르미아스의 아들 암모니오스(Ammonios)가 그리스도교로 개종한 후에 알렉산드리아에 있던 학당의 수장으로 취임하였고, 이때에 보에티우스가 그에게서 철학을 배웠다는 것이었다. 그렇기 때문에 보에티우스는 교회 당국으로부터의 그 어떤 비난에 대한 걱정 없이 마음 놓고 플라톤으로부터 내려오는 사상과 가르침을 배우는 데 몰두할 수 있었다.

플로티노스가 자신의 저작 전집인 『엔네아데스』에서 가르친 신플라톤주의 사상의 기본적인 가르침은 세 개의 실체가 존재하는데, 그것은 일자(the One), 정신(the Intelligence), 영혼(the Soul)이라는 것이다. 이것들은 제1원리("일자" 또는 "선")로부터 시작해서 두 번째 단계인 신적 정신('누스')과 "형상들"로 내려오고, 마지막으로는 세 번째 단계인 "우주혼"으로 내려오는 존재의 계층구조를 형성한다. "일자"인 "선"은 절대적인 단일성과 자족성으로서, 존재를 뛰어넘는 존재의 근원이다. 우리 인간은 "일자"에 대해서는 오직 소극적인 방식으로만, 즉 " '일자'는 ~가 아니다"라는 서술형식으로만 말할 수 있다. "일자"는 스스로 완전한 채로 그냥 존재하는 것이 아니라 창조하지만, 의지나 움직임 없이 스스로 그 어떤 감소도 없이 창조한다. 플로티노스는 "일자"를 "신"이라고 표현하기도 하고 "아버지"라고 표현하기도 한다. 존재의 두 번째 단계를 형성하는 "형상들"은 신의 정신 안에 있는 "생각들"로 묘사된다. "일자"에서 '누스,' 즉 형상들의 세계를 형성하는 신적 정신이 나오고, 이러한 생성과정은 "방출"로 표현되는데, 플로티노스는 이것을 빛이나 열기가 방사되는 것에 비유한다.

그러한 방출에는 두 가지 움직임이 존재한다. 그 중 하나는 '누스'가 형태 없이 창조된 후에 "일자"에게로 돌아가서 "일자"를 바라봄으로 존재로 충만하게 되는 것이다. 왜냐하면, 모든 것의 활동과 능력은 그들의 원천인 "일자"를 바라보는 것으로부터 나오기 때문이다. '누스'는 '로고스'라 불리기도 하는데, '로고스'는 더 높은 원리로부터 나와서 존재의 더 낮은 차원에서 그 원리를 대표하는 힘이다. 따라서 '누스'는 "일자"의 로고스이고, 영혼은 '누스'의 로고스다. '누스'와 동일한 "형상들"의 세계는 이제 더 이상 플라톤이 말한 정태적인 보편자들의 집합이 아니라, 다양함 속에서 통일성을 이루고 있는 신적 정신의 살아 있는 공동체다.

영혼은 '누스'로부터 나와서 신적 정신의 세계와 감각의 세계를 이어주는 매개자다. 영혼은 '누스'에서 나왔기 때문에 '누스'를 바라본다. 이렇게 형성된 영혼은 만유(우주) 전체를 규율한다. 영혼은 두 가지 차원을 지니는데, 높은 차원은 신적 정신을 향하여 움직이는 것이고, 낮은 차원은 생명과 성장의 원리가 되는 것이다. 개개인들의 영혼은 이 "우주혼"의 일부이지만, 육신의 요구에 굴복하는 경우에는 "우주혼"으로부터 단절된다. 반면에, 육신을 지배하는 경우에는 보편 영혼에 합쳐져서 '누스'에게로 올라가서, 거기에서 다시 '누스'와 결합되어서 더 올라가 "일자"를 바라볼 수 있지만, 육신이라는 사슬에 매여 있을 때에는 그것은 일시적으로만 가능할 뿐이다. 모든 물질은 악이고 세계의 불완전성의 원인이다. 우리는 엄격한 정신적이고 도덕적인 훈련을 통해서 우리의 참된 자아를 발견할 수 있다.

보에티우스는 플라톤이 자신의 『파이돈』에서 "형상들"의 세계에 영혼이 선재하고 있기 때문에, 우리 인간은 그 때의 그 기억을 회상해냄으로써 (anamnesis - '아남네시스,' 기억 또는 회상) 진리에 도달할 수 있다고 한 가르침을 수용하고 있고, "무로부터의 창조"(creatio ex nihilo)를 가르치는 그리스도교와는 반대로 세계의 영원성을 설파한 아리스토텔레스의 가르침을 수용한다. 하지만 우리는 보에티우스가 개인적으로 철학의 그러한 가르침들에 동의했을 것이라고 볼 필요는 없다. 하지만 보에티우스는 과거의 오리게네스가 그랬던 것처럼 그리스도교의 정통적인 가르침으로부터 벗어날 위험성을 감수하면서까지 철학자들의 가르침과 그리스도교를 접목시키고자 하는 시도를 하였을 가능성은 충분하다.

4. 보에티우스가 『철학의 위안』을 쓰면서 참고했던 자료들

먼저 플라톤과 관련된 저술들로부터 시작해 보자. 오늘날 전해지는 대화편들 중에서 플라톤이 쓴 것임이 확실한 것은 스물네 편인데, 『철학의 위안』은 보에티우스가 그 중에서 최소한 절반에 대해 직간접적으로 알고 있었음을 보여 준다. 소크라테스의 죽음에 이르기까지를 다루고 있는 대화편들(『변명』, 『크리토』, 『파이돈』)은 제1권에 반영되어 있고, 『파이돈』과 『파이드로스』의 핵심 주제인 영혼 불멸에 관한 내용은 나머지 권들에 반영되어 있다. 보에티우스가 철저하게 탐독하였을 것이 분명한 철학자 정치인들의 교범인 『국가』도 자주 직간접적으로 인용된다. 그 밖에도 『테아이테토스』, 『소피스트』, 『프로타고라스』, 『메논』의 흔적들도 보이고, 『철학의 위안』이라는 책의 중심이라고 할 수 있는 제3권 제9장에 나오는 "아버지에게 드리는 찬가"는 『티마이오스』의 가르침을 수정해서 제시해 놓은 것이고, 제4권의 앞쪽에 나오는 장들은 『고르기아스』의 논증을 거의 그대로 옮겨놓은 것이다. 적어도 이 마지막 두 경우에서 보에티우스는 그런 내용들이 나오는 책들을 옆에 두고서 참조했을 가능성이 높다.

아리스토텔레스와 관련해서는 사정이 좀 다르다. 왜냐하면, 보에티우스는 거의 평생 동안 아리스토텔레스의 저작들을 연구하는 데 많은 시간을 할애하였기 때문이다. 그래서 보에티우스가 윤리학이나 형이상학과 관련된 내용에서 『니코마코스 윤리학』과 『형이상학』에 관한 자신의 지식을 활용한 것은 별로 놀랄 일이 아니다. 신플라톤주의자들은 아리스토텔레스학파의 가르침을 연구하는 데 몰두하였기 때문에, 보에티우스는 아리스토텔레스의 가르침에 관한 지식을 신플라톤주의자들의 아리스토텔레스 주석들에서 얻었을 가능성이 높다. 따라서 보에티우스는 플로티노스의 저작들을 모아놓은 『엔네아데스』와 그의 제자 포르피리오스의 주석서들을 잘 알고 있었겠지만, 그들의 가르침들을 주로 당시의 학자들의 글로부터 습득했을 것이다. 아테네에서 프로클로스는 플라톤의 『티마이오스』, 『파르메니데스』, 『국가』에 관한 주석서들과 『섭리와 악』에 관한 글들을 썼는데, 그러한 저작들은 『철학의 위안』에 뚜렷한 족적을 남겨 놓았다.

보에티우스는 과거의 키케로처럼 플라톤과 아리스토텔레스의 글들을 당시의 로마 지식인들에게 알리고자 했기 때문에, 키케로의 철학적인 저술들을 잘 알고 있었다. 그래서 어떤 이는 스토아학파와 에피쿠로스학파의 가르침들에 대한 그의 지식은 주로 키케로와 루크레티우스(Lucretius)의 저작들에서 나온 것이라고 주장하기까지 한다.『철학의 위안』에서 주로 윤리 문제를 다루는 처음 부분에는 키케로의『투스쿨룸에서의 대화』가 반영되어 있고, 후반에는 키케로의『신의 본성론』과『운명론』이 주로 활용된다.

5.『철학이 위안』의 형식과 구조

(1) "위안"

저자가 직접 붙인 것으로 보이는『철학의 위안』(De consolatione philosophiae)이라는 제목은, 시칠리아의 솔리(Soli)에서 BC 4세기 중엽에 태어난 그리스 철학자 크란토르(Crantor, BC 325-275년)에게서 시작되어서 키케로가 자신의 딸 툴리아(Tullia)의 죽음을 애도하며 자신을 위로하기 위해 BC 45년에 라틴어로 쓴 글을 통해 유명해진 '콘솔라티오'(consolatio, "위로문")라는 문학장르와 연결되어 있는 것으로 보인다. 키케로는 자신이 국정에서 물러나서 의미 있는 일을 하지 못하는 괴로움을 위로하기 위해서 자신의 철학적인 글들을 썼다는 말을 종종 했는데, 보에티우스는 아마도 자신의 이 저작을 그런 식으로 탄생한 키케로의 저작들과 결부시키고자 하는 의도가 있었을 가능성이 커 보인다. 키케로는 국정에서 손을 떼고 난 데다가 자신의 딸이 죽는 불상사까지 겹친 때에 "정말 마음에 위안이 되는 일이 하나도 없어서"『신의 본성론』이라는 글을 썼다. 보에티우스는 억울하게 누명을 쓰고 처형을 앞둔 자신의 처지가, 권력과 자신의 사랑하는 딸을 잃은 키케로의 비통한 처지와 정치적으로나 개인적으로 비슷했기 때문에 그와 동병상련을 느꼈을 것이다. 키케로의『투스쿨룸에서의 대화』가 행복으로 가는 참된 수단을 다룬다는 점에서 보에티우스의 마지막 저작과 그 주제가 동일하고, 키케로는 그 책의 첫머리에서 어떻게 철학이 딸을 잃은 자신의 비통함을 위로해 줄 수 있는 치료약이 될 수 있는지를 언급하는데, 이 점도 『철학의 위안』의 첫머리와 비슷하다. 에피쿠로스학파, 스토아학파, 플라톤학파가 이 땅에서의 우리의 삶과 관련하여 제시하는 최고선을 탐구하고 있는 키케로의 『선악의 한계』(De finibus)도 『철학의 위안』과 아주 밀접하게 연결된다. 따라서 보에티우스가 『투스쿨룸에서의 대화』 및 『선악의 한계』를 본떠서 『철학의 위안』을 5권으로 구성한 것은 결코 우연이라고 할 수 없다.

따라서 『철학의 위안』은 "모든 사람은 본성적으로 알기를 원한다"고 아리스토텔레스가 말한 것과 같이 인간의 지적 호기심을 충족시켜 주기 위한 책이 아니라, 인생의 깊은 의미를 통찰해서 모든 운명의 파란에도 불구하고 모든 일을 주관하는 신 안에서 위안을 받으라고 하는 철학적이고도 종교적인 메시지라고 할 수 있다.

(2) "대화"

보에티우스는 자신의 『철학의 위안』을 감옥에 갇혀 있는 자신과 여인으로 등장한 철학 간의 대화로 구성하고서, 철학이 보에티우스의 스승이 되어서 그의 정신적인 질병을 진단하고 그의 여러 의문들에 대답을 주는 형식으로 논의를 전개해 나간다. 이러한 "대화" 형식은 보에티우스의 모델인 플라톤과 키케로에게서 가져온 것이었다. 하지만 보에티우스와 이 두 사람 사이에는 한 가지 두드러진 차이가 있는데, 그것은 보에티우스는 시와 산문을 결합시킨 것이었다. 이것은 철학을 한편으로는 소수의 사람들의 전유물로 여기는 전통, 다른 한편으로는 수사학과 문학과 미학을 접목시켜서 다수가 즐길 수 있게 해야 한다고 본 전통과 관련이 있는데, 여기에서 보에티우스가 후자의 전통을 따라서 자신의 책을 많은 독자들이 읽어 주기를 바랐다는 것을 보여 준다. 그 결과 『철학의 위안』의 시 부분에서는 베르길리우스, 호라티우스, 오비디우스, 유베날리스를 비롯한 많은 시인들의 시들과 세네카의 희곡에 대한 보에티우스의 해박한 지식이 드러난다.

따라서 우리는 보에티우스가 시와 산문이 번갈아 나오는 형식을 사용한 몇 가지 의도를 추측해 볼 수 있다. 먼저, 그는 자기가 로마와 그리스의 고전을 잘 알고 있다는 것을 보여주고자 했고, 그 고전들이 도덕적이고 정신적인 교사로서의 역할을 한다는 것을 인정하고자 했다. 그는 루크레티우스와 마찬가지로 자신의 철학적인 메시지를 감미롭게 해줄 양념으로 시를 활용한다. 그래서 산문에 이어지는 시는 산문에서 제시된 메시지의 전부 또는 그 중요한 일부를 운율에 실어 전달하는 역할을 한다. 어떤 시들에서는 산문에서 제시된 철학적인 논증들을 신화나 역사에서 가져온 적절한 사례들을 통해 예시하기도 하고, 어떤 시들에서는 산문에서 논리적인 논증을 통해 제시된 메시지를 생생한 심상들을 통해 보여주기도 한다. 이렇게 해서 산문에 나오는 철학적인 메시지에 의해 이성이 자극되었던 독자들은 이제 시들을 통해서는 감성의 세계로 빠져들어서, 이성과 감성의 조화로운 활용이 이루어진다.

6. 『철학의 위안』의 내용

이 책은 극적인 만남으로 시작된다. 감옥에 갇힌 보에티우스는 처음에 음악과 시의 여신들(그리스어로는 '무사')로부터 위안을 받으며 자신의 원통함과 비통함을 달랜다. 따라서 제1권에서는 시가 먼저 나오고 산문이 나중에 나오지만 제2권에서 제5권까지는 그 위치가 뒤바뀌어서 산문이 먼저 나오고 시가 나중에 나오는 것은 결코 우연이 아니다. 시의 여신들은 보에티우스가 고통스러워하고 있을 때에 유일하게 마음을 부치고 의지할 수 있는 존재로 나오지만, 곧이어 철학이 와서 시의 여신들을 면박주고 내쫓아 버린다. 하지만 이후에도 시들이 계속해서 나와서 상당한 영향을 끼치고 있는 것은 시들이 아예 필요하지 않다는 것이 아니라 단지 자신의 자리인 철학의 후순위에 있어야만 자신의 진가를 발휘할 수 있음을 보여준다. 여기에 여인으로 등장하는 철학은 플라톤의 대변자다. 왜냐하면, 플라톤도 자신의 『국가』에서 시를 단죄하고서 자신의 이상 국가에서 쫓아내 버리기 때문이다. 또한, 이 철학은 『투스쿨룸에서의 대화』에서 시에 대한 플라톤의 비판을 그대로 반영했던 키케로의 대변자이기도 하다.

이 책에 여인으로 등장하는 "철학"을 두고서 많은 논쟁이 있어 왔다. 보에티우스는 이 책에서 그리스도교적인 영향을 표면적으로 드러내는 것을 삼가고 있다는 점에서 비추어 보면, 한 여인의 모습으로 등장하는 "철학"은 구약성경에 나오는 "지혜", 또는 그리스 교부들이 의인화한 "미덕"이라기보다는, 전통적으로 철학을 상징했던 "아테나 여신"이거나, 아우구스티누스의 『독백』에 나오는 '필로소피아'를 모델로 했을 가능성이 높다.

보에티우스가 마침내 이 여인의 정체가 "철학"이라는 것을 알아차리자, 철학은 자기가 의사가 되어 그의 도덕적인 질병을 고쳐 주겠다고 약속하고, 보에티우스는 억울한 누명을 쓰고 모든 것을 잃어버린 자신의 기구한 운명에 대한 한탄을 늘어놓는다. 그러자 철학은 그가 어떤 병에 걸린 것인지를 진단하기 위한 목적으로 그에게 기본적인 질문들을 던진다. 세계가 이성에 의해 다스려지고 있다는 것을 믿느냐; 세계는 어떤 목적을 지향하여 나아가고 있는 것이라고 생각하느냐; 인간의 본성은 무엇이냐. 철학은 보에티우스의 대답이 불만족스러운 것을 발견하긴 하지만, 그 대답 속에서 그의 병을 치료할 수 있는 희망을 본다.

이런 식으로 제1권은 이어지는 극적인 대화를 위한 무대를 설정하는 서론으로서의 역할을 충실히 수행한다. 철학은 자기가 좋은 의사로서 보에티우스의 병을 처음에는 "순하고 약한 치료약"을 사용하고 나중에는 "다소 강한 치료약"을 사용해서 치료해 나가겠다고 말하는데, 이 말의 의미는 이후의 권들에서 분명해진다. 즉, 철학은 처음에는 보에티우스가 과거에 누렸던 행복과 현재 누리고 있는 위안들을 보여준 후에, 나중에는 "일자" 또는 "선"의 형이상학적인 세계로 그를 인도해서, 그로 하여금 대다수의 사람들이 추구하는 거짓 선들을 버리고 참된 행복에 도달할 수 있게 해 주고자 한다.

따라서 제2권에서 철학은 보에티우스가 운명의 여신이 과거에 그에게 준 행운이라는 선물들에 대한 미련을 버리지 못하고 있다고 질책하기 시작한다. 철학은 그런 미련을 갖는 것이 잘못된 것임을 수사학의 도움을 받아 설파하는데, 이것은 키케로적인 특징이다. 왜냐하면, 플라톤은 자신의 『고르기아스』에서 수사학이 진리를 탐구하는 데 방해가 된다고 맹공을 퍼부은 반면에, 키케로는 자신의 『수사학』(De oratore)에서는 아리스토텔레스의 입장을 대변하여, 수사학은 철학의 명제를 정교하게 설명하는 데 도움이 되는 설득의 기술이라고 찬양했고, 자신의 『의무론』(De officiis)에서는 철학과 수사학을 함께 사용하면 매우 유용하다는 것을 강조했기 때문이다. 따라서 철학은 보에티우스의 공격을 받은 운명의 여신이 자신을 변호하는 데 수사학을 활용한다. 운명의 여신은 끊임없는 변화는 자연 세계의 법칙이기 때문에, 자기가 인간사를 다룰 때에 그 법칙을 따라 행한 것은 너무나 당연한 일이라고 말한다. 이어서 보에티우스는 자기가 과거에 행복을 누렸고, 현재도 가족으로 인한 위안들을 누리고 있다는 것을 인정한다. 철학은 사람이 죽으면 홀로 남게 되는 정신에게는 물질적인 것들이 필요하지 않다는 사실도 인간에게 위안이 된다고 말하면서, 대부분의 사람들이 자신들에게 행복을 가져다줄 것이라고 믿고서 추구하는 부와 권력과 명성 등을 단죄하고, 아리스토텔레스가 자신의 『니코마코스 윤리학』의 끝부분에서 인간이 이 땅에서 추구해야 할 가장 소중한 것으로 언급한 "우정"과 대비시킨다.

제3권의 주제는 키케로가 『투스쿨룸에서의 대화』에서 다룬 주제와 동일한 것으로서, 참된 행복이 무엇이고 어디에서 발견할 수 있느냐에 대한 것이다. 철학은 참된 행복에 도달할 수 있는 유일한 길은 우리의 기원으로 돌아가는 것임을 논증한다. 철학은 능숙한 교육자답게 사람들이 추구하는 거짓된 선들의 목록을 다시 한 번 반복해서 가져와서 자세하게 설명하면서, 이번에는 부와 높은 관직과 권력과 명성에 육신의 쾌락과 육신의 아름다움을 더하는데, 여기에는 유베날리스(Juvenalis)의 열 번째 풍자시인 『인간의 헛된 욕망』이 반영되고 있는 것이 분명하다. 『철학의 위안』의 중간 지점(제9장)에 도달해서, 철학은 앞에서 거짓된 선들을 버리게 만드는 약한 치료약을 사용하였기 때문에, 이제부터는 참된 선을 찾아가게 만드는 좀 더 강한 치료약을 사용하기 시작한다. 이렇게 형이상학의 영역으로 본격적으로 들어가는 관문에서 이 책 전체의 중심축으로서의 역할을 하는 엄숙한 기도가 나오고, 그런 후에 철학은 참된 행복은 완전한 선에 있고, 최고선은 바로 "신"이라는 명제를 제시하면서, 사람이 그런 행복에 도달했을 때 그들 자신도 신적인 존재가 된다고 말한다. 사람들이 단편적이고 결함 있는 선들을 추구하고 있다는 사실은 만유의 모든 것들이 본성적으로 참된 행복을 추구하고 있음을 보여 주는데, 모든 단편적인 선들이 하나로 통합되어 단일성을 이루게 될 때에만, 거기에 참된 행복이 존재한다. 여기에서 만물은 최고의 실체인 "일자" 또는 "선"을 추구한다는 신플라톤주의의 메시지가 뚜렷하게 울려 퍼진다.

참된 선이 무엇이고 어디에서 발견할 수 있는지를 확증한 철학은 이제 제4권에서는 두 번째로 중요한 주제, 즉 신이 참된 선이라면, 이 세계에서 선한 자들과 악인들에게 합당한 정의를 안배하는 것이 마땅한데, 과연 그러한가에 대한 문제를 다루기 시작하는데, 이것은 인류를 늘 괴롭혀 왔던 "신정론"의 문제, 인간 사회는 과연 정의로 다스려지고 있는 것인가 하는 문제에 관한 것이다. 철학은 플라톤의 『고르기아스』에 주로 의거해서, 모든 사람은 본성적으로 선을 추구하고, 선한 자들은 선에 도달함으로써 신적인 존재가 되는 반면에, 악인들은 자신들의 욕망을 충족시키고자 함으로써 인간 이하의 존재로 전락하는 벌을 받는다는 것을 논증한다. 그들의 존재가 비참하고 참담하다는 사실은 그들에게 악을 행할 수 있는 능력이 있다는 사실, 바로 거기에 있다. 왜냐하면, 악을 행한다는 것은 선을 추구하게 되어 있는 본성을 부정함으로써 스스로 인간이기를 포기한 것이기 때문이다.

여기에서 보에티우스는, 이 세계가 대체로 비이성적으로 돌아가고 있는 것처럼 보이고 많은 일들이 우연에 의해 결정되는 것처럼 보이는 것은 신의 지혜로운 통치와 맞지 않는다고 이의를 제기한다. 그러한 이의제기를 계기로, 철학은 이 책에서 가장 긴 장을 할애해서, 그 어떤 변화도 알지 못하는 신적 지성인 "섭리"와, 신의 계획을 이 변화무쌍한 세상에서 실행해 나가는 "운명" 간의 관계를 설명해 나간다. 하지만 신의 이러한 질서정연한 통치에 대한 인간의 이해는 부분적인 것일 수밖에 없다.

제5권에서는 『철학의 위안』의 후반부에서 제기된 문제들 중에서 세 번째이자 마지막인 문제를 탐구해 나가는데, 그것은 인간의 자유의지와 신의 섭리는 어떻게 조화될 수 있는가에 관한 문제다. 하지만 보에티우스는 먼저 우연의 역할에 대한 가르침을 청하고, 철학은 아리스토텔레스의 견해에 의거해서, 섭리에 의해 만들어지고 운명에 의해 구체적으로 실현되는 예기치 않은 원인들의 결합이 우연이라고 정의한다. 자유의지의 작용과 관련해서 철학은, 하늘에 속한 피조물들은 제한을 받지 않지만, 우리의 영혼은 땅의 것들에 묶여서 제한을 받아 그 자유가 방해를 받는다고 말한 후에, 자유의지는 신의 예지와 양립할 수 없다는 보에티우스의 주장을 반박한다. 철학은 먼저 인식방식의 네 차원을 감각, 상상, 추론, 직관으로 구분하고서, 마지막 인식방식은 오직 하늘에 속한 피조물들만이 소유한 능력이라고 말한다. 자유의지와 신의 예지가 서로 모순되어 보이는 문제는, 오직 신의 지식은 불변하며 항상 현재적이라는 사실을 알 때에만 해결될 수 있다. 신은 미래의 모든 일들을 항상 현재 속에서 바라보기 때문에 필연적으로 일어나지만, 그 일들의 본성 자체만을 놓고 보았을 때에는, 어떤 일들은 필연적으로 일어나고 어떤 일들은 자유롭게 일어난다.

그런데 제5권의 끝부분에서 다루는 내용은 얼핏 보면 보에티우스가 처해 있던 절박한 처지와 거리가 먼 것처럼 보일 수 있다. 인간의 자유의지가 신의 섭리와 조화된다는 것을 아는 것이 그에게 무슨 위안이 되는 것인가. 『철학의 위안』 전체에 걸쳐서 전개된 일련의 논증은, 보에티우스에게 진정으로 위안을 줄 수 있는 것은 이 땅에서 어떤 것들을 이루어 만족을 얻는 것이 아니라, 오직 "일자"이자 "최고선"인 신을 아는 지식을 열망하고 그 지식에 도달하는 것임을 증명하는 것이다. 그러한 지식은 신이 만물을 선으로 질서정연하게 다스리고 있다는 것을 깨닫게 해 주는데, 그러한 신정론의 문제가 해결되었다고 해도, 신이 만유를 다스리는 경륜에 있어서 여전히 핵심적인 문제로 남는 것은, 인간에게 과연 자유의지가 주어져 있어서, 신의 결정에 따라 인간이 꼭두각시처럼 움직이는 것이 아니라 절대적인 주체로서 행동하고 거기에 책임을 지는 존재로 살아가는 것이냐에 대한 것이다. 이 두 가지 문제는 동전의 양면이라고 할 수 있고, 이 두 문제가 해결되었을 때, 보에티우스는 정신적인 자유에 도달해서, 그의 정신은 운명에 의해 좌우되는 땅에 있는 모든 것들에 의해 묶여 있던 것을 떨쳐버리고서, 위로 날아올라서 만유의 아버지를 바라볼 수 있게 되었다.

7. 보에티우스의 저작들

5세기의 로마 귀족의 삶을 지배했던 전통주의는 특히 그들이 공직의 의무와 함께 수행했던 문학적인 추구에 특히 잘 반영되어 있다. 보에티우스의 장인이었던 심마쿠스도 로마사를 썼고 마크로비우스의 저작을 간행하는 데 적극적으로 관여하였다. 보에티우스는 특히 키케로를 자신의 롤모델 중 하나로 삼았는데, 키케로의 철학 저서들에 주석서를 쓰면서 그 서문에 자신의 소감을 이렇게 밝혔다. "내가 비록 집정관직을 수행하느라고 이러한 저서들을 연구하는 데 몰두할 수는 없을지라도, 밤을 새워 연구한 것들을 시민들에게 가르치는 것은 집정관직을 수행하는 것만큼이나 국가에 봉사하고 헌신하는 일이라는 것이 나의 생각이기 때문에, 옛적에 덕 있는 분이 국가를 통치하는 일을 남에게 맡기고 옛 사람들의 지혜를 연구하여 사람들에게 널리 알렸듯이, 내가 그리스의 지혜를 시민들에게 잘 가르치는 일을 제대로 수행한다면, 시민들에게 내가 할 수 있는 일을 게을리했다는 말을 듣지는 않을 것이라고 생각한다." 키케로가 헬레니즘의 지혜의 보고를 로마 시민들에게 알리고자 했던 것처럼, 보에티우스는 그런 야심찬 계획을 가지고서 플라톤과 아리스토텔레스를 로마 시민들에게 알리고자 하였다.

보에티우스는 이러한 계획에 따라서 먼저 일곱 개의 교양학문의 기초가 되는 수학을 토대로 한 4학인 산술, 기하학, 음악, 천문학을 연구하여 책으로 펴내는 작업을 하였다. 그의 『산술론』(De arithmetica)은 대체로 신피타고라스학파의 철학자이자 수학자였던 게라사의 니코마코스(Nicomachos of Gerasa, 60-120년)의 저술을 번역한 것이었고, 그의 『음악론』(De institutione musica)은 주로 니코마코스와 프톨레마이오스의 책을 토대로 한 것이었으며, 그의 『기하학』(De geometria)은 유클리드 기하학을 기본으로 한 것이었다. 보에티우스가 천문학에 관한 책을 썼는지는 확실하지 않다. 하지만 『철학의 위안』에 천체에 대한 그의 해박한 지식이 반영되어 있는 것으로 보아서, 보에티우스는 천문학을 아주 잘 알고 있었다. 4학에 대한 그의 이러한 지식은 세계와 신의 본성에 대한 그의 철학 사상을 형성하는 데 지대한 역할을 하였다.

고대 교육론에 의하면, 수학 교육은 형이상학을 탐구하는 데 필수적인 도구였던 논리학을 배우기 위한 기초가 되는 것이었는데, 아리스토텔레스와 그가 세운 소요학파는 철학의 이 분야에서 최정상을 점하고 있었다. 보에티우스 시대에 아리스토텔레스와 그 학파의 가르침을 배우기 위한 표준적인 안내서는 신플라톤주의자였던 포르피리오스가 지은 『아리스토텔레스의 범주론 서론』(약칭으로 『이사고게』)이었는데, 보에티우스는 처음에 초기 라틴어 번역본을 토대로 해서 『이사고게』에 대한 주석서를 대화 형식으로 저술하였다가 거기에 만족하지 못하고서, 다시 『이사고게』를 스스로 번역해서 두 번째 주석서를 냈다. 또한, 그는 아리스토텔레스의 여러 저작들을 직접 번역해서 펴내기도 했다.

독실한 가톨릭 가문에서 자란 보에티우스는 신학적인 저작들도 저술했는데, 그런 저작들 가운데서 가장 먼저 그가 집필한 것은 『가톨릭 신앙론』이었다. 거기에서 그는 먼저 삼위일체에 대해 설명한 후에, 구약성경에 나오는 여러 중요한 사건들을 얘기하고, 그리스도의 성육신과 죽음과 부활을 차례로 설명하고 나서, 마지막으로는 교회의 발전과정을 개략적으로 설명한다. 다음으로 그가 쓴 것은 유티케스와 네스토리우스를 반박하는 글이었는데, 이 글은 그가 칼케돈 공의회에 관여한 것을 계기로 해서 씌어진 것이었다. 519년과 523년 사이에 씌어진 것으로 보이는 그의 두 편의 글은 논리학을 삼위일체론에 적용한 것이다.

보에티우스의 이러한 신학적 저작들은 그가 그리스도교를 초기 그리스 교부들의 전통을 따라 "이성을 토대로 한 종교"로 보았음을 보여준다. 예컨대, 그런 교부들 중 한 사람들이었던 유스티누스는 자신의 『트리포와의 대화』에서 철학자의 옷을 입고서 그리스도교로의 자신의 여정을 설명하였다. 하지만 무엇보다도 그는 마리우스 빅토리누스(Marius Victorinus)와 초기 아우구스티누스(Augustinus)의 전통을 따라 그리스도교 신앙을 철학과 이성으로 설명하고자 한 것이었다.

아울러 우리는 보에티우스의 이러한 신학적 탐구가 정치적 의미를 지니고 있었다는 사실도 잊어서는 안 된다. 그리스도의 신성과 인성을 둘 다 인정하는 것과 정통적인 삼위일체론을 천명하는 것은 당시 이탈리아의 상황에서는 테오도리쿠스가 신봉하였던 아리우스파의 신앙을 반박하는 의미를 지니고 있었기 때문이었다. 따라서 테오도리쿠스는 처음에는 보에티우스의 그러한 신학적 성향과 신학적인 저작을 알지 못한 채로 그를 자신의 궁정의 최고위직인 '마기스테르 오피키오룸'(Magister Officiorum, 오늘날의 대통령 비서실장)에 임명했지만, 나중에는 그 모든 전모를 다 알게 되었고, 이것이 보에티우스의 역모에 대한 테오도리쿠스의 의심을 한층 더 강화시켜서, 보에티우스의 처형을 앞당기게 한 요인으로 작용했을 수도 있다.

— 박문재

보에티우스 연보

◈ 일러두기
· 본문의 모든 삽화는 장 드 묑이 번역한 불어 번역본의 삽화이다.(대영도서관 소장)
· 모든 각주는 역자가 붙인 것이다.

제 1 권

보에티우스와 철학의 여신

서재에서의 보에티우스

제1장 [1]

보에티우스와 철학의 여신

[보에티우스가 자신이 유배되어 감옥에 갇혀 있게 된 자신의 처지를 한탄하는 시를 읊고 있을 때, "여인"으로 표상된 한 영적인 존재가 찾아오고, 그 여인은 자신의 옷과 용모를 통해 자기가 누구인지를 그에게 암시해 주지만, 그는 이 여인이 누구인지를 알지 못한다. 한편, 시의 여신들이 보에티우스에게 먼저 와서 비가(悲歌)들로 그를 달래 주고 있었는데, 이 여인은 그들을 엄하게 질책한 후에 그의 곁에서 쫓아 내 버린다.]

전에 나의 모든 수고가 찬란하게 빛나던 때에는
기쁜 노래들을 읊었건만
지금은 눈물 속에서
슬픈 시들을 지을 수밖에 없게 되었구나.
눈물에 찢긴 시의 여신들[2]만이
나의 펜을 움직이고
처량한 비가들이 내 뺨을 눈물로 적시는구나.

---

1 제1권에서만은 시가 먼저 나오고 산문이 나중에 나오는 것은 보에티우스에게 처음에는 철학보다는 시가 더 위안이 되었음을 보여 준다. 이후에 제2-5권에서는 철학의 권면이 먼저 나온 후에 거기에 시가 덧붙여지는 형식으로 되어 있다.

2 시의 여신들은 헬라어로는 '무사'라 불리고 라틴어로는 '카메나'(camena)라 불리는 문학과 음악을 관장하는 여신들이다.

하지만 그 어떤 위협도

시의 여신들이 나의 길에

동행하는 것을 막지는 못하리라.

시의 여신들은 나의 지난날의 찬란했던 삶의 자랑이었고,

나의 처량한 말년에 내 운명의 위로일지니.

이제 불행의 재촉을 받고

아무런 경고 없이 늙음이 나를 찾아왔고,

슬픔은 비탄의 노년을 내 안에 새겨 놓아서,

내 머리 위에는 때 이른 백발이 뿌려졌고

나의 축 처진 사지에는 피부가 늘어져 있구나.

죽음이 달콤하고 즐거운 시절에는 물러서 있다가

비탄에 잠겨 시도 때도 없이 울부짖는 자에게만 찾아와 준다면

정말 다행이려만,

불행에 절어 있는 자로부터는

매정하게도 귀를 막고 돌아서 버리고

야속하게도 애곡하는 눈을 감겨 주려 하지 않는구나.

변덕스러운 운명의 여신이 미소를 짓고 내게 다가와

거짓된 행복의 삶을 주었을 때부터

슬픔과 비탄의 시간은 이미 내게 준비되어 있었도다.

이제 암운이 찾아와

행복의 탈을 벗겨놓으니

나의 삶에는 고달프고 지친 나날들만이

끝없이 기다리고 있구나.

오, 나의 친구들이여,

어찌하여 너희는 시도 때도 없이,

나는 좋은 운을 타고 난 사람이라고 말하여

나를 속이기를 그치지 않았던가.

지금 불행 속으로 내던져진 나는

분명 운을 타고난 사람이 아님이 너무나 분명하지 않은가.

이렇게 적막 속에서 지난날을 곰곰이 생각하며 눈물겨운 탄식을 철필로 긁적이고 있을 때, 내 머리맡에 한 여인이 서 있는 것이 느껴졌다. 그 여인의 용모는 위엄이 가득했고, 두 눈은 불꽃처럼 빛나서 인간의 능력을 초월해서 무엇이든지 꿰뚫어볼 수 있는 투시력을 지녔으며, 얼굴은 생기가 넘쳐 흘렀고, 인간으로서는 상상할 수 없을 만큼 오랜 세월을 살아 온 것 같았는데도 그 힘은 조금도 줄어들지 않은 것처럼 보였다. 어떤 때에는 보통 사람만큼 작아졌다가도 순식간에 하늘에 닿을 정도로 커졌고, 머리를 들었을 때에는 하늘조차도 뚫고 올라갔기 때문에,[3] 이 여인의 신장을 가늠하고자 한 사람들은 종잡을 수가 없었을 것이다.

이 여인의 옷은 절대로 썩지 않는 아주 가는 실로 섬세하고 정교하게 통으로 짜져 있었는데,[4] 나중에 그녀에게서 얘기를 듣고 안 일이지만, 그녀

---

3 이 여인의 신장이 작아졌다가 커졌다가 하는 것으로 묘사한 것은 철학의 서로 다른 측면들을 상징한 것이다. 그녀가 작아졌다는 것은 철학이 논리학과 윤리학에 그 발을 딛고 있는 것을 의미하고, 그 머리가 하늘도 뚫고 올라갔다는 것은 철학이 자연학과 자연신학을 다룬다는 것을 의미한다.

4 철학이 썩지 않는 실로 짜여 있다는 것은 그 원리와 가르침이 영원히 불변하다는 것을 보여 주고, 통으로 짜여 있다는 것은 부분이 아니라 전체를 완전하게 다루고 있다는 것을 보여준다.

가 직접 자기 손으로 짠 것이었다. 하지만 그 옷은 헤아릴 수 없이 오랜 세월이 흘러 빛바랜 것처럼 퇴색되어 있었다. 옷의 아래쪽에는 그리스어로 "실천"을 의미하는 '프락시스'의 머리글자인 '파이'가, 옷의 위쪽에는 그리스어로 "이론"을 의미하는 '테오리아'의 머리글자인 '세타'가, 그리고 그 중간에는 사다리꼴 모양의 계단들이 새겨져 있었는데, 그것은 아래쪽 글자에서 위쪽 글자로 올라가는 계단들인 것 같았다.[5] 하지만 지금까지 난폭한 자들은 이 옷을 찢어서 자기가 좋아하는 부분들만을 가져가곤 하였다.[6] 그리고 그녀의 오른손에는 책들이, 왼손에는 홀이 들려 있었다.[7]

그녀는 시의 여신들이 나의 침상 옆에서 내게 탄식의 말들만을 넣어주고 있는 모습을 보고서는 잠시 흥분해서 사나운 눈빛으로 불타올라 쏘아보며 이렇게 말했다.

"사람을 미혹시켜서 얼빠지게 만드는 이 여자들을 누가 이 병든 사람에게 가까이 오게 하였느냐. 이 여자들은 슬픔과 비탄에 잠긴 사람들을 치료해서 고통을 덜어주고 힘을 주기는커녕, 겉으로는 달콤하지만 실제로는 독이 든 사탕들을 주어 슬픔과 비탄을 도리어 더 키워주는 자들이 아니던가. 이 여자들은 감정이라는 열매 맺지 못하는 가시들을 사용해서 이성을 질식시켜서 이성으로 풍성한 열매를 맺어 거두는 것을 가로막아서, 사람들

---

5 보에티우스는 포르피리오스의 『아리스토텔레스의 범주론 서론』(약칭 『이사고게』)에 대한 자신의 주석에서 두 종류의 철학, 즉 실천 철학과 사변 철학이 있고, 전자는 도덕 철학과 윤리학을 포함하고, 후자는 신학과 형이상학과 자연학이 있다고 말하는데, 여기에서 그리스어로 실천 철학은 '파이'로 시작되고 사변 철학은 '세타'로 시작된다. 또한, "실천"에서 "이론"으로 올라갈 수 있도록 이 둘을 이어주고 있는 이 계단들은 산술, 기하학, 천문학, 음악이라는 네 가지 학문을 나타낸다.

6 원래 하나로 완전하게 되어 있는 철학을 자신들의 입맛에 맞게 난도질한 "난폭한 자들"은 에피쿠로스학파와 스토아학파를 가리킨다. 보에티우스는 이 학파들의 가르침이 플라톤과 아리스토텔레스로부터 나온 참된 철학을 변질시켰다고 생각했다.

7 "책들"은 주요한 철학자들이 쓴 저서들을 가리키고, "홀"은 철학이 모든 학문의 왕이라는 것을 의미한다.

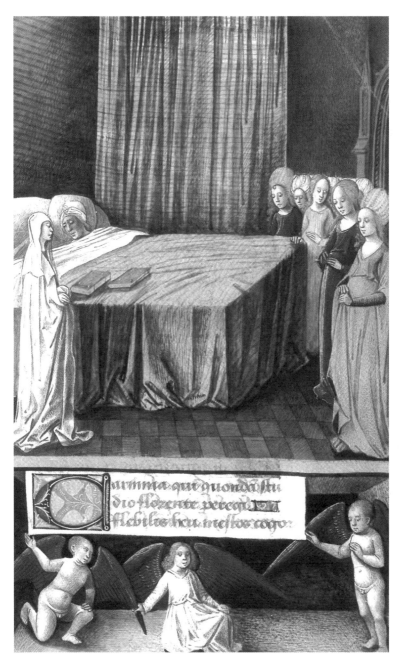

철학이 시의 여신들에게 보에티우스의 침상을 떠나도록 명하다

의 정신을 질병에서 벗어나게 해 주는 것이 아니라 도리어 사람들의 정신에 만성적인 질병을 심어 주는 자들이다. 너희가 철학에 대해 아무것도 모르고 아무 생각 없이 살아가는 속물들을 유혹해서 끌고 간다면, 나는 그들을 위해 수고한 것이 없어서 나의 수고가 헛된 것이 되는 일도 없을 것이기 때문에, 너희가 그들을 어떻게 하든 내가 굳이 참견할 일이 아니지만, 엘레아학파와 플라톤학파의 철학 지식[8]으로 갈고 닦은 이 사람을 그런 식으로 유혹하려고 찾아온 것은 도리가 아니지 않느냐. 사람을 멸망으로 유혹하는 세이렌들[9]아, 이 사람은 내게 맡기고 너희는 썩 물러가라! 내가 이 사람을 돌보고 치유하리라."

호되게 꾸지람을 받은 시의 여신들이 슬픈 눈빛으로 고개를 숙이고 잠시 땅을 쳐다보다가 부끄러움으로 얼굴을 붉히며 낙담하여 문을 나서 물러갔다. 나의 눈은 여전히 눈물이 가득하여 침침해서 똑똑히 볼 수 없었기 때문에, 위엄 있는 목소리로 시의 여신들을 꾸짖어 물러가게 한 이 여인이 누구인지를 알 수 없어서, 그저 놀라고 어리둥절한 채로 땅만 쳐다보며, 그녀가 이제 어떻게 할 것인지를 잠자코 기다릴 수밖에 없었는데, 그녀는 내게 더 가까이 다가와서는 내 침상 끝에 앉은 후에, 슬픔과 비탄이 짙게 드리워진 채로 푹 숙이고 있던 내 얼굴을 뚫어지게 쳐다보더니, 다음과 같은 시로써 내 마음의 괴로움에 대해 탄식하는 노래를 시작했다.

---

8 엘레아 학파는 BC 5세기 초에 파르메니데스와 그의 제자 제논에 의해 남부 이탈리아에 있는 엘레아에서 창시되었고, 플라톤학파는 플라톤에 의해 창시되어서 보에티우스 시대까지 존속되었지만 529년에 유스티니아누스 황제에 의해 해체되었다. 『철학의 위안』은 소크라테스의 대화법과 플라톤의 영혼론을 기반으로 한다.

9 "세이렌"은 라틴어로는 '시렌' 또는 '시레나'로 불리는데, 아름다운 소녀의 얼굴을 한 새들로, 선원들이 이 새들의 노래 소리를 듣고서 거기에 홀려서 배들이 자주 침몰했다고 한다.

제 2 장

철학의 여신의 질책

[철학은 보에티우스가 철학을 탐구하는 정신을 버리고 자포자기에 빠져서 자기를 알아보지 못하는 것을 질책한 후에, 자기가 그의 무지를 바로잡아서 그의 본래의 모습을 회복시킬 것을 약속한다.]

깊은 절망 속으로 가라앉아 버린
인간의 정신은
얼마나 무디어지고 얼이 빠져 버리는가!
그 안에 원래 있던 참된 빛이 더 이상 타오르지 않으니
바깥 어둠으로 뛰쳐 나가려고 하는구나.
세상의 욕망의 바람들이 불 때마다
파멸에 이르게 하는 근심도
측량할 수 없을 정도로 무한히 커져가는도다.

한때 이 사람은 열린 하늘을 자유롭게 넘나들고
창공의 길들을 거닐며
눈부신 태양의 빛을 주목하고
차가운 달빛을 응시하던 자이지 않았던가.

이 사람은 각기 자신에게 정해진 길을 운행하는

모든 별들의 궤적을 꿰뚫고 있던 자였고,

거센 바람이 어디로부터 와서

대양의 잔잔한 품을 건드려 포효하게 하는지,

어떤 영혼[10]이 천체의 항구한 움직임을 만들어 내는지,

서쪽 물결 속으로 가라앉아 버린 태양이

어떻게 동쪽에서 찬란하게 다시 솟아오르는지,

무엇이 원인이 되어 봄날이 다시 찾아와

흐드러진 장미꽃들로 대지를 덮어 버리는지,

무엇이 가을을 오게 하여 한 해가 결실을 맺어

탐스러운 포도송이들로 흘러넘치게 하는지,

이 모든 원인들을 깊이 탐구하여

자연에 깊이 감춰진 비밀들을 알아내던 자가 아니었던가.

하지만 지금 이성의 빛이 꺼져 버리고

목에는 굵은 쇠사슬이 옭아매져서

얼굴은 깊은 수심에 잠겨 누운 채로

저 잔인한 땅만을

우두커니 바라보고 있을 수밖에 없구나.

그녀는 나를 물끄러미 응시한 채 이렇게 말했다.

"하지만 지금은 한탄하고 있을 때가 아니라 의사에게서 고침을 받을 때

---

10 스토아학파의 가르침에 의하면, 그리스어로는 '프뉴마,' 라틴어로는 '스피리투스'로 불리는 "영" 또는
"숨"은 온 우주와 생명을 지닌 모든 것을 가득 채우고 있다.

야. 너는 내가 준 젖을 먹고 자라나서 내가 준 음식으로 튼튼하고 강건해진 바로 그 사람이 아니던가. 분명히 나는 너를 안전하게 지켜줄 무기와 남에게 결코 지지 않을 힘을 네게 주었건만, 너는 그것들을 내팽개쳐 버렸다. 나를 알아보겠느냐. 왜 침묵만 지키고 있는 것이냐. 네가 아무 말도 하지 않는 것이 부끄럽고 창피해서냐, 아니면 놀라 얼이 빠져서냐. 부끄럽고 창피해서라면 차라리 나을 텐데, 내가 보니 너는 너무나 놀라서 얼이 빠져 있는 것이 분명하구나."

그래도 내가 여전히 침묵하고 있을 뿐만 아니라 입을 꾹 다물고 미동도 하지 않자, 나의 그런 모습을 본 그녀는 자신의 손을 내 가슴에 살며시 얹고서 이렇게 말했다.

"위험하지는 않아. 혼수상태에 빠져 있을 뿐이니까. 지금까지 수많은 사람들이 세상에 속아 환멸을 느꼈을 때 걸리곤 했던 병이지. 지금은 잠시 얼이 빠지고 혼이 나가 있지만, 머지않아 곧 기억을 되찾아서 나를 알아보게 될 것이다. 네가 그렇게 될 수 있도록, 내가 너의 눈을 뒤덮고 있는 암운, 곧 인간사에 대한 생각들을 씻어주마."

이렇게 말한 후에, 그녀는 자신의 옷을 손으로 집어서 눈물이 얼룩져 침침해져 있던 내 눈을 닦아 주었다.

제 3 장

철학의 여신을 알아보다

[보에티우스는 마침내 철학을 알아보고 기운을 차리게 된다. 철학은 과거에 다른 철학자들에게 그랬듯이 이번에도 보에티우스의 곁을 지키며 그를 돌보고 치료해 주겠다고 약속한다.]

이제 어둔 밤이 쫓겨가고
그림자들이 물러가자
이전의 나의 시력이 돌아왔도다.

북서풍이 몰려와 천체를 휘감아서
하늘이 비구름으로 뒤덮이고
해는 숨어 버리고 별도 자취를 감추어 버려서
위로부터 드리워진 어둔 밤이 땅에 짙게 깔렸을 때,
트라키아 지역의 동굴에서 생겨난 북풍[11]이
밤의 어둠을 쳐부수고
새 날을 옥에서 풀어 주면,

---

11 원문에 나오는 "보레아스"(Boreas)는 "북풍의 신"으로서 거인족인 아스트라이오스와 새벽의 여신 에오스 사이에서 태어난 아들이다. 서풍의 신 제피로스, 남풍의 신 노토스의 형제이다. 거친 북풍을 의인화한 신으로서 흔히 턱수염을 기르고 날개가 달린 모습으로 묘사된다. 보레아스는 트라키아 출신으로 알려져 있었기 때문에, 여기에서 보에티우스는 북풍을 이렇게 묘사하였다.

다시 해가 떠올라서

태양의 찬란한 햇빛이

신기해하는 우리의 눈을 부시게 하는 것과 같구나.

나는 이렇게 해서 근심의 구름이 내게서 흩어져서 비로소 다시 숨을 제대로 쉴 수 있게 되자, 나를 치유해 준 여인의 얼굴을 제대로 보려고 정신을 가다듬었다. 눈을 돌려 그녀를 응시했을 때, 나는 그 여인이 나를 어릴 때부터 시작해서 오랜 세월 동안 키워 주었던 나의 보모 "철학"이라는 것을 알았고, 즉시 이렇게 물었다.

"모든 미덕을 주관하는 분이신 당신이 무슨 이유로 하늘 위로부터 강림하여 내가 유배 와서 쓸쓸히 있는 이곳까지 왕림하신 것입니까. 당신도 나처럼 무고의 희생양이 되어 이곳으로 유배를 오신 것입니까."

그러자 그녀는 이렇게 대답했다.

"어떻게 내가 어릴 때부터 키워 온 너를 버릴 수 있겠느냐. 사람들이 내 이름에 앙심을 품고서 내가 키운 너에게 지운 무거운 짐을 어떻게 내가 함께 짊어지지 않겠느냐. 분명한 것은 철학은 죄 없는 자가 홀로 외롭게 길을 가도록 결코 내버려 둔 적이 없다는 것이다. 내가 무고와 중상모략이 마치 새삼스러운 일이라는 듯이 두려워 떨 것이라고 생각하는 것이냐. 지혜가 후안무치한 사람들에 의해 위협과 위해를 당한 것이 이번이 처음이라고 생각하는 것이냐. 나의 자녀인 플라톤의 시대보다 더 오래 전부터 우리는 지금처럼 사람들의 어리석음과 무분별함에 맞서 늘 치열하게 싸워오지 않았느냐.

플라톤이 증언했듯이, 그의 스승 소크라테스는 사람들의 무고로 죽임을 당했지만 끝까지 나를 붙들고 승리를 거두지 않았느냐. 그 후에 에피쿠로스학파와 스토아학파를 비롯한 여러 무리들이 소크라테스의 유산을 자신들의 전유물로 만들기 위해 피 터지게 싸웠을 때, 그들은 나의 온갖 항의와 반대에도 불구하고 마치 나를 전리품처럼 취급해서 끌고가서, 내가 친히 짠 내 옷을 갈기갈기 찢어서는 각기 그 조각들을 움켜잡고서는, 마치 나의 전부를 자신들의 것으로 만든 것처럼 착각하고서 떠나버렸다. 그리고 그들은 자신들이 나의 조각들을 가져가서 자신들의 것으로 삼았다는 이유로 나의 제자로 자처했지만, 그들의 무지몽매함으로 인한 오류들 때문에 그들 중 다수는 결국 멸망하게 되었다.

아낙사고라스가 도망을 쳐야 했던 일, 소크라테스가 독배를 마신 일, 제논이 고문을 당한 일은 모두 외국 땅에서 일어난 일들이어서 네가 들어 본 적이 없다고 할지라도, 카니우스, 세네카, 소라누스가 겪은 일들은 큰 사건들이거나 오랜 세월이 지나지 않은 사건들이기 때문에 너도 알 것이다.[12] 그들이 그런 혹독한 일들을 겪게 된 것은 나의 문하에서 자라고 배운 그들의 생각이 저 후안무치한 자들의 생각과 달랐기 때문이었다.

그러므로 우리는 이 세상이라는 바다 속에서 온갖 풍파를 겪는다고 해도 이상하게 생각하지 않아야 한다. 사악한 자들과 대립하는 것은 우리에게 주어진 숙명 같은 것이기 때문이다. 그런 사악한 자들의 무리는 그 수가 아무리 많을지라도 무시해 버리는 것이 좋다. 그들은 철학의 참된 지도원리를 따라 일사불란하게 움직이는 것이 아니라, 단지 각자가 이런저런 오

---

12 아낙사고라스(Anaxagoras, BC 500-428년)는 만유의 창시자로서의 "정신"(그리스어로 '누스')을 주창하고 만물이 "씨앗들"로부터 생겨났다고 가르침으로써 아테네 당국으로부터 불경죄로 단죄되자 친구인 페리클레스의 도움으로 람프사코스로 도망가야 했고, 제논(Zenon, BC 490-430년)은 어떤 폭군에 대항했다가 고문을 받고 죽었다. 카니우스(Canius)는 스토아 철학자로서 40년에 칼리굴라 황제에게 죽임을 당했고, 세네카(Seneca)는 한때 네로 황제의 스승이었지만 65년에 네로의 명으로 자결해야 했으며, 소라누스(Soranus)도 네로 황제의 반감을 사서 죽임을 당했다. 후자의 세 사람은 모두 황제의 폭정에 반대하다가 죽임을 당했다는 점에서, 보에티우스와 똑같은 처지였다고 할 수 있다.

류에 사로잡혀서 이리저리 끌려다니며 도처에서 중구난방으로 소동을 벌이는 것일 뿐이기 때문이다. 만일 이 무리가 자신들의 세력을 결집하여 더욱더 강한 힘으로 우리를 압박한다면, 우리의 지도자도 자신의 군대를 자신의 성채 안으로 불러들일 것이기 때문에, 무수히 많은 그들이 아무리 광분하여 날뛴다고 하여도, 우리는 어리석은 폭도들이 감히 무너뜨릴 수 없는 성채 안에서 안전하게 보호를 받으며 성벽 위에 올라가서, 그들이 너무나 쓸데없고 무가치한 것들을 약탈하느라 분주하게 뛰어다니는 모습을 보며 그들을 비웃게 될 것이다."

제 4 장

자신을 변론하는 보에티우스

운명을 순순히 받아들여 의연하게 임하는 사람은

오만한 운명을 자신의 발 아래 두고서

행운과 불운에 굴하지 않고

운명을 직시하며

태연한 얼굴을 유지할 수 있다네.

광풍으로 인해 바다가 포효하고

그 근원으로부터 소용돌이치고 들끓어도,

베수비우스 산[13]이 연기와 불을 내뿜으며

뜨거운 용암을 솟구쳐내어도,

번개가 번쩍거리고 벼락이 높은 망대들을 때려도,

그런 사람은 요동하는 법이 없다네.

폭군들은 별 힘도 없으면서 광분하기만 하는 건데도,

왜 가련한 사람들은 공포에 두려워 떠는 것인가.

두려운 것도 없고

---

13 베수비우스 산은 이탈리아의 나폴리 근방에 있는 화산으로서, 79년에 폭발하여 로마 제국의 폼페이를
   완전히 파괴해 버린 것으로 유명하다.

바라는 것도 없다면,

저 하잘것없는 폭군의 광분은 무력화되리라.

하지만 두려움이 있거나 바라는 것이 있는 사람은

홀로 굳게 서지 못하고

무잇인가에 얽매여시

자신을 지켜 줄 방패를 버린 자이니,

결국 뿌리가 뽑히고

스스로 자승자박해서 끌려가게 되리라.

그녀는 내게 이렇게 물었다.

"너는 내가 지금까지 말한 것들을 알아듣고 네 영혼에 새겼느냐. 아니면, 내가 둔한 당나귀에게 수금 소리를 들려준 것이냐. 왜 너는 울고 있느냐. 네 눈에서 눈물이 흐르는 것은 무슨 까닭이냐. 네 가슴속에 있는 것들을 모두 숨김없이 말해 보아라. 의사에게 치료를 받고 싶다면, 상처를 내보이는 것이 마땅하지 않겠느냐."

나는 정신을 가다듬어서 다시 힘을 차리게 되자 이렇게 말했다.

"내게 닥친 잔인하고 가혹한 운명이 모든 것을 말해 주고 있는데, 내가 굳이 나의 형편과 사정을 말로 표현해야 합니까. 지금 내가 있는 이곳과 나의 몰골이 모든 것을 충분히 다 말해 주고 있지 않습니까. 당신은 이곳의 형편을 보는 것만으로 이미 모든 것을 아시지 않습니까. 이곳이 당신이 나의 집에서 확실한 안식처로 스스로 선택한 바로 그 서재입니까. 이곳이 당신이 자주 나와 함께 머물면서 인간과 신에 대한 담론을 나누곤 했던 바로 그 방입니까. 내가 당신의 도움으로 자연의 비밀들을 탐구했을 때, 또는 당신이 별들이 운행하는 궤도를 내게 그려서 보여 주거나 만유의 질서의 본을 따라 인간의 삶의 규범을 가르쳐 주었을 때, 나의 몰골이 이랬습니까. 지금 나의 모습은 내가 당신에게 순종함으로써 얻게 된 보상인가요.

당신은 철학을 공부해서 지혜를 얻은 자들이 국가를 다스리거나, 국가의 통치자들이 철학을 공부해서 지혜를 얻는다면, 그 국가는 복될 것이라고 플라톤의 입을 빌려서 단언하였고, 또한 후안무치한 자들에게 국가의 운영을 맡긴다면 선량한 시민들에게 부패와 파멸을 가져다줄 뿐이기 때문에 반드시 철학자들이 국가를 다스려야 하는 것이라고 그 동일한 위대한 인물의 입을 통해서 가르쳤습니다. 그래서 나는 아무 일도 안하고 홀로 있던 시절에 당신에게서 그렇게 배운 것들을 지금까지 그대로 고수해서 국정에 적용하고자 애써 왔습니다.

내가 관직을 맡게 된 이유는 오직 모든 선량한 사람들이 다 잘되게 하기 위한 것이었고, 그 밖의 다른 이유가 없었다는 것은, 철학자들의 정신 속에 당신을 심어 놓은 신과 당신이 나의 증인들입니다. 그때로부터 악한 자들과의 치열한 싸움이 일어났고, 그 싸움은 결코 끝날 수 없는 싸움이었습니다. 양심의 명령을 따라 두려워하지 않고 거침없이 정의를 지키고자 했고, 권력자들로부터 미움을 받는 것을 대수롭지 않게 여겼습니다. 코니가스투스가 약한 자들의 재산을 강탈하려고 시도할 때마다 내가 정면으로 맞서서 저지한 적이 몇 번이었고, 황실 살림의 총감독이었던 트리귈라가 저지른 부정과 부패를 되돌린 적이 몇 번이었습니까![14] 또한, 일신상의 위험을 무릅쓰고서, 야만인 고트족 사람들의 탐욕과 끊임없는 무고로 고통을 당하고 있던 저 불

---

14 코니가스투스(Conigastus)는 테오도리쿠스 왕 시대에 고위직에 있었던 고트인이었고, 트리귈라(Trigguilla)는 파비아의 주교로서 521년에 죽었다.

쌍한 사람들을 보호해 주었던 적이 얼마나 많았습니까!

　내가 감히 단언하건대, 지금까지 그 누구도 나로 하여금 정의를 버리고 불의를 행하도록 나를 부패시키지 못했습니다. 우리의 신민들이 약탈이나 착취나 국가의 세금으로 인해 고통당하는 것을 보았을 때마다, 내 마음도 그들만큼이나 쓰라리게 아프고 고통스러웠습니다. 전에 심각한 기근이 휘몰아쳤을 때, 캄파니아 속주에 너무나 가혹해서 도저히 참기 힘든 강제매점령이 내려졌고,[15] 그 지방은 황폐화될 위험에 처하게 되었습니다. 그때에 나는 공공의 복리를 위해서 왕 앞에서 그 지방 총독과 논쟁을 벌여서 강제매점령의 시행에 반대했고 결국에는 나의 주장을 성공적으로 관철시켰습니다.

　황궁의 개들이 집정관이었던 파울리누스의 재산을 탐내어 집어삼켜 버렸을 때, 나는 그들의 입을 강제로 벌려서 토해내게 하여 다시 그 재산을 그에게 돌려 주었습니다. 또한, 키프리아누스가 집정관이었던 알비누스에게 누명을 씌워서, 알비누스가 날조된 고소로 인해 처벌을 받게 될 상황에 놓여 있었을 때, 나는 키프리아누스가 무고(誣告)한 것임을 밝혀내었고,[16] 이로 인해 그의 미움을 사게 되었습니다.

　이 정도만 얘기해도 내가 악한 자들에 맞서 얼마나 치열하게 싸웠고 그 결과 그들에게서 나에 대한 증오심을 얼마나 많이 불러일으켰는지를 당신

15　라틴어로 '코엠프티오'(coemptio)라 불린 강제매점령은 국가에서 군량미를 조달하기 위해 민간의 곡물을 싼 값에 강제로 매입하는 제도였다. 캄파니아 속주는 로마 제국에서 가장 풍요롭고 부유한 지방이긴 했지만, 당시에는 기근으로 식량이 부족한 상황이었다. 보에티우스와 그 지방의 총독이었던 플라비우스의 논쟁이 벌어졌던 것은 510년경이었던 것 같다.

16　키프리아누스(Cyprianus)는 뒤에 언급된 오필리오의 형제로서 광산과 화폐를 관장하는 직책에 있었고 녹봉을 지불하고 관리하는 일도 맡았는데, 자신의 불법을 증명해 주는 증거를 가지고 있던 알비누스에게 누명을 씌웠다.

은 충분히 아셨을 것입니다. 나는 이렇게 정의를 사랑해서 황궁 조신들로부터 아무런 보호도 받지 못하게 된 것이었기 때문에, 나의 도움을 받은 사람들로부터는 더욱 안전했어야 합니다.

하지만 나는 어떤 사람들의 고발과 증언으로 인해 추방당하고 유배를 가게 되었습니까. 그 중 한 사람은 바실리우스[17]였는데, 그는 전에 황실 관리였다가 쫓겨난 후에 채무에 시달려서 나를 고발하였습니다. 또한, 오필리오와 가우덴티우스는 많은 악행과 범죄로 인해 왕으로부터 추방명령을 받았지만 이행하지 않고 신전에 숨어 있다가 발각되었는데, 왕은 그들이 어느 날짜 이전에 라벤나 시를 스스로 떠나지 않는 경우에는 그들의 이마에 낙인을 찍어서 강제추방 하라고 명령하였습니다. 이것보다 더 혹독한 형벌이 무엇이겠습니까. 그런데 그런 명령을 받은 바로 그 날에 그들은 나를 고발하였고, 그 고발은 받아들여졌습니다.

이것이 어찌된 일입니까. 나라는 사람이 그런 고발을 받을 만한 사람이었습니까. 아니면, 나를 고발한 자들이 범죄자들이었다는 것이 그들의 고발에 신뢰성과 정당성을 부여해 준 것입니까. 운명의 여신이 무고를 당한 자의 결백함과 무고한 자들의 야비함을 고려하지 않는다면, 그것은 부끄러운 일이 아니겠습니까.

내가 어떤 죄목으로 고발당했는지 한번 들어 보시겠습니까. 그들은 '내가 원로원의 안전을 원했다'고 말했습니다. 이것이 어떻게 나의 죄목이 되었는지를 들어 보십시오. 그들의 고발은 '어떤 사람이 원로원을 반역죄로 고발하려고 소장을 제출하려고 하자, 내가 그것을 방해했다'는 것이었습니다. 나의 스승이시여, 당신은 어떻게 생각하십니까. 내가 당신을 욕되게 하

17　바실리우스는 오필리오의 장인이었다.

지 않기 위하여, 원로원의 안전을 내가 원했다는 사실을 부인했어야 했다고 생각하십니까. 나는 부인하지 않았습니다. 나는 실제로 원로원의 안전을 원했고, 앞으로도 원할 것이기 때문입니다. 그렇다면 어떤 사람이 원로원을 반역죄로 고발하고자 한 소장을 제출하는 것을 내가 방해했다는 것을 자백하지 않았어야 했다고 생각하십니까. 내가 그것을 자백함으로써, 사실 고발자를 방해한 것이 아무 소용이 없게 되어 버렸습니다. 내가 원로원의 안전을 위해서 자백하지 않았어야 했는데, 그것을 자백한 것이 범죄입니까. 원로원은 나에 대한 결정을 통해서 그것을 자백한 나를 유죄라고 확정하였습니다. 미리 내다보고 예견하지 못해서 다른 사람들로부터 속임을 당하여 피해를 입는다고 할지라도, 그것이 참된 일의 가치를 바꾸어 놓을 수는 없습니다. 아무리 원로원의 안전을 위한 것이라고 해도, 나는 진실을 은폐하거나 거짓에 동의하는 것을 옳다고 생각할 수 없었습니다.

하지만 이 일과 관련해서 무엇이 옳고 무엇이 그른 것인지를 결정하는 것은 당신과 철학자들의 판단에 맡겨 두고, 나는 그저 이 사건과 관련된 진상을 후세 사람들에게 알리기 위해서 기록해 둔 것일 뿐입니다. 또한, 내가 '로마의 자유를 원했다'는 것을 보여주는 증거로 제시된 날조된 서신들에 대해서는 언급할 가치조차 없다고 생각합니다. 이 모든 일에서 가장 중요한 것이 고발자들의 진술이기 때문에, 만일 내게 그들의 진술을 검토할 수 있는 자유가 주어졌더라면, 그 진술들이 거짓이라는 것은 이미 분명하게 드러났을 것입니다. 그러나 그런 자유가 내게 어떻게 주어질 수 있겠습니까. 내게는 자유라는 것은 꿈도 꿀 수 없는 것이 되었습니다. 만일 내게 그런 자유가 허용된다면, 나는 게르마니쿠스의 아들인 가이우스 카이사르[18]가 카니우

---

18 로마 황제 칼리굴라를 가리킨다.

스를 고발해서 자신에 대한 음모를 알고 있었지 않느냐고 심문했을 때, 카니우스가 대답한 말, 즉 '만일 내가 그 음모를 알고 있었더라면, 당신은 결코 그것을 알아차리지 못했을 것이다'라는 말로 대답할 것입니다.

하지만 나는 저 악인들이 무고한 나를 고발한 것 때문에 비통해하고 어쩔 줄 몰라 하는 것이 아니라, 그들이 무고한 자를 해칠 계획을 세운 것만 해도 끔찍한 일인데, 그런 악한 계획을 실제로 행동에 옮겼다는 사실이 나를 경악하게 만들고 있는 것입니다. 무죄한 자를 해치고자 하는 악한 마음을 품는 것은 인간의 부족함을 생각할 때 있을 수 있는 일이라고 쳐도, 신이 우리를 뻔히 지켜보고 있는데도 그런 마음을 실제로 실행에 옮긴다는 것은 정말 무섭고 두려운 일이기 때문입니다. 그러므로 당신을 따르는 무리 중 한 사람이 '신이 존재한다면 악은 어디에서 오는 것이고, 신이 존재하지 않는다면 선은 어디에서 오는 것인가'라고 물은 데에는 다 이유가 있었습니다.

원로원 전체와 모든 선량한 시민의 피에 굶주린 불경스러운 자들이 나를 원로원과 모든 선량한 시민의 수호자라고 생각해서 파멸시키려고 한 것이야 이해가 가는 일이지만, 원로원 의원들까지 나를 미워한 것은 도저히 이해가 되지 않습니다. 당신은 늘 내 곁에 있어서 나의 언행을 지도해 왔기 때문에, 베로나에서 무슨 일이 있었는지를 기억하실 것이라고 생각합니다. 왕이 알비누스가 저지른 반역죄를 빌미로 원로원 전체를 와해시키기 위해서 원로원 전체와 엮으려고 했을 때, 내가 원로원의 결백함을 밝혀내기 위해 내 자신의 위험을 전혀 돌보지 않고 얼마나 애썼는지를 당신은 기억하실 것입니다.

또한, 내가 이런 말을 하는 것이 자화자찬으로 내 자신을 자랑하기 위한 것이 아니라 진실을 밝히기 위한 것이라는 것도 당신은 아십니다. 사람이 자신이 잘한 일을 일부러 드러내어서 남들로부터 칭송을 받는다면, 그럴 때마다 그 사람의 양심의 은밀한 가치와 기쁨은 줄어들기 마련이기 때문입니다. 하지만 나의 결백함이 결국 어떤 결과로 끝나게 되었는지는 당신이 지금 보시는 것과 같습니다. 참된 덕을 행하였다고 상을 받기는커녕, 내가 하지도 않은 악행을 뒤집어쓰고 형벌을 받고 있습니다.

보통 자신의 범죄를 솔직하게 다 털어놓고 사백하는 경우에는, 사람은 원래부터 완전하지 않아서 한순간의 실수로 잘못을 저지를 수 있다거나, 언제 어떻게 될지 모르는 것이 인간이라는 것을 감안해서, 범죄자를 불쌍히 여기는 재판관이 단 한 명이라도 있는 것이 보통인데, 나를 담당한 재판관들이 단 한 사람의 이견도 없이 모두 다 한결같이 내게 혹독한 판결을 선고한 것은 도대체 어떻게 된 일입니까. 설령 내가 신전을 불태워 버리려고 했다거나, 신성모독의 칼로 사제들을 살해하고자 했다거나, 모든 선량한 시민들을 학살하고자 하는 계획을 세웠다고 하더라도, 먼저 나를 재판정으로 불러내어 심문해서 자백을 받아낸 후에 형벌을 선고하는 것이 마땅한 일일 것입니다. 그런데도 나는 원로원을 지나치게 편들었다는 이유 하나만으로 내 자신을 변호할 기회조차 얻지 못한 채 사형선고를 받고 가산을 몰수당한 것은 물론이고, 지금 이렇게 로마에서 800km나 떨어진 곳으로 유배를 와 있습니다.[19]

심지어 나를 고발한 자들까지도 내가 이런 식으로 재판을 받고 중형을 선고받는 것이 마땅하다고는 생각하지 않았을 것입니다. 하지만 그들은 무슨 수를 써서라도 기어코 내게 누명을 씌우려고 했기 때문에, 내가 권력욕

---

19 보에티우스가 유배당해서 감금되어 있던 곳은 파비아 북부에 있던 칼벤티아누스(Calventianus)였다. 그는 변론의 기회를 부여받지도 못한 채로 유배형을 선고받았다.

에 사로잡혀서 신성모독을 저지름으로써 내 양심을 더럽혔다는 날조된 죄목을 내게 뒤집어 씌웠습니다. 그러나 내 마음에 심겨진 당신은 세상의 덧없는 것들에 대한 온갖 욕망을 내 영혼의 방에서 쫓아내 주셨기 때문에, 당신이 두 눈을 부릅뜨고 지켜보고 있는데, 내가 그런 신성모독을 저지른다는 것은 있을 수 없는 일입니다. 당신은 늘 나의 귀와 나의 생각 속에 '신(神)을 따르라'는 피타고라스의 금언을 주입시켜 주었고, 당신이 그동안 훌륭하게 빚어내서 거의 신의 경지에 도달하게 된 내가 본성적으로 악하고 비열하기 짝이 없는 인간의 환심을 사고자 했다는 것은 어불성설이기 때문입니다.

또한, 내가 내 가정에서 고결한 삶을 살아왔고, 가장 존경할 만한 친구들과 교제해 왔다는 것, 그리고 나의 장인 심마쿠스[20]가 사적으로는 양심적이고 공적인 삶에서는 지극히 존경받을 만하게 살아온 사람이라는 것도 내게 씌워진 죄목이 가당치 않은 것임을 방증해 주는 증거들입니다. 그런데도 그들은 내가 그런 죄를 저지르게 된 것은 당신 때문이라고 생각하고, 내가 당신의 가르침에 빠져 있고 나의 언행심사가 당신에게 물들어 있어서 자연스럽게 그런 죄를 짓게 된 것이라고 여깁니다. 그들은 내가 당신을 깊이 존경한 것이 내게 아무런 유익이 되지 않았다고 말하는 것에서 그치지 않고, 당신의 가르침이 내게 독이 되고 나를 해쳤다고 공격함으로써 당신을 욕되게 하였습니다.

나의 불행과 재앙을 더 무겁게 만든 또 한 가지 요인은, 세상 사람들이 어떤 일을 판단할 때에 그 일의 진실을 보는 것이 아니라 우연에 의해 만들

---

20 심마쿠스는 6세기 로마 제국의 정치가이자 역사가였다. 487년에 집정관을 지냈고, 525년에 보에티우스가 죽고 나서 몇 달 후에 음모에 휘말려서 라벤나에서 테오도리쿠스 왕에 의해 죽임을 당했다.

어진 결과만을 본다는 것입니다. 즉, 사람들은 어떤 것이 참되기 때문에 그것을 옳다고 하는 것이 아니라, 오직 결과적으로 자신들에게 이로운 것만을 지혜롭고 선하며 옳은 일이라고 판단한다는 것입니다. 따라서 불행에 처한 사람들은 세상에서 좋은 평판을 얻을 수 없습니다.

지금 세간에는 나의 일과 관련해서 이런저런 온갖 얘기들과 소문들이 난무합니다. 하지만 그런 것들을 일일이 신경 쓰는 일은 참으로 피곤한 일이어서, 딱 한 가지만 말해 두고 싶은데, 그것은 무죄한 사람들이 날조된 누명을 쓰고 고통당하는데도, 세상 사람들이 그것을 당연시한다면, 당사자들에게는 세상 사람들의 그러한 태도가 가장 큰 고통이 된다는 것입니다. 나도 그런 당사자들 중 한 사람입니다. 나는 날조된 누명을 쓰고 박해를 당해왔고, 모든 재산을 빼앗겼으며, 명예를 잃어버렸고, 나의 명성은 영원히 더럽혀졌습니다.

죄로 물들어 있는 악인들의 소굴이 지금 기쁨에 도취되어 있는 모습이 내 눈에 보이는 것 같습니다. 이 파렴치한 무리들이 새로운 먹잇감을 찾아 사냥할 계획을 세우는 데 몰두해 있는 것도 눈에 보이고, 정직하고 선량한 사람들이 내가 당한 재앙을 보고 혼비백산하여 두려움에 떨며 엎드려 있는 것도 눈에 보이며, 악인들이 벌을 받지 않고 잘되는 것을 목격하고서 돈만 주면 그 어떤 악행이라도 서슴없이 하고자 하는 비열한 자들이 도처에서 횡행하는 것도 눈에 보이고, 무죄한 자들이 자신의 안전을 보장받지 못하는 것은 물론이고 자신을 변호할 기회조차 얻지 못해 울분을 터뜨리는 것도 눈에 보입니다. 나는 이렇게 큰 소리로 부르짖고 싶을 뿐입니다."

제 5 장

질서정연한 우주의 질서와 혼돈의 인간 사회

[보에티우스는 질서정연한 우주의 질서와 악인이 잘되고 선한 자가 고통 받는 혼돈의 인간 사회를 대비시키는 노래를 통해서, 신이 자연 세계에 부여한 질서가 인간 사회에는 미치지 않는 것을 탄식하지만, 철학은 그가 잘못된 욕망에 굴복해서 스스로 자신의 참된 본향으로부터 유배되는 일을 자초한 것이라고 반박하면서, 처음에는 조금 약한 치료약을 그에게 사용할 것을 약속한다.]

별들이 촘촘히 박혀 있는 우주를 만드신 이여,
당신은 영원한 보좌에 좌정하셔서
천체를 빠르게 돌리시고
별들이 당신의 법을 지켜 운행하게 하시네.

보름달의 밝은 빛으로
그 형제의 빛이 되게 하시고
뭇별들의 빛을 희미하게 하시지만,
달도 해에게 더 다가가면
그 빛이 희미해지고 창백하게 되게 하시네.

밤이 찾아오면
금성이 차고 맑은 빛을 내며 떠올랐다가

새벽별로 변신하여 창백해져서

떠오르는 해를 맞이하게 하시네.

나무들을 벌거벗기는 겨울의 추위가 오면

낮의 길이를 짧게 조정하시고,

더운 여름이 오면

밤을 밀어 놓으시니,

당신의 능력으로 사계가 변하는도다.

북풍에 떨어진 나뭇잎들은

서풍의 산들바람이 되돌려 놓고,

대각성이 지켜본 씨앗을

천랑성이 결실하게 해 주니,[21]

옛적의 법을 어기는 것도 없고,

자신의 위치에서 맡겨진 임무를 하지 않는 것도 없도다.

이렇게 당신은 자신이 정한 규율을 따라

만유를 다스리시지만

오직 사람들의 행실만은

제한하거나 구속하지 않으시네.

어째서 운명의 여신은 그 변덕스러운 손길로

---

21 대각성(arcturus)은 목자자리의 주성으로서 봄 하늘에 떠오르는 별이어서 이때는 씨앗이 자라는 시기
이고, 천랑성(Sirius)은 큰개자리의 일곱 개의 별 중에서 주성으로서 겨울 하늘에서 가장 밝은 별인데,
이 별이 떠오르는 7월에는 곡식들이 여물어 결실하게 된다.

사람의 운명을 마음대로 바꾸어서
중죄인에게나 합당한 가혹한 형벌을
무죄한 사람의 머리에 돌리는 것인가.

패역한 자들이 높은 보좌에 편안히 앉아
불의한 음모로 덕 있는 자들의 목을 조이니,
밝은 덕은 가려져서 어둠 속에 묻히고
의인이 악인의 오명을 뒤집어쓰는구나.

그들은 헛맹세를 해도 해를 입지 않고
겉으로만 그럴 듯한 거짓과 기만을 행하여도
아무렇지 않으며,
그들이 권력을 휘두르고자 마음만 먹으면
만백성이 두려워하는 가장 힘 있는 제왕들조차도
자신들의 뜻대로 휘어잡아 버린다네.

만유를 다스리시며 모든 것을 자신의 뜻대로 엮어 가시는 이시여,
이 가련한 세상을 굽어 살피소서.
당신이 지으신 만물 중에
인간은 가장 고귀한 존재일진대,
우리 인간이 이렇듯 운명의 풍파에 시달리고 있사오니
이 풍파를 잔잔하게 해 주소서.
끝없는 우주를 다스리시는 당신의 법으로
이 세상도 참되고 견고히 서게 해 주소서.

내가 심한 괴로움 속에서 이렇게 신세를 한탄하는 말들을 길게 놓는 동안, 그녀는 안색 하나 변하지 않는 가운데 미동도 하지 않고 그윽한 눈빛으로 나를 바라만 보고 있다가, 내 말이 끝나고 나서야 비로소 내게 이렇게 말했다.

"네가 비탄에 잠겨서 눈물 흘리는 것을 보았을 때, 그때 이미 나는 네가 억울하게 유배 온 자라는 것을 알아차렸지만, 네 자신의 입으로 직접 밝히기 전에는, 네가 실딘 땅에서 얼마나 멀리 유배를 온 것인지에 대해서는 알지 못했다. 하지만 너는 다른 사람들에 의해서 강제로 네 본향을 떠나서 이렇게 멀리까지 유배를 온 것이라기보다는, 네 자신이 너의 본향을 떠나 이 머나먼 곳에서 방황하고 있는 것이라고 하는 것이 맞다. 그런데도 네가 강제로 유배되었다는 생각을 버리지 않고 고집한다면, 너는 다른 사람들 때문이 아니라 바로 네 자신 때문에 유배생활을 계속하고 있는 것이다. 인간은 다른 사람들에 의해서 유배될 수 없고, 따라서 너를 유배시킬 수 있는 사람도 아무도 없다.

너의 참된 본향이 어디인지를 떠올려 보면, 너는 그 본향이 옛적의 아테네처럼 대중의 통치 아래 있지 않고 '한 주, 한 왕'의 통치 아래 있다는 것과 그 왕은 자신의 신민들이 많은 것을 기뻐하는 왕이기 때문에 자신의 신민들을 유배 보내지 않는다는 것을 알 것이다. 그리고 거기에서는 왕의 뜻을 따라 행하고 왕의 통치에 복종하는 것이 최고의 자유이다. 너는 네가 속한 나라에 정착하고자 하는 사람은 누구든지 추방하거나 유배 보내지 않는 것이 네 나라의 옛 법이라는 것을 알지 않느냐. 그래서 그 나라의 성벽 안에서 안전하게 보호를 받고 있는 사람은 그 누구도 유배 가면 어쩌나 하는 걱정을 할 필요가 없다. 반면에, 거기에서 더 이상 살고 싶지 않은 사람은 누구든지 강제로 붙잡아 두지 않기 때문에 자유롭게 그곳을 떠날 수 있다.

그렇기 때문에 너의 유배 생활이나 이곳에서의 너의 처지와 형편 같은 것들은 내 마음을 괴롭게 하지도 않고 나로 하여금 신경 쓰게 하는 것도 아니다. 그리고 내게 지금 필요한 것은 상아와 유리로 장식된 너의 서재라는 성채가 아니라 네 마음속에 있는 안식처이다. 거기에다 나는 책들을 잔뜩 쌓아둔 것이 아니라, 유형의 책들에 가치를 부여해 주는 무형의 사상들을 차곡차곡 쌓아두었다.

네가 공공의 복리를 위해 헌신해 온 것은 너의 말이 그대로 사실이다. 아니, 네가 지금까지 행해 온 온갖 일들을 생각하면, 도리어 너는 네 자신의 공을 과소평가한 것이다. 또한, 네가 고발을 당한 일과 관련해서 너는 옳고 그른 모든 것들을 있는 그대로 잘 기록했다. 특히 너를 고발한 자들의 죄상과 악한 음모와 기만에 대해서 단지 간략하게만 말해야 하겠다고 생각한 것은 합당하고 옳은 일이었다. 그런 것들은 모든 일을 논하는 대중의 입을 통해 공론화되는 것이 더 낫고 결과도 더 좋기 때문이다. 너는 원로원의 부당하고 배은망덕한 처신을 소리 높여 맹렬히 비난하였고, 그들이 나를 비난하는 말을 듣고서 괴로워하였으며, 나의 아름다운 이름을 모욕하는 말을 듣는 순간에는 눈물을 흘렸다. 그래서 너는 운명의 여신이 사람들의 공과를 따라 공정하게 상벌을 시행하지 않는 것에 대하여 분노를 토해내면서, 하늘에서 시행되는 것 같은 평화와 질서가 이 세상에서도 이루어지게 해 달라고 격정의 시를 통해 기도하였다.

지금 네 속에서는 이런저런 많은 감정이 한데 뒤섞여 소용돌이치고 있고, 비탄과 격분과 암울함이 너의 마음을 천 갈래 만 갈래로 찢어 놓고 있어서, 현재 상태에서는 아무리 강력한 처방을 쓴다고 해도 너의 병은 치유받기 힘들기 때문에, 나는 임시로 조금 약한 처방을 사용할 것인데, 이것은 너를 강타한 걷잡을 수 없는 불안과 격동으로 말미암아 뒤틀리고 굳어진 네 마음을 풀어 주어 부드럽게 해서 나중에 더 독한 처방을 사용하기 위한 것이다.”

제6장

보에티우스가 앓고 있는 병

[이 장부터 철학은 자신이 가르침을 강화하는 그 일부로 시를 사용하기 시작한다. 이 시는 한편으로는 5장에서 그가 던졌던 메시지, 즉 자연은 신이 부여한 질서를 따라 운행된다고 노래함과 동시에, 다른 한편으로는 인간의 행실도 그 질서를 따라야 한다는 것을 보여준다. 이어지는 산문 부분에서 철학은 보에티우스가 앓고 있는 병의 정확한 성격을 도출해내는데, 그것은 그가 세계가 어떤 목적 아래에서 어떤 식으로 운행되는지와 그 세계 안에서 그의 정체성이 무엇인지를 잊어버린 것이라고 말한다.]

게자리의 별들이 끓어오르는 태양 광선을 뿜어내어 토양을 태울 때,

메마른 밭이랑에 씨앗을 뿌리는 농부는

대지의 여신에게 외면당하고서

참나무 열매에서 양식을 구걸해야 한다네.[22]

살을 에는 듯한 황량한 북풍이

들판을 할퀴고 지나갈 때,

회색 양탄자로 변해 버린 수풀에서

오랑캐 꽃을 찾으려는 너는 누구며,

---

22 태양은 6월 20일과 7월 20일 사이에 게자리에 진입하는데, 이 시기는 파종하기에 적합하지 않은 때이다.

포도가 너무 먹고 싶다고

봄에 포도나무를 꺾고자 하는 너는 누구냐.

그저 가만히 기다리고 있노라면,

가을이 찾아오고 바쿠스 신[23]이

포도가 달린 가지들을 꺾어

네게 선물로 보내 줄 것이 아니던가.

이렇게 신은 계절들의 경계를 구분해서

각기 특유한 의무를 정해 주었으니,

신이 친히 정한 질서를 벗어나는 것은

추호도 허락되지 않으며,

이 질서를 떠나서

제멋대로 행한다면

반드시 대가를 치르리라.

"이제 나는 너의 정신 상태를 시험해 보고 어떤 치료 방법을 사용해야 할지를 결정하기 위해서 몇 가지 질문을 할 것인데 괜찮겠느냐."

"당신이 보시기에 합당하다고 생각하시는 질문들을 내게 해 주시면, 기꺼이 대답하겠습니다."

"너는 만유가 단순히 우연에 의해서 무작위로 돌아간다고 생각하느냐.

---

23 바쿠스(Bacchus)는 그리스 신화에 나오는 주신으로서 그리스어로는 디오니소스이다. 머리는 담쟁이 덩굴·떡갈나무·단풍나무의 잎으로 장식하고, 손에는 티르소스라고 하는 지팡이를 들고 짐승 가죽을 몸에 걸친 모습으로 열광적인 가무를 즐겼다. 신으로부터 특별한 힘을 얻어 나무를 뽑거나 맹수를 때려 죽이는 등의 포악성을 지니기도 했지만, 한편으로는 포도를 따고 포도주를 만드는 등 평화를 상징하는 요소도 갖고 있었다.

아니면, 거기에는 어떤 이성의 지배가 존재한다고 생각하느냐."

"만유(우주)가 이렇게 정확한 법칙들에 의해서 돌아가고 있는데, 도저히 나는 그것이 전적으로 우연에 의해 무작위적인 것이라고 생각하거나 믿을 수 없습니다. 나는 만유(우주)의 창시자인 신이 자신의 피조세계를 돌보고 있다는 것을 알고 있고, 내가 이 신념이 거짓이라고 여겨서 버리게 되는 그런 날은 결코 찾아오지 않을 것입니다."

"너의 말이 맞다. 너는 방금 전에 너의 그런 신념을 시로 표현했다. 너는 오직 인간만이 신의 그러한 다스림과 보호를 받지 못하고 있다고 탄식하긴 했지만, 인간을 제외한 다른 피조물들은 이성의 지배를 받고 있다는 너의 신념은 확고했다. 이렇게 네가 건강한 정신 상태를 지니고 있었음에도 불구하고, 네 마음이 이토록 깊이 병들 수 있었다는 것이 내게는 너무나 이상하고 도무지 믿기지 않는구나. 하지만 나는 너의 정신 상태에 무엇인가 결핍된 것이 있고 문제가 존재한다고 생각할 수밖에 없기 때문에, 이제 너의 정신 상태 속으로 좀 더 깊이 들어가 보기로 하자. 만유가 신에 의해 다스려지고 있다는 것을 네가 의심하지 않는다면, 이제 좀 더 구체적으로 들어가서, 너는 신이 어떤 방식으로 만유를 다스리고 있다고 생각하는지를 내게 말해 보아라."

"당신의 질문이 무슨 의미인지를 잘 몰라서 대답하지 못하겠습니다."

"나는 네게 무엇인가가 결핍되어 있어서, 마치 단단한 벽에 금이 간 것처럼, 너의 정신을 어지럽히는 이 병이 너의 영혼 속으로 슬그머니 침투해 들어간 것이라고 보는데, 나의 이런 생각이 틀린 것이냐. 그렇다면, 너는 만물의 목적이 무엇이고, 모든 자연이 무엇을 지향하고 있는지를 기억하고 있으면 내게 말해 보아라."

"나는 전에 거기에 대해 들은 적이 있지만, 지금은 슬픔과 근심으로 나의 기억력이 무뎌져서 생각이 나지 않습니다."

"그렇다면 만물이 어디에서 기원하였는지는 알고 있느냐."

"네, 그 근원은 신입니다."

"만물의 기원은 아는데, 목적은 모른다는 것이 말이 되느냐. 하지만 정신이 혼란스러울 때에는 그런 법이다. 정신의 그런 혼란한 상태는 인간을 혼미하게 할 수는 있지만, 인간의 본성 자체를 파괴하거나 뿌리뽑을 수는 없다. 그러니 너는 이 질문에는 대답해 주기 바란다. 너는 네가 인간이라는 것을 기억하고 있느냐."

"내가 인간이라는 것을 어떻게 기억하지 못할 수가 있겠습니까."

"그렇다면 인간이 무엇인지를 말해 줄 수는 있느냐."

"당신은 인간은 이성이 있지만 언젠가는 반드시 죽게 되어 있는 유한한 동물이라는 것을 내가 알고 있는지를 물으시는 것입니까. 물론, 나는 그것을 알고 있고, 내가 그런 존재라는 것을 고백합니다."

"너는 네가 그런 존재 외에 또다른 어떤 존재라는 것을 알고 있느냐."

"다른 것은 모릅니다."

그러자 그녀는 이제 무엇인가를 알겠다는 듯이 이렇게 말했다.

"이제 나는 네가 걸린 병의 원인, 아니 주된 원인을 알겠구나. 그것은 네자신이 어떤 존재인지를 까맣게 잊어버린 것이다. 이제 네 병의 온전한 정체도 알겠고, 그 병을 어떻게 치유해야 하는지도 알겠다. 지금까지 네가 유배를 당하고 전 재산을 잃었다고 한탄하며 슬퍼해 온 것은 네 자신이 어떤 존재인지를 까맣게 잊고 있었기 때문이다.

너는 만물의 목적을 알지 못하기 때문에, 인간은 누구나 무가치하고 악할 뿐인 데도, 권력과 부가 있는 사람들은 행복할 것이라고 생각한다. 너는 만유가 어떤 식으로 돌아가고 있는지를 망각했기 때문에, 모든 행운과 불행이 주관하는 자 없이 제멋대로 굴러다닌다고 생각한다. 그런 생각들은 사람을 병들게 할 뿐만 아니라 사망에 이르게 하는 원인이 될 수 있다.

하지만 네가 인간으로서의 본성을 완전히 잃어버리지 않은 것을 모든 건강의 원천이신 분에게 감사하라. 네게는 너의 건강을 되찾게 해 주는 데 아주 중요한 불씨가 아직 남아 있는데, 그것은 만유를 이끌어가는 손길에 대한 너의 참된 지식이다. 즉, 너는 만유가 우연에 의해 무작위로 굴러가는 것이 아니라, 신적인 이성에 따라 운행되고 있다는 것을 믿는다. 네게 이 믿음이 있는 동안에는 아무것도 두려워할 필요가 없다. 이 작은 불씨에서 생명의 불길이 일어날 것이고, 너는 그 불길로 말미암아 뜨거워지게 될 것이다.

하지만 지금은 더 독한 처방을 사용할 때는 아니다. 사람이 참된 생각을 내팽개쳐 버리고 거짓된 생각을 붙잡을 때, 그 거짓된 생각은 어두운 혼미함을 초래해서 참된 통찰을 어지럽히고 사람의 정신을 혼란스럽게 만드는 것이 인간 정신의 법칙이다. 그러므로 나는 이제 약한 처방을 적절하게 사용하여, 너를 속이고 있는 감정들로 인한 어둠을 어느 정도 흩어버려서 너의 어둠의 정도를 완화시킴으로써, 너로 하여금 참된 광명의 빛을 알아볼 수 있는 힘을 갖출 수 있게 할 것이다."

제7장

보에티우스의 상태

[철학이 보에티우스의 병의 성격을 진단하는 것이 제1권의 주제이고, 그 진단은 제6장에서 끝났다. 이제 제1권에 나오는 이 마지막 시에서는 일련의 심상들을 동원해서 보에티우스의 상태를 보여 주는데, 악한 욕망들로 인해 눈멀고 훼손된 그의 정신은, 구름에 가려진 별들이나, 진흙탕 물이 되어 용솟음치는 바다나, 바위에 막혀 흐르지 못하는 물길에 비유된다.]

먹구름에 뒤덮여
가리워진 별들은
빛을 낼 수 없다네.

난폭한 남풍이
바다 위를 휘몰아치면,
바다는 사납게 요동하고,
청명한 햇빛 아래에서
유리 같이 투명하던 물은
흙탕물이 되어
한 치 속도 들여다볼 수 없구나.

산허리를

휘감고 내려오는 물은

바위에서 떨어져 나온 돌이 장애물이 되어

제 길로 가지 못하고 산산이 부서지는구나.

사정은 너도 마찬가지일지니,

침침하지 않은 맑은 눈으로

진리를 보고자 한다면,

잘 닦여져 있는 바른 길을 택하라.

덧없는 기쁨도 버리고

두려움도 버리고

헛된 희망도 버려서

고통이 들어설 자리를 허용하지 말지니,[24]

그런 것들이 지배하는 곳에서는

정신은 구름에 덮인 것처럼 몽롱해지고

영혼은 쇠사슬에 매이노니.

---

24 기쁨, 두려움, 희망, 고통이라는 네 가지 감정은 인간의 가장 기본적인 감정들로 여겨진다. 이러한 사상
   은 플라톤에게로 거슬러 올라가기는 하지만, 스토아학파의 철학에서 특히 강조되었다.

제 2 권

운명의 여신과 참된 행복

제 1 장
운명의 여신의 속성

[보에티우스의 병에 대한 진단을 끝낸 철학은, 그의 병은 그가 이전에 운명의 여신이 그에게 준 부귀영화를 지금 잃어버리고서 비통해하고 억울해하는 것이라고 말하면서, 그는 지극히 변덕스러운 것이 운명의 여신의 속성임을 기억했어야 했다고 따끔하게 일침을 놓고서, 그가 그토록 변덕스러운 여신을 향해서 불평하는 것은 온당하지 않다는 것을 지적한다. 이어지는 시에서는 운명의 여신이 사람들을 얼마나 변덕스럽게 다루는지를 강조한다.]

이렇게 노래한 후에 그녀는 잠시 말을 멈추었고,[1] 그 침묵은 나로 하여금 다시 한 번 정신을 가다듬고 그녀에게 집중할 수 있게 해 주었다. 그러자 그녀는 다시 말하기 시작했다.

"나는 네가 이런 병에 걸린 원인과 그 증상을 완전히 파악한 반면에, 너는 네가 이전에 누렸던 것을 행복이라고 여기고서 거기에 대한 미련과 집착을 버리지 못하고 여전히 너의 과거를 그리워하며, 운명의 여신이 너를 완전히 버렸다고 생각하여 슬퍼하는 일에 네 모든 힘을 소진하고 있다. 하지만 그것은 네가 운명의 여신이 지금까지 해 온 행태를 잘 모르고서, 네 스스로 착각에 빠져 평안을 잃어버리고 심란해하는 것일 뿐이다. 나는 그

---

1 침묵이라는 수사학적 장치는 여기에서 제1권의 주제였던 보에티우스의 신세 한탄을 제2권의 주제인 철학의 본격적인 위안을 서로 분리시켜 놓는 역할을 한다.

녀가 자신의 천만 가지 얼굴을 사용해서 사람들을 어떤 식으로 속이는지를 잘 알고 있다. 그녀는 자신이 갖고 놀고자 하는 사람들을 고른 후에는, 먼저 아주 친근하게 다가와서 온갖 선물보따리를 풀어놓고 혹하게 만들어 놓고 나서는, 그들이 거기에 젖어 안심하고 지내면서 자신들의 몰락을 꿈에도 생각하지 못할 때, 갑자기 그들에게서 등을 돌리고 떠나버림으로써, 인간으로서 감내할 수 없는 고통을 그들에게 안겨 준다.

네가 운명의 여신이 어떤 존재이고 어떤 식으로 행하며 과연 사람들에게 무엇을 줄 수 있는지를 곰곰이 생각해 본다면, 너는 그녀가 네게 찾아왔을 때에도 진정으로 귀하고 소중한 것을 결코 얻은 것이 없었고, 그녀가 네게서 떠나갔을 때에도 그런 것을 결코 잃은 것이 없었다는 것을 알게 될 것이다. 너로 하여금 그런 것들을 네 기억 속으로 떠올리게 하려고 굳이 내가 애를 쓸 필요조차 없다. 왜냐하면, 그녀가 너의 곁으로 와서 온갖 좋은 것들을 선물하고 온갖 좋은 말들로 네게 아양을 떨었을 때, 이미 너는 나를 따르는 무리들과 함께 내게서 배웠던 가르침들을 제시하며 의연하고 당당하게 그녀의 그런 행태를 강하게 질책하곤 했기 때문이다.

하지만 외적인 환경과 처지가 갑자기 변하면, 사람의 마음속에도 어느 정도 동요가 일어나는 것은 어쩔 수 없는 일이기 때문에, 너도 여느 사람들과 마찬가지로 평정심을 잃고 말았다. 하지만 지금은 온건하고 순한 약으로 네 마음의 동요를 가라앉히고 평정심을 되찾게 해서, 그 약효가 너의 폐부 깊숙한 곳까지 침투하여, 이후에 한층 더 강력한 약을 써서 네가 완전히 치유될 수 있는 기반을 마련해야 할 때다. 그러므로 온건하고 순한 수사학적인 설득이 주는 감화력을 사용해 보자. 하지만 그런 수사학적인 설득은 나의 가르침들을 견고하게 고수할 때에만 미사여구에 그치지 않고 올바른 길로 나아갈 수 있다는 것을 명심하라. 또한, 웅변술과 함께 나의 시녀인 음

행운의 좋은 면과 나쁜 면

률도 그때그때 알맞게 어떤 때는 경쾌한 운율로, 어떤 때는 비장한 운율로 너를 도와 줄 것이다.

　죽을 수밖에 없는 유한한 인간아, 도대체 무엇이 너를 비탄과 애곡 속으로 내던져 버린 것이냐? 너는 네게 익숙하지도 않고 잘 알지도 못하는 어떤 낯선 것을 보아 왔다. 하지만 운명의 여신이 너에 대한 태도를 바꾸어 돌변하였기 때문에 이런 일이 일어나게 되었다고 생각한다면, 그것은 오산이다. 그녀는 늘 그런 식으로 행동해 왔고, 그것은 그녀의 본성 자체이다. 따라서 그녀가 너에 대한 태도를 바꾼 것은 자신이 늘 해 왔던 대로 한 것일 뿐이고, 따라서 자신의 본성을 충실히 따른 것일 뿐이다. 그녀가 네게 미소를 지으며 온갖 거짓 행운으로 너를 유혹하여 혹하게 만들고 있던 그때에도, 이미 그녀는 자신의 본성을 따라 언제든지 너에 대한 태도를 바꿀 준비가 되어 있었다. 단지 너는 이 눈먼 여신이 자신의 두 얼굴을 모두 네게 내보였을 때에야 비로소 그녀의 진면목을 알게 된 것일 뿐이다. 그녀는 다른 사람들의 눈에는 여전히 자신의 한 쪽 얼굴만을 보이며 다른 쪽 얼굴을 감추고 있지만, 네게는 자신의 모든 면모를 남김없이 드러낸 것만이 차이가 있을 뿐이다.

　운명의 여신은 그런 존재라는 것을 감안해서, 그래도 그런 그녀가 좋다면, 너는 그녀의 행동방식을 불평하지 말고 잘 이용하는 방법을 찾으면 되고, 그녀의 변덕이 아무래도 마음에 들지 않을 뿐만 아니라 끔찍하게 느껴진다면, 그녀가 네게 다가와 온갖 것으로 유혹할 때, 그것이 너를 파멸시키기 위한 것임을 직시하고서 그녀의 제안을 멸시하고 그녀를 내쫓아 버리면 된다. 만일 그랬다면, 지금 너의 큰 고통과 괴로움의 원인으로 작용하고 있는 그녀는 도리어 네 마음의 평안함을 훼손하는 존재가 되지 못했을 것이다. 왜냐하면, 그녀가 언제든지 자기를 떠날 수 있다는 것을 이미 예상하고 있는 사람은 그녀가 언제 떠나더라도 거기에 마음이 흔들리지 않을 수 있기 때문이다.

이렇게 운명의 여신은 제멋대로 왔다가 제멋대로 가버리는 존재인데도, 너는 여전히 그런 그녀를 소중하게 여기는 것이냐. 그녀는 절대로 언제까지나 머물지 않고 단지 잠시 동안만 머물 뿐이며, 떠날 때에는 네게 불행을 남겨 주리라는 것이 너무나 확실한데도, 잠시 동안의 행운이 네게는 여전히 소중한 것이냐. 붙잡아 두고 싶어도 붙잡아 둘 수 없고 떠날 때에는 불행만을 남기는 행운이라면, 그런 덧없는 행운은 단지 다가올 불행의 전조 외에 무엇이겠는가.

지금 당장 눈앞에 있는 것만을 바라보아서는 안 되고, 모든 일의 결과를 헤아려 보는 것이 지혜로운 일이다. 그러므로 운명의 여신의 변덕스러움을 고려하면, 그녀가 몰고 오는 불행은 두려워할 만한 것이 될 수 없고, 그녀의 미소도 바람직한 것이 될 수 없다. 하지만 그런데도 네가 너의 목을 내밀어 그녀의 멍에를 메고자 한다면, 그녀의 변덕으로 인해 일어나는 온갖 일들을 꿋꿋이 참아낼 각오를 하지 않으면 안 된다. 네가 너의 자유로운 의지로 그녀를 너의 여주인으로 섬기기로 선택해 놓고서, 그 여주인이 네 뜻대로 움직여 줄 것이라고 생각한다면, 그것은 한참 잘못 생각하는 것이 될 것이고, 네가 네 자신이 절대로 바꿀 수 없는 운명을 스스로 선택해 놓고서는, 그 운명을 견딜 수 없어 하며 거기에서 벗어나고자 한다면, 너의 처지는 더욱 비참해지고 말 것이다. 너라는 배에 운명의 여신이라는 돛을 달았다면, 그 배는 네가 원하는 방향이 아니라 바람이 부는 방향을 따라 움직여 나아가게 될 것은 너무나 뻔한 이치가 아니겠느냐. 네가 밭이랑에 씨를 뿌리고자 한다면, 먼저 올해가 풍년이 될지 흉년이 될지를 헤아려서, 씨를 뿌릴 것인지 말 것인지를 결정해야 하지 않겠느냐. 마찬가지로, 네가 스스로 운명의 여신의 지배 아래 들어갔다면, 네 여주인의 행동방식을 따라야 하는 것은 너무나 당연한 일이다. 그런데도 너는 그녀가 돌리는 수레바퀴를 멈추게 하려고 애를 쓰고 있는 것이냐? 만물 중에서 가장 어리석은 존재인 인간아, 운명의 여신이 움직이지 않고 멈춰 있기 시작한다면, 그녀는 더 이상 운명의 여신이 아니라는 것을 명심하라."

운명의 여신이 그 오만한 손으로
운명의 수레바퀴를 돌릴 때,
운명은 에우리푸스[2]의 거친 파도처럼 종잡을 수 없이 솟구쳐서,
불운을 두려워하는 제왕을
사정없이 짓밟아 버리고,
정복당한 자에게 거짓 행운을 보여주어
땅에 처박힌 얼굴을 들어올리게 만드는구나.

그녀는 불행에 몸부림치는 자의 울부짖음을 들어주지 않고
그 누구의 눈물에도 눈길을 주지 않으며
그녀의 잔혹한 손길 때문에 비탄에 빠진 자를 보면
도리어 조소하네.
이렇게 희롱과 농락을 일삼는 것이
그녀의 힘을 과시하는 방식일 뿐.
그러니 어떤 사람이 극한의 행복 속으로 올려졌다가
수직낙하하여 절망의 나락으로 떨어졌다면,
그것은 단지 그녀가 자신의 힘을 과시하는 것일 뿐이라네.

---

2 에우리푸스(Euripus)는 그리스의 보이오티아와 에게 해의 에우보이아 섬 사이에 있는 해협으로서 폭이 좁아 물살이 빠르고 불규칙하기로 고대에 악명이 높아서, 이전의 문학에서 인간사의 불확실성을 묘사하는 심상으로 사용되었다.

제 2 장

운명의 여신의 반박

[철학은 이제 운명(행운)의 여신으로 하여금 자기가 보에티우스에게 이전에 준 행운을 다시 가져간 것에 대해 그가 불평하는 것을 여기에서 직접 반박할 기회를 준다. 운명의 여신은 자기가 그에게 준 모든 것이 다 자신의 것이기 때문에 그것들을 다시 가져간다고 해서, 그가 자신의 그런 조치에 대해 불평하는 것은 합당하지 않다고 말하면서, 자신이 사람들에게 모든 것을 주었다가 다시 가져가는 것은 자신의 권한이고, 그것은 역사를 통해서도 증명된다고 주장한다.]

"이제 나는 운명(행운)의 여신이 직접 한 몇 가지 말들을 가지고서 너와 얘기해 보려고 한다. 너는 그녀의 요구가 과연 올바른 것인지를 생각해 보아라. 그녀는 이렇게 말한다.

'인간아, 너는 왜 날이면 날마다 무슨 일이 있기만 하면 모든 책임을 내게 뒤집어씌우고 나를 비난하며 불평을 늘어놓는 것이냐. 내가 네게 어떤 불의를 행했다는 것이냐. 내가 네게서 어떤 재산을 강탈해 갔다는 것이냐. 네가 선택한 재판관 앞에서 네가 전에 갖고 있던 부귀의 소유권과 관련된 문제를 놓고서 나와 다투어 보자. 거기에서 네가 부귀라는 것이 조금이라도 진정으로 인간의 소유라는 것을 증명한다면, 나는 네가 다시 되찾고자 하는 부귀가 너의 소유였다는 것을 기꺼이 인정할 것이다.

자연이 너를 모태로부터 낳았을 때, 나는 아무것도 가진 것이 없이 태어난 천둥벌거숭이였던 너를 내 손으로 받아서, 내게 있는 온갖 것들을 가지고서 너를 정성껏 보살펴 주고, 네게 필요한 것이라면 아낌없이 후하게 다 주어서 너를 길러 왔다. 그러므로 지금 네가 나를 비난하고 참을 수 없어 하는 것은, 그동안 내가 가진 모든 귀한 것들을 너에게 주어 너를 부족함 없이 유복하게 살아갈 수 있게 해 주었다가, 이제는 내가 너를 떠나는 것이 좋겠다고 생각해서 네게서 손을 떼었기 때문이다. 하지만 그렇다고 해도 너는 그동안 내가 네게 잠시 빌려준 것들로 풍족하게 살아온 것이기 때문에, 내가 그것들을 다시 거두어 갔다고 해도, 너는 내가 네게 그동안 베푼 것들을 감사하는 것이 마땅하고, 마치 원래부터 너의 소유였던 것들을 잃어버리기라도 한 것처럼 불평할 이유는 전혀 없지 않느냐. 그런데 왜 너는 이렇게 내게 바득바득 대들며 나를 비난하고 불평하는 것이냐.

나는 결코 네게 불법을 행하지 않았다. 부귀를 비롯해서 그런 부류에 속한 모든 것들은 다 내 것이고 내 권한 아래 있는 것들이다. 그것들은 나의 시녀들이고, 나는 그것들의 여주인이어서, 내가 오면 그것들도 함께 오고, 내가 떠나면 그것들도 함께 떠난다. 단도직입적으로 말하자면, 네가 잃어버렸다고 불평하는 그것들이 애초부터 정말 너의 소유였다면, 사실 너는 그것들을 결코 잃어버리지 않았을 것이다.

왜 나만 내게 합법적으로 주어진 권한을 사용해서는 안 된다는 것인가. 하늘은 햇빛이 쨍쨍 비치는 밝은 대낮을 선물했다가도 어두운 밤으로 대지를 덮어 버리기도 하고, 세월은 지면을 꽃과 열매로 뒤덮었다가도 살을 에는 듯한 추위로 지면을 얼려 버리기도 하며, 바다는 잔잔하고 평화로운 표정으로 사람들을 유혹하다가도 폭풍우를 일으켜 거친 노도로 사람들을 위협하기도 하지만, 사람들은 아무 말 없이 그 모든 것들을 받아들인다. 그런데 왜 인간은 자신의 채워지지 않는 욕망에 사로잡혀서, 내가 내게 합법적으로 주어진 길을 따라 끊임없이 나아가는 것을 가로막아 서서 한 곳에 계속해서 머물러 있기를 강요하는 것인가. 하지만 내가 가진 힘은 끊임없이 나의 얼굴을 바꾸며 사람들을 희롱하는 데 있다. 나는 운명의 수레바퀴를 쉬지 않고 돌려서, 가장 낮은 곳이 가장 높은 곳이 되게 하고, 가장 높은 곳이 가장 낮은 곳이 되게 하는 것을 기뻐하고, 거기에 나의 힘이 있다. 네가 원한다면, 내가 너를 가장 높은 곳으로 올려 주마. 하지만 내가 원할 때에 너를 가장 낮은 곳으로 곤두박질치게 만든다고 해도, 너는 그것을 불공평하다고 불평할 생각은 하지 말아라. 그것이 내가 네게 내거는 조건이다.

너는 나의 행동방식을 모른단 말이냐. 얼마 전까지만 해도 천하에 두려울 것이 없었던 리디아의 왕이 키루스 왕에게 패하여 화형에 처해지는 비참한 신세가 되었다가, 이번에는 하늘로부터 비가 내려서 구사일생으로 살아난 일을 듣지 못하였느냐.[3] 로마군을 이끈 파울루스가 자신의 포로가 된 페르시아의 왕 페르세우스의 처지를 보고서 눈물을 흘렸다는 얘기도 잊은 것이냐.[4] 많은 사람들이 비극적인 사건들로 인해 울며 통곡했다는 것은 언제까지나 행복할 것이라고 생각하며 행운을 누렸던 많은 사람들이 운명의 여신의 무차별적인 타격으로 여지없이 파멸을 맞이하게 되었다는 의미가 아니면 무엇이겠는가. 제우스 신전의 입구에는 두 개의 통이 놓여 있는데, 하나는 불행으로 가득 차 있고 다른 하나는 행운으로 가득 차 있다는 옛말을 너는 어린 시절에 이미 배우지 않았느냐.[5]

---

3 여기에서 말하는 리디아의 왕은 크로이소스(Croesus)다. 그는 페르시아 왕 키루스에게 패한 후에 다시 반기를 들어서 화형을 당하게 되었는데, 화형장의 장작더미 위에서 "인생사는 수레바퀴 같아서 사람이 영원히 부귀영화를 누릴 수는 없다"고 키루스에게 경고했고, 이 말을 들은 키루스가 인생의 무상함을 느끼고 불을 끄라고 명령하자 때마침 하늘에서 비가 내려 불이 꺼졌다고 한다.

4 파울루스는 로마의 집정관으로서 로마군을 이끌고 BC 168년에 마케도니아 전쟁에서 페르시아의 왕 페르세우스를 격파한 후에 운명의 무상함을 느꼈다고 한다. 하지만 로마사가 리비우스의 글에는 그가 울었다는 기록은 나오지 않는다.

5 이것은 아킬레우스가 트로이 전쟁에서 아들들을 잃은 트로이의 왕 프리아모스를 위로하며 한 말이다.

네가 내게서 더 많은 행복을 받아 누렸다면, 너는 어떻게 되었을까. 내가 네게서 떠나가지 않았다면, 너는 어떻게 되었을까. 또한, 나의 변덕스러운 본성으로 인해서 네가 더 나은 것들을 소망할 수 있게 된 것이라면, 어떠하겠느냐. 네가 어떻게 되었어도, 사실 너는 고민하고 괴로워할 이유가 전혀 없다. 모든 사람이 겪어 왔고 지금도 겪고 있는 일이 네게 일어난 것일 뿐이기 때문에, 너는 오직 너만이 운명의 여신에게서 벗어나서 살아갈 특권을 누릴 수 있기를 바라서는 안 된다.' "

폭풍우가 이는 때
바다는 자신의 성난 뿔로
무수히 많은 모래들을 사방으로 흩뿌리고,
구름 한 점 없는 밤하늘에는
무수히 많은 별들이 촘촘히 박힌 채 빛나고 있네.

풍성한 열매를 거두어들여
재물을 한없이 쌓아두고도
인간은 만족할 줄 모르고
불평과 불만과 탄식을 그치지 않는구나.

신이 사람들의 소원을 기꺼이 들어주어
후한 손길로 황금을 퍼주고,

"제우스 신전의 현관에는 그의 선물들이 담겨 있는 두 개의 통이 놓여 있는데, 한 쪽에는 화가, 다른 한 쪽에는 복이 들어 있답니다." 보에티우스는 플라톤이 쓴 『국가론』에서 이 글을 읽었을 것으로 추정되지만, 어쨌든 이 말은 고대에 널리 알려져 있었다.

허영심으로 가득한 자들을

존귀와 명예로 채워 주어도,

그들은 이미 얻은 것은 돌아보지도 않고

또 다른 것에 눈길을 주는도다.

탐욕은 이미 인은 것은 삼켜 버리고

또다시 더 많은 것을 바라고 입을 크게 벌리는 것이어서,

많은 것을 얻으면 얻을수록

탐욕의 목마른 갈증은 더욱 심해져 가니,

그 어떤 것으로 이 끝없는 욕망에

재갈을 물릴 수 있겠으며,

아무리 많은 것을 가지고 있더라도

늘 부족하다 느끼고 더 많은 것을 갖기를 안달하는 자를

어찌 부자라 부를 수 있으랴.

제 3 장
변덕스러운 운명의 여신

[철학은 보에티우스에게 운명의 여신이 그에게 다른 어느 누구보다도 더 큰 행운을 베풀어서 그로 하여금 지금까지 부귀영화를 비롯해서 온갖 행복을 다 누릴 수 있게 해 주었다는 것을 상기시키고, 운명의 여신의 행동은 늘 변하기 때문에, 지금 그가 직면해 있는 불운과 불행도 일시적인 것임을 지적해 준다. 이어지는 시에서는 일련의 심상들을 통해서 끊임없이 변화하는 자연을 묘사함으로써, 인간의 삶이 늘 한결같기를 바라는 것은 어리석은 것임을 보여준다.]

"운명의 여신이 자신에게 잘못이 없다는 것을 네게 이런 식으로 변호한다면, 그녀의 그런 변호를 반박할 말이 네게는 없을 것이라고 나는 생각한다. 하지만 혹시라도 너의 불평을 정당화해 줄 어떤 논거가 네게 있을지도 모르는 일이니, 그런 것이 있다면 어서 말해 보아라. 네가 말할 수 있는 기회를 주겠다."

"당신이 지금까지 해 준 말들은 웅변 같은 아름다움과 노래 같은 감미로움으로 가득합니다. 하지만 그런 말들은 듣고 있을 때에만 잠시 위안이 될 뿐이고, 돌아서는 순간 그 위안도 사라지고 맙니다. 불행에 처한 사람들이 느끼는 참담한 심정과 그 고통은 그 뿌리가 훨씬 더 깊기 때문입니다. 그래서 잠시 사람의 마음에 위안을 주는 말들이 그치고 더 이상 귀에 들려오지 않게 되자마자, 그들의 마음 깊은 곳에 뿌리를 내리고 있는 고통은 또다시 그들의 영혼을 짓누르게 됩니다."

"너의 말이 맞다. 왜냐하면, 내가 지금까지 해 준 말들은 너의 병을 근본적으로 고쳐줄 수 있는 약이 아니라, 단지 그 병을 고치는 것을 가로막는 너의 비탄과 근심을 덜어주기 위한 진정제 같은 것이기 때문이다. 때가 되면, 나는 너의 병을 근원적으로 치료해 줄 약을 쓸 것이다. 하지만 지금으로서는 네가 네 자신을 불행하고 비참하다고 생각하지 않는 것이 중요하다. 네가 과거에 얼마나 크고 많은 행운을 누렸있는지를 기익하라.

너의 아버지가 돌아가셨을 때는 최고의 명망과 지위를 지닌 사람들이 너를 데려다가 돌보아 주었고, 너는 결혼을 통해서 국가의 중추적인 인물들과 인척관계를 맺게 되었다. 그리고 그렇게 그런 훌륭한 사람들과 인연을 맺게 된 것은 그들이 너를 좋게 보아서 총애했기 때문이었다. 이렇게 해서 너는 너무나 소중한 관계를 얻게 되었다. 하지만 이것에 대해서는 더 이상 말하고 싶지 않고, 단지 한 가지만 네게 확인하고자 하는데, 그것은 네가 덕을 갖춘 여인과 혼인해서, 더할 나위 없이 훌륭한 가문과 인연을 맺고, 너의 자녀들에게도 가장 좋은 기회를 물려주게 된 것을 보았을 때, 너를 세상에서 가장 운좋은 사람들 중의 한 사람이라고 말하는 데 주저할 자가 누가 있겠느냐 하는 것이다.

네가 다른 사람들은 나이가 들어서도 해보지 못하는 부귀영화를 이미 젊은 시절에 다 경험한 것은 누구나 다 아는 사실인데, 이것과 관련해서 나는 네가 누구도 감히 넘볼 수 없는 최고의 행운을 누린 것이라고 말하지 않을 수 없다. 세상사에서 성공하고 출세한 것을 기준으로 행운을 따진다면, 한때 그런 최고의 행운을 누린 것은 그 후에 불행이 닥쳐 몰락하는 과정을 거쳤다고 해도 무효가 되는 것도 아니고 기억에서 사라질 수 있는 것도 아니다. 너의 두 아들이 집정관이 되어 원로원 의원들에 둘러싸여 백성들의 환호를 받으며 집을 나서는 것을 너의 두 눈으로 똑똑히 지켜 보지 않았던

행운의 축복들

가. 너는 너의 두 아들이 집정관석에 앉아 있을 때 왕을 찬양하는 연설을 통해 너의 뛰어난 재능과 웅변술로 칭송을 받았고, 원형경기장에서 집정관들인 네 두 아들 사이에 앉아 너에 대한 기대 속에서 네게 갈채를 보내던 백성들에게 승리자로서의 너그러움을 과시하여 그들을 열광하게 하지 않았던가.

운명의 여신이 너를 마치 자신의 연인처럼 소중히 여겨 온갖 좋은 것들을 네게 베풀어 주었을 때, 너는 그녀를 좋아했고 자랑스러워했었다. 그녀는 이전에 그 누구에게도 허락하지 않았던 엄청난 행운을 네게는 아낌없이 베풀어 주었었다. 그런데도 너는 이제 와서는 그녀와 손익계산을 하려고 드는구나. 그녀가 너를 못마땅한 눈길로 바라본 것은 이번이 처음이었다. 지금까지 네가 누려온 행복과 불행을 그 수와 정도에서 서로 비교해 본다면, 너는 결코 네가 전체적으로 불행하다고 말할 수 없다. 그러므로 전에 너를 행복하게 해 주었던 것들이 사라졌기 때문에 네 자신이 불행하다고 생각한다면, 너는 네가 지금 불행하다고 생각해서는 안 된다. 왜냐하면, 지금 네가 겪고 있는 이 불행도 결국에는 다 사라지게 될 것이기 때문이다.

너는 지금 네가 난생 처음으로 아무것도 준비되지 않은 채로 낯선 인생의 무대에 올랐다고 생각하는 것이냐. 사람이라는 것은 단 한순간에 이 인생의 무대에서 사라질 수도 있다는 것을 뻔히 알면서도, 왜 너는 인생사에 어떤 변함없는 것이 존재한다고 생각하는 것이냐. 설령 어떤 사람에게 행운이 변함없는 것처럼 보일지라도, 결국 그 행운은 그 사람의 죽음으로 말미암아 끝이 나고 만다. 너는 너의 죽음으로 행운이 끝나는 것과 네가 여전히 살아 있는 동안에 행운이 너를 떠나 버리는 것은 엄연히 다른 것이라고 생각하는 것이냐."

태양의 신 아폴론이 하늘 위에 떠 있는

장미 같이 붉은 마차로부터

사방으로 찬란한 빛을

비추기 시작하면,

그의 타는 듯한 햇살에 눌려

별들은 힘을 잃어

희게 빛나던 별빛은 창백해지는구나.

따뜻한 기운을 품은 서풍이 불어오면,

숲은 장미꽃들로 밝게 빛나지만,

스산한 남풍이 휘몰아쳐 오면,

아름다운 꽃들은 떨어지고

오직 가시만이 홀로 남는구나.

바다가 고요할 때는

잔잔한 물결들은 반짝거리며 빛을 발하지만,

북풍이 바다를 휘저어 놓으면,

거센 물결들이 걷잡을 수 없이 들끓어 오르는구나.

현세의 날들은 무상하고

그 변화무쌍함은 그지없는데,

그대는 아직도 부질없이

깨지기 쉬운 행운을 의지하고자 하는가.

모든 생겨난 것들은

끊임없이 변화해 가도록

영원한 법이 정해 놓았다네.

제 4 장

참된 행복

[철학은 제3장에서 보에티우스가 과거에 누렸던 행복에 대해 설명한 후에, 이제 여기에서는 그의 현재의 처지 중에서 위안이 되는 일들을 언급하면서, 특히 그의 가족이 여전히 무탈하게 잘 살고 있다는 사실을 지적한다. 하지만 참된 행복은 운명의 여신이 좌지우지하는 물질적인 것들이 아니라 자기 자신을 다스리는 데 있다는 것을 강조하고, 물질을 기반으로 한 행복은 죽음으로 끝나지만, 정신은 육신이 죽은 후에도 살아남는다는 사실을 덧붙인다. 이어지는 시에서는 견고한 터 위에 지어진 집이라는 심상을 사용해서, 참된 행복은 물질적인 부귀영화라는 쉽게 무너지는 모래 위에 지어질 수 없다는 것을 보여 준다.]

"진리를 소중히 여기시는 이시여, 당신은 내게 옳은 말씀만 하십니다. 그렇습니다. 내가 정말 어린 나이에 출세가도를 내달렸고 부귀영화를 누렸다는 것은 부인할 수 없는 사실입니다. 그러나 내게는 나의 그러한 과거를 떠올리는 것이 다른 무엇보다도 더 큰 고통이라는 것을 당신은 모르십니까. 운명의 여신이 가져다주는 모든 불행 중에서 가장 큰 불행은 이전에 자기가 행복했었다는 것을 아는 것이기 때문입니다."

"하지만 네가 그것을 고통으로 여기고 거기에서 가장 큰 고통을 느끼는 것은 순전히 너의 오해와 착각에 대한 대가를 지불하고 있는 것일 뿐이다. 따라서 네가 지금 그런 고통을 겪고 있다고 해서, 네게 지난날 주어졌던 지극히 큰 행복을 비난하는 것은 옳지 않다. 네가 아직도 운명의 여신이 지난날에 네게 가져다준 행복이 헛된 것일 뿐이라고 여긴다면, 내가 너의 행복이 얼마나 크고 많았는지를 상기시켜줄 터이니 잘 들어 보아라. 게다가 운명의 여신이 네게 준 선물들 중에서 가장 소중한 것이 조금도 손상되지 않은 채로 너의 소유로 남아 있다면, 너는 가장 좋은 것을 여전히 갖고 있는 것이기 때문에, 운명의 여신이 네게 가혹하게 행하였다고 비난하는 것이 어떻게 옳은 일일 수 있겠느냐.

먼저, 사람이 가질 수 있는 가장 고귀한 영예를 지닌 너의 장인 심마쿠스가 여전히 살아 있어서 왕성한 활동을 벌이고 있지 않은가.[6] 그는 네가 너의 생명을 바쳐서라도 얻고 싶어 하는 온갖 지혜와 덕으로 무장한 사람인데, 그런 그가 너의 사람됨을 변함없이 높이 평가하고 너의 생명을 소중히 여겨서, 네가 겪고 있는 이 불의한 일을 한탄하며, 자신에게 닥칠 위험을 아랑곳하지 않고 너의 구명을 위해 애쓰고 있다. 또한, 재덕과 고결함을 겸비한 너의 아내가 아직 살아 있지 않은가. 한 마디로 말하자면, 그녀는 자기 아버지를 그대로 쏙 빼닮은 사람이다. 그런 그녀가 이 세상에 정나미가 떨어져서 더 이상 살고 싶어 하지 않으면서도, 오로지 너를 위하여 목숨을 부지하면서, 너를 그리워하며 눈물과 근심으로 수척해 가고 있다(이것만은 너의 불행이라는 것을 나도 인정한다). 게다가, 너의 두 아들은 둘 다 집정관이 되었고, 자신들의 할아버지와 아버지의 품성을 그대로 이어받아 어릴 때부터 지금까지 눈부신 삶을 살아가고 있지 않은가.

죽을 수밖에 없는 존재인 인간이 가장 바라는 것은 생명을 보존하는 것인데, 생명보다 더 소중하다는 것을 그 누구도 의심하지 않는 너의 사람들

---

6 보에티우스의 장인이었던 심마쿠스는 이때에 그의 사위와 알비누스의 뒷배가 되어 주고 있었기 때문에 이미 왕을 비롯한 권력자들에게 미움을 사서 고통을 당하고 있었기는 하지만, 아직은 생명의 위협을 느끼고 있지는 않았던 것으로 보인다.

이 여전히 살아 있다는 것은 너의 복이고, 네가 얼마나 행복한 자인지를 보여주는 것임을 너는 알아야 한다.

그러므로 이제 너의 눈물을 그치라. 너에 대한 운명의 여신의 미움은 네게 주어진 모든 행복을 다 파괴할 정도로 극에 달한 것은 아니고, 네게 불어닥친 풍랑도 네가 감당할 수 없을 정도는 아니다. 너의 닻은 여전히 견고해서 현재에 있어서는 너의 힘이 되어 줄 것이고, 미래에는 희망이 되어 줄 것이다.”

“그 닻이 계속해서 견고히 있게 해 주십시오. 그것이 나의 기도입니다. 그 닻이 견고한 동안에는, 나는 무슨 일이 있어도 나의 목적지에 도달하게 될 것입니다. 하지만 당신은 얼마나 많은 나의 영광이 내게서 떠나가 버렸는지를 아시지 않습니까.”

“네가 모든 것을 다 잃어버리고 철저하게 절망적이라고 생각하지 않는다면, 우리는 어느 정도 앞으로 나아간 것이다. 하지만 그토록 헤아릴 수 없이 크고 많은 행복을 경험해 온 네가 마치 너의 행복에 무엇인가가 부족하다는 듯이 여기고서는 여전히 비탄에 잠겨 있고 가슴을 치며 원통해하고 수심이 가득한 모습을 보면, 도대체 네가 무슨 어리광을 부리고 있는 것인가 하는 생각이 들어 내 마음이 답답하여 견딜 수가 없다. 자신의 삶이 너무나 완벽하게 행복해서 자신의 처지와 형편에 추호의 불만도 없는 그런 사람이 어떻게 이 세상에 존재할 수 있겠느냐. 인간에게 주어진 행복이라는 것은 완벽할 수도 없고 영원할 수도 없어서 언제나 근심과 염려가 붙어다니기 때문이다.

재물은 차고 넘치지만 천한 출신 때문에 수치를 당하는 사람도 있고, 명문가 출신으로 유명하지만 가난으로 인한 궁핍한 생활 때문에 사람들이 자기를 몰라 봤으면 하고 바라는 사람도 있으며, 부와 혈통의 복은 받았지만

보에티우스와 철학이 운명의 변덕스러운 성격의 결과를 논하다

아내가 없어 외로운 삶을 살아가는 사람도 있고, 혼인을 해서 행복한 결혼 생활을 하고 있기는 하지만 슬하에 자녀를 두지 못해서 자신의 재산을 피붙이도 아닌 남에게 물려 주어야 할 처지에 놓인 사람도 있으며, 자녀를 두는 복은 받았지만 망나니 자녀들 때문에 평생을 괴로움과 한탄 속에서 지내야 하는 사람도 있다.

이렇듯 운명의 여신이 자신에게 정해 준 운명에 만족할 수 있는 사람은 아무도 없고, 아직 겪어 보지 않은 사람은 알지 못하고, 겪어 본 사람은 몸서리를 치는 사연이 누구에게나 있는 법이다. 게다가, 모든 일이 자신이 원하는 대로 되어서 늘 행운만을 누리며 행복에 젖어 살아가는 사람들의 마음은 역경에 전혀 단련되지 않아 다치기가 아주 쉬워서 아주 작은 일에 쓰러지는 법이다. 그래서 그런 사람들은 아주 사소한 역경 때문에 자신이 그동안 누려 왔던 온갖 행복을 삽시간에 몽땅 잃어버리고 만다.

네게 지금 남아 있는 행운 중에서 아주 작은 일부라도 가질 수 있다면 하늘에라도 오르기라도 한 듯이 기뻐할 사람들이 얼마나 많을 것인지를 한번 생각해 보아라. 네가 유배지라고 부르는 바로 이곳만 해도 이곳에서 살아가는 사람들에게는 고향이지 않느냐. 이렇게 네가 불행이라고 생각하지만 않는다면, 불행이라는 것은 존재하지 않는다. 그러므로 모든 것을 고요하고 평안한 마음으로 받아들여서 감내하기만 한다면, 너의 운명은 무엇이 되었든 네게 행복하고 복된 것이 된다. 아무리 행복하고 복된 운명 속에서 살아가는 사람이라도, 자신의 운명에 전적으로 만족해서 그 운명을 전혀 바꾸고 싶어 하지 않는 사람이 누가 있겠느냐. 인간의 삶은 제아무리 달콤한 삶이라고 하더라도 반드시 그 속에 아주 많은 쓴 맛이 섞여 있는 법이기 때문이다. 행복을 누리고 있는 동안에는 즐거워 보이지만, 그것도 한순간일 뿐, 그 행복이 떠나가고자 할 때에 붙잡아 둘 수 있는 사람은 아무도 없다. 이렇게 행복이 찾아오고 떠나는 일련의 과정 속에서 인간의 행복이라는 것이 얼마나 덧없고 보잘것없는 것인지가 분명하게 드러난다. 행복은 고요하고 평안한 마음을 지닌 사람이라고 해서 그의 곁에 영원히 머물러 주는 것도 아니고, 근심이 가득한 사람들을 언제까지나 위로해 주는 것도 아니다.

오, 언젠가는 죽게 될 인생들아, 행복은 니희 인에 있는데, 이찌히여 밖에서 찾는 것이냐. 너희는 무지와 오류로 인해서 착각하고 있다. 내가 너희에게 이 땅에서의 최고의 행복이 무엇인지를 간단하게 말해 줄 것이다. 내가 너희에게 너희 자신보다 더 소중한 것이 있느냐고 묻는다면, 너희는 그런 것은 없다고 대답할 것이다. 따라서 네가 네 자신을 다스리는 자가 된다면, 너는 결코 잃어버리지 않을 것, 즉 운명의 여신이라도 결코 네게서 빼앗아갈 수 없는 것을 소유하게 될 것이다.

또한, 너는 다음과 같은 사실을 숙고함으로써, 이 세상에는 영원하고 변함없는 것은 하나도 없고, 오직 잠시 왔다가 가버리는 덧없는 것들만이 존재한다는 것을 확실히 알아야 한다. 만일 행복이 이성으로 살아가는 인간에게 가장 좋은 '최고선'이라면, 행복은 빼앗길 수 없는 것이어야 한다. 왜냐하면, 빼앗길 수 있는 것은 빼앗길 수 없는 것보다 더 좋은 것, 즉 '선'이라고 할 수 없기 때문이다. 따라서 운명의 여신이 가져다주는 행복은 언제 또 빼앗아 갈지 모르는 것이기 때문에, 그런 행복은 인간에게 최고의 행복이라고 말할 수 없다.

행복을 누리고 있는 사람들 중에는 그 행복이 언젠가는 자기에게서 떠나갈 것임을 아는 사람도 있고 모르는 사람도 있다. 그 사실을 모르는 사람은 무지 가운데서 아무것도 모르고 맹목적으로 행복을 누리고 있는 것인데, 거기에 무슨 행복이 있을 수 있겠느냐. 그리고 그 사실을 아는 사람은 자신이 지금 누리고 있는 행복이 언젠가는 떠나가 버릴 것임을 알고 있기 때문에 늘 자신의 행복을 잃어버리지는 않을까 하는 두려움 속에서 살아갈 수밖에 없고, 그러한 끊임없는 두려움 가운데서 살아가는 사람에게 행복은 있을 수 없다. 또한, 행복을 잃어버린다고 해도 평정심을 잃지 않고 아무렇지도 않게 고요하고 평안한 마음으로 살아갈 수 있는 사람이 있다고 한다면, 그 사람은 행복을 대수롭지 않게 여기는 것이 아니겠는가. 따라서 그런 사람이 행복을 누리고 있다고 한들, 과연 그것이 그에게 행복을 가져다줄 수 있겠는가.

너는 인간의 정신은 결코 죽지 않고 영원불멸하다는 것을 확고하게 믿고 있다는 것을 나는 안다.[7] 많은 증거들을 통해 확증된 이 진리는 너의 심령 깊은 곳에 깊이 뿌리 내리고 있다. 그리고 운명의 여신이 준 온갖 행복은 육신의 죽음으로 끝이 난다는 것도 너무나 분명하다. 따라서 만일 운명의 여신이 가져다주는 행복만이 인간에게 유일한 행복이라면, 인간의 모든 행복은 죽음으로 끝나버리기 때문에, 언젠가는 죽게 되어 있는 인간이라는 존재는 죽음의 낭떠러지에서 불행 속으로 추락하고 말 것이다. 하지만 우리는 많은 사람들이 죽음을 통해서 행복을 얻고자 해 왔다는 것을 안다. 그러므로 죽음이 우리를 불행하게 만들 수 없고 도리어 행복을 가져다 줄 수 있다면, 어떻게 현세에서의 삶이 우리를 진정으로 행복하게 만들어 줄 수 있다고 말할 수 있겠는가."

---

7 플라톤과 아리스토텔레스는 인간의 정신은 영혼의 한 부분으로서 영혼을 이끌어가는 것으로 보았다. 플라톤은 인간의 영혼을 영원히 죽지 않는 것이라고 생각했고, 아리스토텔레스는 마치 시력이 눈과 분리될 수 없듯이 인간의 영혼도 육신과 분리될 수 없다고 보았지만, 정신은 육신이 죽은 후에도 살아남는다고 믿었던 것으로 보인다. 이러한 사상은 키케로의 글에서 당연한 상식으로 전제된다.

폭풍우의 거센 비바람에도

끄덕하지 않을 만큼 단단하고,

높이 솟구치며 포효하는 바다도

비웃을 만큼 안전한

항구적인 집을 짓고자 하는 사람은

높이 솟은 산꼭대기도 피하고

푸석푸석한 모래도 피해야 하리니,

산꼭대기에서는 세차고 모질게

휘몰아치는 힘센 바람 앞에서 견딜 수 없고,

단단히 뭉치지 않는 모래는

집의 무게를 견딜 수 없다네.

즐거운 안식처를 바란다면,

이런저런 위험을 피해서

적당히 낮은 곳에 있는 반석 위에

너의 집을 지어라.

폭풍우에 산산이 부서져 노한 물결들이

바다를 횡행하며 포효하여도,

거센 비바람이 산천을 뒤흔들어도,

너는 너의 견고한 성채 그 안에서

고요하고 평안한 삶을 살며,

성난 하늘의 광분함조차

비웃어 주리라.

제 5 장

물질이 행복을 가져다줄 수 없다

[철학은 사람은 운명의 여신이 준 선물을 통해서 행복을 얻을 수 없다는 앞 장에서의 논증을 이어받아서, 이제 구체적으로 세상 사람들이 일반적으로 구하는 것들인 돈과 보석과 땅과 화려한 옷과 많은 종들이 인간에게 행복을 가져다줄 수 없다는 것을 보여준다. 이어지는 시에서는 사치스럽고 악한 삶에 물든 오늘날의 삶 이전에 저 옛날에 사람들이 살았던 단순한 삶을 그리워한다.]

"초보적인 이치들로 조제한 나의 첫 번째 치료약이 너의 정신 속으로 침투하여 서서히 약효를 드러내고 있기 때문에, 이제는 좀 더 강한 약을 써야 할 때가 온 것 같다. 이번에는 운명의 여신이 준 선물들이 신속하게 사라지지도 않고 영구적인 것들이라고 한번 가정해 보자. 설령 그렇다고 해도, 그것들 중에 진정으로 너의 영원한 소유가 될 수 있는 것들이 있거나, 곰곰이 생각해 볼 때 그 가치를 영원히 잃지 않을 어떤 것들이 있다고 보느냐.

재물을 예로 들어보자. 재물은 그 자체로 본성적으로 귀한 것이냐, 아니면 너를 비롯한 사람들의 본성으로 인해서 귀한 것이냐. 그리고 같은 재물이라고 해도 황금과 돈다발 중에서 어느 쪽이 더 귀하냐.

재물은 쌓아둘 때보다도 쓸 때에 더 찬란하게 빛을 발한다. 탐욕은 증오를 불러오지만, 후하게 쓰면 존귀로 돌아온다. 돌고 도는 것은 한 사람에게 머물러 있을 수 없는 법이어서, 재물은 한 사람이 소유하고 있을 때가 아니라 다른 사람들에게 건네졌을 때에 진가를 발휘하게 된다. 인류가 만들어 내고 축적한 모든 재물을 한 사람이 갖는다면, 다른 모든 사람들은 궁핍해질 수밖에 없다. 사람의 목소리는 주변에 있는 모든 사람이 다 똑같이 들을 수 있지만, 재물은 반드시 어떤 사람에게서 줄어들어야만 다른 사람에게 더해질 수 있기 때문에, 재물을 넘겨 준 사람은 궁핍해지게 된다. 재물은 모든 사람이 똑같이 가질 수 없고, 어떤 사람에게 흘러들어가면 나머지 다른 사람들은 궁핍해질 수밖에 없다는 점에서 가혹한 것이다.

이번에는 보석을 예로 들어보자. 보석의 찬란한 광채가 너의 두 눈을 유혹하더냐. 설령 보석의 광채가 아무리 아름답고 찬란하다고 할지라도, 보석은 보석일 뿐이고 사람이 아니다. 그런데도 사람들이 보석을 보고 감탄을 금치 못하는 모습에 나는 그저 의아할 뿐이다. 보석은 정신도 없고 육신도 없는 물건에 지나지 않는데, 이성과 생명이 있는 인간이 그런 물건을 아름답다고 여기는 것이 어떻게 정상이라고 말할 수 있겠느냐. 보석이 조물주의 작품으로서 나름대로 어떤 아름다움을 지니고 있다고 할지라도, 인간의 아름다움과 탁월함에는 훨씬 못 미치는 물건일 뿐이어서, 사람들이 감탄할 만한 것은 결코 아니기 때문이다.

아름다운 경치가 네게 즐거움을 가져다주더냐. 분명히 그럴 것이다. 경치는 아름다운 피조물의 일부이기 때문이다. 그래서 우리는 잔잔한 바다의 모습을 보고 즐거워하기도 하고, 창공과 별들과 해와 달을 보면 감탄이 절로 나오기도 한다. 하지만 그런 것들 중에서 너의 소유라고 자랑할 수 있는 것이 단 하나라도 있느냐. 네가 봄에 꽃들이 흐드러지게 피게 하고 가을에 풍성한 열매가 맺히게 한 것이더냐. 그런데 어찌하여 너는 너의 소유가 아닌 것들을 마치 너의 소유인 것처럼 여겨서 헛되이 즐거워하는 것이냐. 운명의 여신이 네게 그 어떤 것들을 준다고 할지라도, 본질상 너의 소유가 아닌 것들이 너의 소유가 되는 일은 없다. 이 땅에서 나는 열매들은 모든 살아 있는 존재들의 먹이로 주어진 것임은 의심의 여지가 없다. 네가 본성이 필요로 하는 것만으로 만족한다면, 운명의 여신이 주는 풍족함은 네게 필요하지 않다. 본성은 아주 적은 것으로 만족하기 때문이다. 그런데도 네가 그런 것으로 만족하지 않고 그 이상의 것을 구한다면, 그렇게 해서 얻어진 것들은 네게 즐거움이 되지 않고 도리어 해로운 것이 될 뿐이다.

너는 온갖 아름다운 옷들로 너를 치장하면 네 자신이 아름다워진다고 생각하는 것이냐. 하지만 그 옷들이 아무리 눈에 보기 좋고 아름다워 보일지라도, 내가 감탄하는 것은 오직 그 고운 옷감과 직조공의 노련한 솜씨뿐이다. 또한, 네 곁에 줄줄이 늘어선 많은 시종들이 너를 행복하게 해주더냐. 하지만 그들이 사악한 자들이라면, 그들은 단지 네 가문의 무거운 짐이 되고, 그들의 주인인 네게 많은 해를 끼치는 존재가 될 뿐이다. 설령 그들이 정직하고 바른 자들이라고 할지라도, 그들의 그런 성품이 너의 소유인 것은 아니지 않느냐.

따라서 네가 너의 행복이라고 여긴 이 모든 것들 가운데서 너의 소유라고 할 수 있는 것이 단 한 가지도 없다는 것이 분명하게 밝혀졌다. 이렇게 네가 아름답고 귀하다고 여기는 것들 중에서 네게 아름다움이나 가치를 더해주는 것이 하나도 없는데, 그것들을 잃어버렸다고 슬퍼할 이유가 어디 있으며, 그것들을 누린다고 즐거워할 이유가 어디 있겠느냐. 그것들이 본질상 아름다운 것들이라고 할지라도, 그것들로 인해서 너의 가치가 더해지는 것이 없다면, 그것들은 너와 아무 상관이 없는 것들이다. 그러므로 네가 그것들을 네 손에서 잃어버렸다고 해도, 그것들은 그 자체로 여전히 아름다운 것들이고, 변한 것은 없다. 그것들은 너의 손에 들어와서 아름다운 것들이 된 것이 아니라, 원래부터 아름다운 것이어서, 네가 그것들을 너의 소유로 만들고 싶어 했던 것이기 때문이다.

그런데도 어찌하여 너는 운명의 여신과 맞장을 뜨면서까지 그런 것들을 갖고 싶어 안달하는 것이냐. 너는 많은 것들을 가짐으로써 결핍감에서 벗어나고자 하는 것이겠지만, 실제로는 정반대의 결과가 벌어진다. 많은 것들을 갖게 되면 더 많은 것들을 필요로 하고, 따라서 많이 가진 자들은 끊임없이 더 많은 것들을 사려고 하는 까닭에, 그들의 결핍감은 사라지는 것이 아니라 더욱더 커지게 되기 때문이다. 반면에, 부의 기준을 더 많이 갖는 것에서 찾지 않고 본성적인 필요의 충족 여부에서 찾는 사람들은 본성이 만족하면 그것으로 자신이 부하다고 느끼기 때문에 최소한의 것만을 필요로 할 뿐이다.

너에게 속하고 네 안에 심겨진 좋은 것이 그렇게도 없어서, 너는 너의 밖에 있고 네게서 분리되어 있는 것들 속에서 좋은 것을 찾고 있는 것이냐. 아무리 인간 정신의 질서가 전도되어 버렸다고 해도, 신이 이성을 부여해서 신성을 지니게 한 존재가 생명도 없는 장식물들로 자신을 장식해야만 아름다워진다고 생각한다는 것이 말이 되느냐. 다른 피조물들은 신이 각자에게 준 것들만을 자신의 것으로 알고 거기에 만족한다. 그런데 신을 닮은 모습으로 창조된 인간은 신이 준 지극히 고귀한 본성을 지니고 있는데도, 지극히 비천한 것들로 자신을 치장하려 든다. 너희는 사람들이 그렇게 하는 것이 인간을 창조한 신을 얼마나 욕되게 하는 것인지를 알고 있기나 한 것이냐.

신은 인간을 모든 피조물 중에서 가장 고귀한 존재로 창조하셨다. 하지만 너희는 신이 준 지극히 고귀한 지위를 내팽개쳐 버리고서 피조물 중에서도 스스로 가장 비천한 것 아래의 자리로 찾아들어가는구나. 신은 너희에게 모든 피조물을 다스리는 자가 되라고 정해 주었는데, 너희는 모든 피조물들을 너희 자신보다 더 귀하고 가치 있는 것으로 여겨서, 피조물 중에서 가장 비천한 것들까지 너희보다 더 나은 것으로 생각하고 있으니, 그것은 결과적으로 너희 자신을 모든 피조물 가운데서 가장 천한 존재로 자처하는 것이 아니고 무엇이겠느냐. 그러므로 내가 그렇게 말하는 것도 틀린 말이 결코 아니다. 인간은 자신의 본성을 제대로 깨달을 때에만 다른 모든 피조물들보다 존귀하게 되기 때문에, 그렇지 못할 때에는 짐승만도 못한 천한 존재로 전락할 수밖에 없다. 짐승들이 자기 자신을 모르는 것은 원래 타고난 본성이 그런 것이어서 당연한 일인 반면에, 인간이 자기 자신을 모르는 것은 큰 결함이기 때문이다.

너희가 너희 자신을 너희의 소유가 아닌 다른 것들로 장식하면 아름답고 고귀해질 수 있다고 생각하는 것은 너무나 명백한 착각이고 너무나 큰 오류다. 그런 일이 있을 수 없다는 것은 의심할 여지가 없다. 특정한 사물에 어떤 것들을 덧붙여서 아름답고 훌륭한 것처럼 보이게 되었다면, 그 특정한 사물의 추하고 악함은 그 덧붙여진 것들에 의해서 감춰지고 덮여있는 것일 뿐이고 조금도 변함없이 여전히 그대로 남아 있는 것인 까닭에, 거기에 따른 모든 칭찬은 덧붙여진 것들에게 돌아가는 것이 마땅하기 때문이다.

또한, 어떤 것이 그 소유자에게 해를 끼친다면, 그것은 좋은 것일 수 없다. 내 말이 틀렸느냐. 너도 내 말이 옳다는 것을 수긍할 것이다. 그런데 재물은 그 소유자에게 해를 끼치는 경우가 비일비재하다. 탐욕스러운 자들일수록 더욱 악해서, 오직 자기가 세상의 모든 금은보화를 다 갖는 것이 마땅한 일이라고 생각하기 때문이다. 따라서 지금은 네가 너의 인생길에서 강도를 만나지는 않을까 노심초사하고 그가 휘두를 몽둥이와 검을 두려워하고 있지만, 만일 내내 빈손으로 너의 인생길을 걸어왔더라면, 강도 앞에서도 여유롭게 웃을 수 있을 것이다. 결국에는 없어질 재물이 주는 행복에 어찌하여 그리도 연연해하느냐. 재물이 너의 수중에 들어온 바로 그 순간부터 너의 근심과 걱정도 시작되지 않더냐."

저 이전 시대는 얼마나 행복했던가.[8]
믿음을 저버리지 않는 들녘으로 만족하며
사치와 게으름에 빠져 살지 않았고
배고플 때면 얼른 열매를 거두어
허기를 채우곤 했다네.

바쿠스가 준 선물에
꿀을 섞을 줄도 몰랐고[9]
세레스 인들[10]이 만든 윤기 나는 비단을

8　고대의 황금시대라는 모티프는 그리스와 라틴의 시가에서 아주 흔히 사용되던 것이었다. 호메로스와 동시대 사람인 헤시오도스는 『노동과 나날』에서 인류 역사를 다섯 시대로 구분했다. 황금의 종족, 은의 종족, 청동의 종족, 영웅의 종족, 철의 종족의 시대가 그것이다. 헤시오도스의 시대 구분은 "종족"이란 말을 빼고 간단히 황금시대, 은의 시대, 청동의 시대, 영웅의 시대, 철의 시대 등으로 줄이기도 한다. 헤시오도스에 의하면 인간의 시대는 시간이 흘러갈수록 점점 사악해진다. 황금의 종족은 자연적으로 멸족하고, 은의 종족은 신들에 대한 불경죄로 각각 멸족하자, 이번에는 제우스가 물푸레나무에서 청동의 종족을 만든다. 물푸레나무는 고대 그리스에서 주로 창의 자루로 사용되었기 때문에 청동 종족의 성격을 암시해 준다. 그들은 거칠고 사나워 범죄를 일삼고 어디서나 싸움만 일으켰다. 제우스는 이들도 홍수로 멸하고 영웅의 종족을 만든다. 영웅들은 청동의 종족보다는 고상하고 정의로웠지만 청동의 종족 못지않게 폭력을 휘두르다가 결국 멸족한다. 트로이 전쟁은 영웅의 시대에 일어난다. 영웅들이 모두 사라지자 제우스는 마지막으로 최악의 종족인 철의 종족을 만들어 낸다.

9　바쿠스가 준 선물은 포도주를 가리키기 때문에, 이것은 포도주와 꿀을 섞어서 '물숨'(mulsum)이라는 음료를 만드는 것을 말한다. 고대 로마에서는 포도주에 여러 가지 것들을 섞어서 음료로 마셨는데, 이것은 그 중의 하나였다.

10　세레스 인들은 중국인들을 가리키는 것으로 보인다.

티로스[11]의 자색 염료로
물들이는 법도 몰랐지.

푸른 숲은 건강한 잠을,
흐르는 시내는 마실 것을,
높은 나무는 그늘을 주었다네.

대양의 깊은 곳을 가르며 항해해 본 적도 없었고
물건들을 잔뜩 싣고서 새로운 교역로를 개척하지도 않았으며
미지의 해변에 낯선 이방인이 되어 서 본 적도 없었지.
그때에는 고막이 찢어질 정도로 날카로운
전쟁 나팔소리도 들리지 않았고
쓰디쓴 증오심 속에서 선혈이 뿌려져서
황량한 대지를 물들이지도 않았다네.

사람들은 싸워봐야 처참한 상처만을 남길 것이고
피 흘린 대가는 아무것도 없으리라는 것을 뻔히 알고 있었는데,
그 시절에 잔혹한 적개심에 휩싸여
먼저 무기를 들고 적을 공격할 이유가 있었으랴.

우리 시대가 지금이라도
저 좋은 옛 시절로 되돌아갈 수는 없을까.

---

11 티로스는 페니키아 지방의 유명한 교역 도시로서 특히 자색 염료로 유명했다.

하지만 불타는 물욕은

에트나 화산에서 뿜어져 나오는 불길보다 더 강렬하다.

땅 속 깊이 감춰진 황금과

그토록 발견되지 않기를 원했던 보석들,

그 위험천만한 물건들을 처음으로 캐낸 자는

대체 누구였는가.

제 6 장

권력이 행복을 가져다줄 수 없다

[철학은 제5장에서는 부가 행복의 수단이라는 것을 반박한 후에, 이제 여기에서는 권력이 행복을 가져다줄 수 있다는 생각을 똑같은 방법으로 반박한다. 권력을 지니고 있던 압제자들과 승리자들도 운명이 역전되어 압제를 당하는 자들과 패배자들이 되는 것은 권력이 그들에게 행복을 주지 못한다는 것을 보여주는 증거다. 이어지는 시에서 보에티우스는 네로 황제의 압제에 대해 말함으로써 간접적으로 당시의 폭군이었던 테오도리쿠스 왕을 공격한다.]

"너희는 진정으로 존귀한 힘을 알지 못하기 때문에 하늘처럼 떠받들고 있는 고관대작이 지닌 권력에 대해서 내가 무엇이라고 말해야 하겠느냐. 그런 권력이 악인들의 수중에 쥐어지게 될 때에 초래되는 재앙은 에트나 화산이 내뿜는 불길이나 대홍수가 몰고 오는 파멸보다 훨씬 더 크다는 것을 너희는 아느냐. 그래서 너희도 기억하겠지만, 너희 조상들은 집정관들이 오만방자하게 행하자 지금까지 그들의 자유의 기원이었던 집정관직을 없애 버리고자 했고, 그 이전 시대에는 왕들이 오만방자하게 굴자 그들의 나라에서 왕이라는 이름을 추방해 버렸었다.[12] 반면에 드문 일이기는 하지

---

12 로마사가 리비우스에 의하면, 로마의 마지막 왕이었던 타르퀴니우스 수페르부스(Tarquinus Superbus)는 그의 아들이 콜라티누스의 아내 루크레티아를 강간한 사건이 있은 후에 폐위되고, 두 명의 집정관이 선출되어 국정을 살폈지만, 그들도 오만방자하게 행하였기 때문에 결국에 집정관 제도도 폐지되고, 10인 위원회(Decemviri - '데켐비리,' 라틴어로 열 사람이라는 뜻)가 출범해서 입법하여 로마 공화정으로 이행하였다. 이 일에 대해 리비우스는 로마 백성이 "자신들의 자유를 지나치게 보호하고

만, 그런 관직들과 권력이 선하고 정직한 자들에게 주어졌다고 할지라도, 거기에서 우리가 기뻐해야 할 것은 관직이나 권력이 아니라, 그런 자리에 앉아 권력을 행사한 사람들의 선함과 정직함이 아니겠느냐. 따라서 참된 명예는 관직으로 말미암아 미덕에 주어지는 것이 아니라, 미덕으로 말미암아 관직에 주어진다.

그렇디먼, 너희가 그토록 갖고 싶어 하는 권력이라는 것은 무엇인가. 땅에 묶여 살아가는 동물들이여, 너희가 그 권력으로 대체 누구를 어떤 식으로 다스리려고 하는 것인지는 생각해 보았느냐. 가령 쥐들의 무리 중에서 어느 한 쥐가 권력을 쥐고서 다른 쥐들에 대해 세도를 부리는 것을 보았다면, 네 눈에 그것이 얼마나 가소롭겠느냐.

너희의 육신을 한 번 생각해 보라. 그 어떤 존재가 인간보다 더 연약할 수 있겠느냐. 작은 모기에 물리거나 벌레가 몸 안으로 기어들어가기만 해도 죽을 수 있는 것이 인간이 아니더냐. 사람이 권력을 행사해서 다른 사람에게 영향을 미칠 수 있는 것은 고작해야 오직 육신이나 육신보다 못한 재물에 대한 것뿐이지 않느냐.

네가 사람의 자유로운 영혼을 강제로 어떻게 할 수 있겠느냐. 탄탄한 이성의 토대 위에서 조화를 이루고 있는 사람의 정신이 누리고 있는 저 특유의 평안함과 고요함을 네가 무슨 수로 방해하고 깨뜨릴 수 있겠느냐. 어떤 폭군이 반란을 꾀한 공모자들이 누구인지 자백을 받아낼 수 있을 것이라고 생각해서 자유로운 영혼을 지닌 한 사람을 고문하자, 그 사람은 자신의 혀를 깨물어서 그 일부를 잘라내어 그 잔인한 폭군의 얼굴에 뱉어 버렸다. 이렇게 해서 폭군이 자신의 '잔인함'을 보여줄 도구라고 생각했던 고문은 이

자 하여 너무 나간 것은 아닌가"라고 의문을 제기했다.

현자에 의해서 '미덕'을 드러내는 도구가 되었다.[13]

사람이 다른 사람에게 어떤 못된 짓을 할 수 있다면, 거꾸로 그 사람도 다른 사람으로부터 그런 짓을 당할 수 있지 않겠느냐. 자기는 오직 할 수만 있고 당할 수는 없는 그런 것이 어디 있느냐. 이집트의 왕 부시리스(Bu-siris)는 자기 땅에 온 외인들을 잡아서 죽이곤 했는데, 그 자신도 결국은 이집트에 온 헤라클레스에 의해 죽임을 당했고, 레굴루스(Regulus)는 포에니 전쟁에서 많은 사람들을 포로로 잡아 쇠사슬에 묶어 끌고 왔지만, 결국에는 그 자신도 다른 전쟁에서 패배하여 포로가 되어 쇠사슬에 묶이지 않았던가.[14] 이렇게 어떤 사람이 다른 사람들에게 권력을 휘두른다고 해도, 자기 자신이 다른 사람들의 권력에 희생되는 것을 막을 수 없다면, 그런 권력을 진정한 힘이라고 말할 수 있겠는가.

또한, 만일 관직과 권력 속에 어떤 본성적인 고유한 선이 내재되어 있는 것이라면, 그런 관직과 권력은 악인들에게는 절대로 돌아갈 수 없었을 것이다. 자연은 서로 상반되는 것들이 결합되는 것을 용납하지 않는 까닭에, 서로 상반되는 것들이 함께 공존하는 것은 불가능하기 때문이다. 그러므로 대체로 악인들이 관직들을 차지하는 것이 현실이라면, 악인들과 결합되는 것이 가능한 관직은 본질적으로 선한 것이 아니라는 것은 너무나 분명하다. 그리고 악인들이 운명이 주는 온갖 선물들을 차고 넘치게 받는 현실도 그러한 사실을 잘 방증해 준다.

---

13 이것은 엘레아 학파의 제논과 관련된 일화다.

14 이집트의 왕 부시리스 시대에 이집트에 대기근이 들었을 때, 어떤 예언자가 이방인 한 명을 해마다 제우스에게 제물로 바쳐야만 대기근이 끝날 것이라고 예언했다. 그 후에 헤라클레스가 이집트에 왔다가 사로잡혀 결박당했지만, 결국 부시리스 왕이 그의 손에 죽었다. 레굴루스는 로마군을 이끌고 제1차 포에니 전쟁(BC 264-241년)에서 카르타고를 격파했지만, 나중에 크산티포스의 용병부대에게 패하여 잡혀 죽었다.

우리는 이 문제를 이렇게 볼 수도 있다. 어떤 사람에게 용맹함이 있다면 그 용맹함이 그 사람을 용맹하게 만든다는 것은 의심의 여지가 없고, 어떤 사람에게 민첩함이 있다면 그 민첩함이 그 사람을 민첩하게 만든다는 것은 의심의 여지가 없다. 마찬가지로, 음악은 음악가들을 만들어 내고, 의술은 의사들을 만들어 내며, 수사학은 웅변가들을 만들어 낸다. 각각의 사물들이 지닌 본성은 자신에게 고유한 방식으로 행하고, 자신과 상반되는 본성을 지닌 것들이 만들어 내는 결과와 뒤섞이지 않고, 도리어 자신의 본성과 반대되는 결과들을 철저히 배제하기 때문이다.

재물은 만족할 줄 모르는 탐욕을 제거할 수 없고, 권력은 악한 욕망들로 칭칭 동여매져 있는 사람이 자기 자신을 다스릴 수 있게 만들어 줄 수 없으며, 악인들이 차지한 관직은 그들을 존귀한 자들로 만들어주기는커녕, 도리어 그들이 얼마나 추악한 자들임을 드러내 주는 역할을 한다.

왜 이런 일이 벌어지는 것인가. 그것은 너희가 그것들을 원래 그것들에 속하지 않은 거짓된 이름들로 부르기를 좋아하기 때문이다. 하지만 그것들은 결국 자신들이 만들어 낸 현실의 결과들을 통해서 너희가 그것들에 붙인 그 이름들이 거짓임을 드러낸다. 그러므로 재물을 '부'라 부르고, 권력을 '힘'이라고 부르며, 관직을 '영예'라고 부르는 것은 옳지 않다.

끝으로, 우리는 운명이 우리에게 주는 모든 것들에 대해서도 동일한 결론을 내릴 수 있다. 즉, 운명이 주는 것들은 언제나 선한 자들에게만 주어지는 것도 아니고, 운명이 주는 것들이 그것들을 받은 사람들을 선한 자들로 만들어 주지도 못하기 때문에, 운명이 주는 것들 속에서는 진정으로 가치 있는 것을 찾아볼 수 없고, 그런 것들에는 그 어떤 내재적인 선도 존재하지 않는다는 것이다."

우리는 다 알고 있지 않은가,

폭군 네로가 얼마나 큰 재앙을 몰고 왔었는지를.

도성이 불바다가 되었고

원로원 의원들이 죽임을 당했다네.

자기 형제를 잔인하게 살해했고

자기 어머니의 흐르는 피로

자신의 온 몸을 흥건히 적셨다네.

방 안을 서성이며

어머니의 차디찬 시신을 보면서도

그의 뺨에는 눈물 한 방울 흐르지 않았고

도리어 시신의 아름다움을 찬미하였다네.

이런 자가 뭇 백성을 왕의 홀로 다스렸다니.

태양은 저 먼 동쪽에서 떠오른 때부터

바다 밑으로 자신의 빛을 숨길 때까지

그 백성을 지켜보고 있었고,

북두칠성의 차가운 빛이 그 백성 위에서 반짝였으며,

남풍이 뜨거운 사막을 달구는 저 건조한 바람으로

그 백성에게 불어왔는데,

그 거대한 힘들도

네로의 사악한 광기를 돌려놓을 수 없었던 것인가.

아, 지독한 운명이여,

독기를 잔뜩 머금은 잔혹한 칼이

불의한 자의 손에 쥐여진 적이

얼마나 비일비재하였던가.

제 7 장

명성이 행복을 가져다줄 수 없다

[철학은 앞에서 부와 권력과 높은 관직이 행복으로 이끌어 주는 수단들이라고 생각하는 것이 잘못임을 말한 후에, 여기에서는 행복의 수단으로 명성을 추구하는 것을 비판한다. 사람이 명성을 얻는다고 해도 그것은 국지적인 것이고, 사후의 명성도 오래가지 못한다는 점을 지적한다. 그리고 좀 더 거시적인 관점에서는, 영원에 비추어 보았을 때에는 명성이라는 것은 미미하고 아무런 의미도 없게 된다. 미덕을 통해 참된 영광을 구하는 자들은 이 세상의 덧없는 명성을 구하지 않는다.]

"내가 이 세상의 없어질 것들에 대해 욕심낸 적이 거의 없다는 것을 당신도 잘 알고 계십니다. 나는 단지 내게 미덕을 행할 수 있는 힘이 있는데도 그 힘을 사용해 보지도 못하고 늙어가는 것을 원하지 않아서 그 힘을 사용할 기회를 얻고자 하여 국사에 참여한 것일 뿐입니다."

"사람의 정신이 본성적으로는 탁월하지만 미덕의 최종 목적지인 완전함에는 이르지 못한 상태일 때, 그런 정신을 매료시켜서 끌어당길 수 있는 것이 한 가지가 있는데, 자신의 조국에 헌신해서 영광과 명성을 얻고자 하는 욕망이 바로 그것이다.[15] 하지만 너는 거기에 대해 곰곰이 잘 생각해 보

---

15 보에티우스는 여기에서 '글로리아'(gloria, 영광)에 대한 키케로의 저 유명한 정의를 인용한다. 키케로는 "영광"이라는 것은 "국가에 헌신해서 올바른 일들을 행하여 위대한 업적을 이룬 것에 대한 찬사"라고 정의했다. 이러한 정의는 개인적인 영광을 최고의 목표로 추구했던 호메로스의 영웅관에서 많이 벗어난 것이다. 즉, 로마의 미덕은 공동체의 선과 유익을 추구하는 것으로 바뀌었다.

아서, 그런 것은 단지 아무런 가치도 없는 하찮은 것임을 알아야 한다.

천문학자들의 관찰을 통해 네가 알고 있듯이, 이 지구라는 땅덩어리 전체는 우주의 크기에 비하면 한 점에 불과하다.[16] 즉, 우주 전체의 크기에 비한다면, 지구는 크기를 지니고 있다고 말할 수조차 없다는 것이다. 게다가 프톨레마이오스가 보여주었듯이,[17] 우주의 아주 작은 부분에 불과한 이 지구에서도, 우리가 알고 있는 생물들이 살고 있는 지역은 겨우 사분의 일밖에 되지 않는다. 지구의 이 사분의 일에서 바다와 늪지로 덮여 있는 모든 지역들과 모든 광대한 불모지들을 제외한다면, 우리 인간은 아주 작은 공간에서 살아가고 있을 뿐이다.

그런데 너는 우주 가운데 한 점에 불과한 지구 중에서도 아주 작은 공간에서 너의 이름을 떨쳐서 명성을 얻으려고 하는 것이냐. 네가 거기에서 명성을 얻었다고 해도, 이토록 작고 협소한 공간 속에서 얻은 너의 명성이 뭐가 그리 위대하고 대단하겠느냐. 게다가, 이 지극히 작고 좁은 공간 속에는 언어와 관습과 생활방식이 다른 많은 나라들이 존재하는데, 어떤 때에는 여행의 어려움이나 언어의 차이, 어떤 때에는 교류의 부재로 인해서 개개인의 명성은 말할 것도 없고 나라나 도시의 명성조차도 다른 나라들로 전해지지 못하는 경우가 많다. 그래서 키케로는 자신의 어느 저서에서 자

---

16 보에티우스의 이하의 논의는 키케로와 마크로비우스의 글들에 나오는 내용을 자유롭게 인용한 것이다. 키케로는 우주의 장엄함과 비교하면 인간사에서 대단한 것은 없고, 우주의 영원함과 비교하면 영속적인 것도 없으며, 우리는 "대다수의 나라들이 전혀 모르는" 아주 작은 부분에서 살아가고 있기 때문에 이 작은 지구에서 영광스러운 일은 있을 수 없다고 말한다. 마크로비우스도 천문학과 지리학을 자세하게 논한 후에, "지구라는 이 작은 땅덩어리는 이 우주에서 너무나 작은 부분이어서, 용사는 이 땅에서 이름을 날리는 것은 별 의미가 없다고 생각할 수밖에 없다"고 말한다.

17 프톨레마이오스(Ptolemæus, 121-151년)는 천문학자이자 지리학자로서 2세기에 알렉산드리아에서 천문학과 지리학에 관한 글들을 썼는데, 보에티우스가 인용한 것은 아마도 지금은 전해지지 않는 『천문학집성』으로서, 이 책은 프톨레마이오스가 150년에 천동설을 토대로 해서 쓴 천문학 저서다.

기 시대에 로마의 명성은 파르티아인들과 그 지역의 다른 종족들에게는 이미 잘 알려져 있어서 그들 가운데서 큰 두려움을 불러일으키고 있었지만, 카우카수스(Caucasus) 산맥을 넘지는 못하였다고 쓰지 않았던가.[18] 그러므로 너는 너의 명성을 널리 알리고자 하지만, 그 명성이 다다를 수 있는 것은 아주 좁고 작은 공간에 지나지 않는다는 것을 알아야 한다. 로마라는 제국의 명성이 다다를 수 없는 지역들에 어떻게 한 로마인의 명성이 다다를 수 있겠느냐.

또한 나라들마다 생활방식과 풍습이 서로 판이하게 다른 경우가 많아서, 어떤 나라에서 칭송을 받는 일이 다른 나라에서는 처벌을 받아 마땅한 악한 일이 되기도 한다. 그래서 이것은 어떤 사람의 명성이 한 나라에서 널리 알려져 있다고 할지라도, 그 명성이 많은 나라들로 퍼져나가지 못하는 이유로 작용한다. 그러므로 어떤 사람이 불멸의 명성을 얻었다고 해도, 그 명성은 그가 속한 나라로 국한될 수밖에 없기 때문에, 사람은 자신의 명성이 자기 나라 사람들 사이에서 널리 알려지게 된 것으로 만족해야 한다.

게다가 당시에는 아주 유명했다고 해도 그의 행적을 기록한 글이 없어서 후세 사람들의 기억에서 완전히 사라져 버린 사람들이 얼마나 많은가. 설령 그런 사람들의 행적이 글로 기록되었다고 해도, 오랜 시간이 지나면서 그 작가들과 그 글들이 사장되어 버리거나 없어져 버렸다면, 그렇게 기록한 것이 무슨 소용이 있겠는가.

---

18 이것은 키케로가 자신의 『국가론』에서 말한 내용이다. 그가 말한 카우카수스는 히말라야 산맥을 가리키는 것이었지만, 보에티우스는 고대 이란 지역을 지배했던 파르티아인들을 언급하고 있는 것으로 보아서, 파미르 고원에서 남서쪽으로 뻗은 남아시아의 큰 산맥으로서 파키스탄 북부에서 아프가니스탄 중부로 이어진 힌두쿠시 산맥을 염두에 둔 것으로 보인다. 알렉산드로스 대왕·현장 법사·칭기즈칸이 이 산맥을 넘었다고 한다. 이 말은 키케로의 『국가론』의 한 부분인 "스키피오의 꿈"에 나오는데, 보에티우스는 마크로비우스가 "스키피오의 꿈"을 주해한 글에서 이 말을 가져와서 인용한 것으로 보인다.

너는 너의 시대에 네 이름을 널리 떨치면, 너의 명성이 후세에 전해져서, 너의 이름이 금방 없어지지 않고 오래도록 계속해서 남게 될 것이라고 생각하는 것으로 보인다. 하지만 영원이라는 끝없는 시간을 감안한다면, 너의 이름이 오랫동안 전해진다고 해서 그것을 기뻐할 이유가 과연 있겠느냐. 한순간을 만 년이라는 시간과 비교하는 경우에는, 둘 다 한정한 시간이라는 점에서, 어쨌든 한순간도 일정한 크기를 갖는다. 하지만 영원과 비교한다면 사정은 완전히 달라져서, 그런 경우에는 만 년이라는 시간이든,[19] 네가 생각할 수 있는 가장 큰 크기의 시간이든, 모든 시간은 그 크기가 없는 것과 마찬가지가 된다. 유한한 것들을 서로 비교할 때에는 언제나 상대적인 크기가 존재하지만 유한한 것을 무한한 것과 비교할 때에는 상대적으로나마 어떤 크기를 지닌다고 말할 수 없기 때문이다. 그러므로 너의 명성이 아무리 오랫동안 지속된다고 할지라도, 무한한 영원이라는 관점에서 생각해 보는 경우에는 그 명성이 지속되는 시간은 단지 짧은 것이 아니라 아예 존재하지 않는 것이나 마찬가지라고 할 수 있다. 그런데도 너는 사람들의 쑥덕공론과 공허한 소문을 따라 행하는 것 외에는 어떻게 해야 올바르게 행하는 것인지를 알지 못하고, 양심과 미덕에서 뛰어나고자 하는 것은 거들떠보지도 않은 채로 그저 사람들이 수다스럽게 늘어놓는 찬사의 상만을 구하는구나.

그런 식으로 얄팍한 찬사를 구하는 것에 대하여 재미있게 풍자한 이야기를 들어보라: 한번은 어떤 사람이, 참된 덕을 닦고 실천할 생각은 하지도 않으면서 철학자라는 거짓된 이름을 자처한 자를 신랄하게 공격하면서, 자

---

19 "만 년"이라는 시간은 '마그누스 안누스'(magnus annus, 라틴어로 "큰 해"라는 뜻)라 불리는데, 태양과 달과 다섯 개의 행성이 우주가 처음 생겼던 자리로 다시 돌아오는 데 걸리는 시간인 12,945년을 가리킨다. 이 내용도 키케로의 "스키피오의 꿈"에 나온다.

신에게 쏟아지는 온갖 모욕들을 차분하게 흥분하지 않고 참고 넘기는 사람이 있다면, 자기가 그 사람은 철학자라는 것을 기꺼이 인정하겠노라는 말을 덧붙였다. 그런 후에 철학자를 자처한 그 사람은 사람들이 그에게 퍼붓는 모욕들을 한동안 잘 참고 견딤으로써 자신의 인내심을 보여주고 나서는, 그들을 가소롭다는 듯이 비웃으며, '이제 내가 철학자라는 것을 아시겠소'라고 말했다. 그러자 그 자칭 철학자를 공격했던 사람이 이렇게 응수했다. '만일 당신이 그런 말을 하지 않고 잠자코 있었더라면, 당신이 철학자라는 것을 내가 인정했을 것이오.'

우리는 지금 권력을 지닌 고관대작들에 대해 얘기하고 있는 것이기 때문에, 나는 그들이 미덕으로써 명성이라는 영광을 구하여 얻게 되었다고 할지라도, 그들이 얻은 영광이 그들에게 무슨 유익이 있는 것인지 묻고 싶다. 그들은 결국 죽어서 그 육신이 썩어 없어질 것인데, 그런 후에 명성이 그들에게 무슨 유익이 있겠느냐. 우리는 인간이 죽으면 완전히 없어진다고 믿지 않지만, 그들은 그렇게 믿기 때문에, 그들이 믿는 대로 사람이 죽어서 완전히 썩어 없어져 버리는 것이라면, 영광을 받을 주인이 더 이상 존재하지 않게 되는 것인데, 도대체 영광이 그들에게 무슨 소용이 있겠는가. 반면에, 정신이 자신의 본성을 올바르게 알아서, 흙으로 만들어진 자신의 감옥에서 벗어나 자유함 가운데서 하늘을 구하고 땅의 온갖 일들을 멸시하게 된다면, 그는 땅의 모든 것으로부터 놓여난 것을 하늘의 기쁨으로 즐거워하게 될 것이다.”

명성만이 최고라고 여기고서
다른 것들은 돌아보지도 않고
오직 명성만을 구하여 돌진하는 자는

끝없이 펼쳐진 우주 공간과

한없이 좁고 협소한 이 땅을

비교해 보고서,

명성이 제아무리 널리 퍼져 나갈지라도

아주 작은 공간조차 다 채울 수 없다는 것을 깨닫고서,

부끄러워해야 하리라.

오만한 자들이여, 어찌하여 너희는 죽음의 멍에를

너희의 목에서 떨쳐 버리려고 헛수고를 하는 것이냐.

명성이 멀리멀리 퍼져 나가서

아주 먼 나라들까지 이르러서

서로 다른 언어를 사용하는 백성들 사이에서 오르내리고

가문이 아름다운 이름을 얻어 빛을 발한다고 할지라도,

죽음은 아무리 높은 명성도 봐주는 법이 없어서

비천한 자와 존귀한 자를 똑같이 찾아가고

높은 자와 낮은 자를 공평하게 대한다네.

명망 높았던 저 파브리키우스의 뼈는 지금 어디에 있으며,

브루투스나 저 강직했던 카토는 지금 무엇이 되어 있는가.[20]

그들에게 무슨 명성이 남아 있단 말인가.

---

20 파브리키우스(Fabricius)는 BC 4세기의 집정관으로서 충성심과 청렴함의 대명사가 될 정도로 명망이
   높았던 인물이었고, 브루투스(Brutus)는 타르퀴니우스 왕가를 물리치고서 로마인들에게 자유를 찾아
   준 인물로서 BC 509년에 초대 집정관을 지냈으며, 카토(Cato, BC 234~149년)는 집정관과 감찰관을
   지낸 인물로서 고대 로마의 소박한 도덕으로 돌아갈 것을 주창하였다.

단지 몇몇 옛 글들 속에 그들의 이름이 남아 있을 뿐이구나.

우리가 그 글들을 읽어서 그들의 이름을 알았다고 해도

이미 죽은 그들까지야 어떻게 알겠는가.

이렇게 너희도 사람들로부터 완전히 망각될 것이고,

명성도 너희를 사람들 가운데서 알려지게 해 주지 못하리니,

그런데도 죽어 없어질 삶을

명성으로 연장할 수 있다고 생각한다면,

시간이 언젠가 네게서 그것조차도 앗아가 버릴 터이니,

그 때에 너는 두 번째 죽음을 맞이해야 하리라.

제 8 장

운명이 주는 선물에 대한 단죄

[철학은 운명의 여신이 호의적일 때보다는 가혹할 때가 인간에게는 더 유익하다고 말함으로써, 운명이 주는 선물들에 대한 단죄를 마무리한다. 불운은 우리에게 참된 친구가 누구인지를 알 수 있게 해 준다. 이러한 "우정"이라는 주제는 마지막에 나오는 시에서 다시 다루어지는데, 거기에서는 자연계도 지배하는 조화로운 사랑이야말로 나라들과 부부와 참된 친구들을 견고하게 맺어 주는 것임을 강조한다.]

"하지만 너는 내가 운명과 철천지원수가 져서 지독한 악감을 품고 맹렬하게 싸워 없애버리려고 하는 것이라고 생각해서는 안 된다. 사실 운명은 사람들을 늘 속이기만 하고, 사람들에게 그 어떤 유익도 가져다주지 않는 것이 아니다. 운명이 자신이 쓰고 있던 가면을 벗고 자신의 진면목을 드러내며 자기가 사람들을 이끄는 길이 어떤 길인지를 분명하게 보여줄 때, 그것은 사람들에게 유익이 된다. 아마도 너는 내가 무슨 말을 하는지를 아직은 이해하지 못할 것이다. 내가 지금부터 말하고자 하는 것은 기이한 것이어서, 단지 몇 마디 말로는 충분히 설명할 수가 없지만, 그 요지는 운명은 불운의 모습일 때가 행운의 모습일 때보다 사람들에게 더 큰 유익이 된다는 것이다.

운명이 행운의 모습으로 올 때에는 마치 사람들에게 행복을 가져다줄 것처럼 다가오기 때문에 늘 사람들을 속이는 반면에, 불운의 모습으로 올 때에는 자신의 변덕을 통해 사람들에게 행운이 그들에게 가져다준 행복이 영원하지 않다는 것을 보여주기 때문에 늘 참되다. 이렇게 운명은 행운으로 왔을 때에는 사람들을 속이지만, 불운으로 왔을 때에는 사람들의 덕을 세운다. 행운은 선으로 위장해서 자신이 가져다준 행복을 누리는 사람들의 정신을 묶어 버리지만, 불운은 그렇게 누리게 된 행복이 너무나 쉽게 깨진다는 것을 사람들에게 알게 해 줌으로써 그들의 정신을 해방시킨다. 따라서 행운을 맞은 사람들은 산들바람처럼 이리저리 살랑살랑 불어오는 행운에 정신을 차리지 못하고 자기 자신을 잊어버리지만, 불운을 당한 사람들은 역경들을 겪으면서 정신을 바짝 차리게 되고 만반의 준비와 태세를 갖추게 된다. 끝으로, 행운은 사람들에게 알랑거리며 듣기 좋은 말들을 해 주고 꼬리를 살랑살랑 흔들어서 사람들의 기분을 좋게 해 주어서 참된 선에서 벗어나 잘못된 길들로 나아가게 하지만, 불운은 대체로 참된 길에 등을 돌리고 잘못된 길로 가고 있는 사람들의 어깨를 끝이 구부러진 지팡이로 걸고 끌어서 참된 선으로 되돌아오게 만든다.

이 거칠고 불친절하며 무시무시한 불운이 네게 찾아와서는 네가 지금까지 믿어 왔던 친구들의 진면목을 네게 드러내어 참된 친구와 거짓된 친구를 구별해 준 후에, 떠나면서는 너의 거짓된 친구들은 데려가고 참된 친구들은 네게 남겨 놓는 것이 네게 별로 유익이 되지 않는 하찮은 일이라고 생각하는 것이냐. 네가 이 세상을 살아가면서 네게 늘 행운만 찾아와서 너의 생각에 좋은 일들만 생겼다면, 어떻게 네게 그런 유익이 주어질 수 있었겠느냐. 그러므로 네가 잃어버린 재물을 생각하고 탄식하고 불평하기를 그치라. 너는 온갖 금은보화보다 더 귀한 너의 참된 친구들을 얻지 않았느냐."[21]

---

21 고대의 윤리적인 가르침에서 교우관계와 우정은 아주 중요한 위치를 차지하였다. 플라톤은 참된 우정은 선과 악에 대한 공통된 가치관이 있을 때에만 가능하다고 가르쳤다. 『니코마코스 윤리학』에서 아리스토텔레스는 우정을 세 종류로 구분해서, 이해관계에 의한 우정, 공통의 미덕을 토대로 한 선한 자들

만유는 끊임없이 변하지만

완벽한 조화를 이루고,

원소들은 서로 갈등하면서도

영원한 약속에 의해 공존하며,

포이보스가 황금마차를 타고서

장밋빛 대양을 이끌고,

헤스페로스가 이끌어 온 밤을

그의 누이 포이베가 다스리며,[22]

욕심 많은 바다가 파도의 경계를 정하여

파도의 침범으로 땅의 경계가 변하지 않게 하지만,

이 모든 일들을 한데 엮어서

땅과 바다와 하늘을 다스리는 것은 사랑이라네.

이 사랑의 고삐가 느슨해지면,[23]

지금 사랑으로 묶인 모든 것들은

즉시 서로 으르렁대며 싸우게 되고,

만유로 하여금 서로 간의 신뢰 속에서

간의 우정, 최고의 가장 희귀한 우정에 대해 말한다.

22 포이보스는 태양의 신 아폴론의 별칭이고, 포이베는 그리스 신화에 나오는 12명의 티탄 가운데 하나이
　　지만 후대에는 달의 여신과 동일시되기도 했는데, 여기에서는 후자의 의미다. 헤스페로스는 그리스 신
　　화에 등장하는 저녁별의 신이다. 로마 신화의 베스페르와 동일시된다. 헤스페로스는 별을 관찰하러 아
　　틀라스 산 정상에 올랐다가 갑자기 종적을 감추었는데, 사람들은 그가 신들의 사랑을 받아 저녁 하늘에
　　서 가장 밝게 빛나는 저녁별이 되었다고 여겼다.

23 만유를 조화롭게 한데 묶어 주는 힘으로서의 사랑 개념은 엠페도클레스(Empedocles, BC 450년경)
　　로 소급된다. 그는 자신의 시인 「자연에 대하여」에서 사랑은 자연의 모든 요소들을 한데 묶어주는 반면
　　에, 다툼은 그 요소들을 분리시킨다고 노래한다. 자연의 이러한 조화 개념은 스토아학파의 자연학의 단
　　골 메뉴였다.

아름답게 돌아가게 하던
체제는 와해되고 말리라.

사랑은 깰 수 없는 언약이 되어
사람들을 묶어 주고,
순수한 연인들을
신성한 혼인의 끈으로 묶어 주며,
신의가 있는 동료들을
사랑의 법으로 묶어 준다네.

하늘의 별들을 지배하는 사랑이
너희의 마음도 지배하니,
오, 행복한 인류여.

제 3 권

참된 행복과 최고선

제 1 장

참된 행복 서론

[이 장은 참된 행복이라는 것은 무엇인가를 주제로 다루는 제3권에 대한 서론으로서의 역할을 한다. 철학은 참된 행복이 무엇인가를 확정하기 위해서, 먼저 부분적으로는 제2권에서 다룬 내용들을 다시 언급하는 가운데 거짓된 행복으로 가는 길들을 개략적으로 제시한다. 이어지는 시에서는, 자연에서 가져온 심상들을 사용해서, 바람직하지 않은 것들을 제거할 때 바람직한 것들이 더 분명하게 드러난다는 것을 보여준 후에, 마지막 연에서는 인간은 참된 선으로 나아가기 위해서는 거짓된 선들을 버려야 한다는 교훈을 이끌어낸다.]

그녀는 노래를 끝냈지만, 나는 그 노래의 달콤함에 취해서 계속해서 더 듣고 싶어 귀를 쫑긋 세운 채 가만히 있었다. 그렇게 한참이 흐른 후에야 나는 이렇게 말했다.

"지친 마음에 최고의 위안인 철학이여, 당신의 깊고 심오한 말과 즐거운 노래 덕에 내 마음이 다시 힘을 찾아 되살아나서, 이제는 더 이상 내 자신이 운명의 타격을 감당할 수 없다고 생각하지 않게 되었습니다. 당신이 더 강하고 독하다고 한 그 치료약이 이제 나는 두렵지 않고, 도리어 빨리 듣고 싶은 생각뿐이니, 당신이 내게 그 약을 사용해 주기를 아주 간곡히 청합니다."

그러자 그녀는 이렇게 말했다.

"네가 내 말을 조용히 집중해서 경청하는 것을 보고서, 나도 그렇게 느졌고, 사실 나는 네가 그런 마음 상태가 되기를 기다렸다. 아니, 내가 너를 그런 마음 상태로 유도했다고 말하는 것이 더 솔직할 것이다. 이제 내가 네게 사용하고자 하는 치료약은 네 입에서는 쓰겠지만, 일단 삼켜서 소화를 시키면 달콤해질 것이다. 너는 내게서 그것을 듣기를 원한다고 말하는데, 내가 너를 어디로 인도하려고 하는지를 안다면, 너는 더욱더 내 말을 듣기를 원하게 될 것이다."

"그게 어디입니까."

"너의 마음이 지금까지 꿈꾸어 왔지만 실제로는 현상들에 사로잡혀 볼 수 없었던 저 참된 행복으로 너를 인도하고자 한다."

"어서 내게 말씀하셔서, 참된 행복이 무엇인지를 제발 빨리 보여주십시오."

"너를 위해서 기꺼이 그렇게 할 것이다. 하지만 그렇게 하기 전에 네가 알고 있는 행복을 개략적으로 설명함으로써, 너의 마음속에서 지금까지 무엇을 행복이라고 생각했는지를 명확하게 볼 수 있게 해서, 그것과 반대되는 참된 행복으로 눈을 돌렸을 때 즉시 알아볼 수 있게 하고자 한다."

처녀지에 씨를 뿌리려고 하는 사람은
먼저 그 땅에서 관목들을 뽑아내고
덤불과 잡초를 낫으로 베어냄으로써
대지의 여신이 와서 그 땅을 새 곡식으로
풍성하게 채울 수 있게 하는 법.

입이 쓴 맛을 먼저 맛본다면
벌의 수고로 만들어진 꿀은 더 달콤하고,

남풍이 몰고 온 비바람이 그친 후에는

별들은 더욱 밝게 빛나며,

금성이 어둠을 거두어갔을 때에야

청명한 아침이 장밋빛 붉은 말들을 몰고 오나니.

지난날 거짓 행복을 쫓았다면

이제라도 먼저 너의 목에서 멍에를 벗어버려야 할지니

그래야만 참된 행복이 너의 마음에 깃들리니.

제 2 장

참된 행복의 정의

[철학은 이제 모든 사람이 열망하는 참된 행복을 정의해서, 참된 행복은 모든 선을 그 자신 속에 담고 있는 완전함이라고 말하고, 사람들이 부나 높은 관직이나 정치권력이나 명성이나 육신적인 쾌락 속에서 자신들의 선을 추구할 때, 그러한 선의 추구는 자연의 법칙에 부합하는 것임을 지적한다. 이어지는 시에서도 그것을 노래하면서, 이 자연의 기본적인 법칙은 사물들이 자신의 시초로 돌아가고자 하는 본능임을 보여준다. 사람에게 길들여진 사자들은 야생성으로 돌아가고자 하고, 새 장에 갇힌 새들은 자유를 열망하며, 나무들을 구푸리면 다시 곧바로 서려고 하고, 서쪽으로 진 해는 동쪽에서 다시 떠오른다. 이것은 자연의 운행이 순환임을 보여준다.]

이렇게 노래하기를 마친 그녀는 마치 자신의 고귀한 정신 속에 깊이 침잠한 듯이 시선을 아래로 향한 채 한동안 침묵하고 있다가 다시 입을 열기 시작했다.

"사람들은 이런저런 많은 것들을 이루기 위해 아주 다양한 방식으로 추구하고 애쓰지만, 인간의 그러한 모든 노력들은 궁극적으로는 오직 하나의 동일한 목적, 즉 행복이라는 목적에 도달하고자 하는 시도일 뿐이다.[1] 행복

---

1   이러한 일반화는 플라톤 이래로 고대의 모든 철학자들이 받아들였던 윤리적 가르침을 반영한 것이다. 그들은 행복을 획득하는 구체적인 방법론에서는 서로 달랐지만, 행복의 추구가 인간의 목적이라는 데에는 이견이 없었다. 키케로는 자신의 『호르텐시우스』에서 "우리 모두가 행복하기를 원한다는 것은 확실하다"고 말한다.

이라는 것은 사람이 일단 그것을 얻게 되면 더 이상 다른 것들을 원하지 않게 되는 그런 것이기 때문이다.

행복은 모든 선하고 좋은 것들 중에서 최고의 것이어서, 그 자신 속에 모든 선하고 좋은 것들을 다 담고 있다. 만일 행복에 조금이라도 무엇인가 부족하거나 결여된 것이 존재한다면, 사람이 원하는 어떤 것이 여전히 행복의 외부에 있는 것이 되기 때문에, 그 행복은 최고일 수 없다. 그러므로 행복이라는 것은 모든 선하고 좋은 것들을 자신 안에 다 모아서 가지고 있는 완벽한 상태일 수밖에 없다.

방금 앞에서 말했듯이, 모든 사람들은 이 행복을 얻기 위해서 아주 다양한 방법으로 애쓰고 노력하는데, 그것은 진정으로 선하고 좋은 것을 추구하는 욕구가 사람들이 태어날 때부터 선천적으로 그들의 정신 속에 심겨져 있지만, 그들 속에 있는 오류로 인해 잘못된 길들로 나아가서 거짓된 행복들을 추구하기 때문이다.

그래서 어떤 사람들은 전혀 궁핍함이 없는 것이 최고의 선이라고 믿고서 많은 재물들을 모으기 위해 애쓰고, 어떤 사람들은 가장 명예로운 것이 최고의 선이라고 믿고서 훌륭한 업적을 쌓아서 사람들로부터 명예와 존경을 얻기 위해 애쓴다. 최고의 선은 최고의 권력에 있다고 생각하는 사람들도 있어서, 그런 사람들은 지배자가 되고자 하거나 지배자 옆에 붙어 있으려고 한다. 반면에, 어떤 사람들은 명성을 얻는 것이 최고의 것이라고 생각해서, 전시이든 평시이든 자신의 능력을 발휘해서 자신의 이름을 널리 떨쳐서 영광을 얻고자 한다.

하지만 훨씬 더 많은 사람들은 기쁨과 즐거움이라는 관점에서 행복을 평가해서, 쾌락을 가장 많이 누리는 것을 가장 큰 행복이라고 생각한다. 그리고 어떤 사람들에게는 이러한 다양한 목적들과 동기들이 한데 뒤섞여 있어서, 권력이나 쾌락을 누리기 위해 부를 추구하기도 하고, 부를 누리거나 명성을 얻기 위해 권력을 추구하기도 한다.

이렇게 사람들의 행동들과 소원들에는 이 모든 것들과 관련된 목적과 동기가 내재되어 있다. 따라서 어떤 사람들이 높은 지위에 오르고 대중들의 지지를 받고자 하는 이면에는 명성을 얻고자 하는 의도가 숨어 있고, 어떤 사람들은 처자식을 돌보는 목적이 처자식이 그들에게 즐거움을 주기 때문인 경우도 있다.

가장 고귀한 선은 우정으로서, 우정은 이해관계가 걸려 있는 '운명'의 범주가 아니라 '미덕'의 범주에 속하는 것인 반면에, 그 밖의 다른 것들은 권력이나 쾌락을 위해 선택된다.

육신과 관련된 모든 좋은 것들도 앞에서 말한 그런 목적이나 의도와 연결되어 있다. 육체적으로 강한 힘과 건장한 신체는 사람을 능력 있게 보이게 하여 영향력을 행사하는 데 유리하게 해 주고, 육체적인 아름다움과 민첩함은 명성을 가져다주며, 육체적인 건강함은 쾌락을 가져다준다.

사람들이 이 모든 것을 통해 원하고 추구하는 것이 오직 행복이라는 것은 분명하다. 왜냐하면, 사람들이 어떤 것을 추구하든지, 그들은 자신이 추구하는 그것이 자기에게 가장 좋은 것이라고 생각해서 그것을 추구하는 것이고, 나는 앞에서 그 가장 좋은 것을 행복이라고 정의했기 때문이다. 따라서 사람이 서로 다른 것들을 자기에게 가장 좋은 것으로 여겨서 추구한다면, 그것은 행복을 추구하는 것이다.

이제 네 눈 앞에는 사람들이 행복이라고 생각하는 것들이 모두 진열되어 있는데, 부, 명예, 권력, 영광, 쾌락이 바로 그런 것들이다. 에피쿠로스는 오직 이런 것들만을 보고서는, 이 모든 것들은 결국 인간의 정신에 즐거움을 가져다주는 것들이라고 생각했기 때문에, 쾌락이야말로 가장 좋은 것,

즉 최고선이라고 말했다.[2]

　다시 사람들이 추구하고 애쓰는 것들로 되돌아가보자. 인간의 정신은 자기에게 좋은 것을 찾지만, 그 기억력이 흐려져 있어서, 마치 술에 취한 사람이 자기 집으로 돌아가는 길을 제대로 찾지 못하는 것처럼, 진정으로 자기에게 좋은 것을 찾지 못한다.[3] 너는 사람들이 아무것도 부족함이 없는 상태가 되기 위해 애쓰는 것이 잘못된 것이라고 생각하느냐. 모든 좋은 것들을 다 갖추고 있어서 다른 사람의 도움을 필요로 하지 않고 그 자체로 조금도 부족함이 없는 상태가 가장 완벽한 행복이라는 것은 두말할 필요가 없다.

　그렇다면, 가장 좋은 것을 가장 존경받아 마땅한 것이라고 생각하는 것이 잘못된 것이냐. 결코 그렇지 않다. 거의 모든 사람들이 얻으려고 애쓰는 것이 악하고 멸시받을 만한 것일 수는 없기 때문이다. 권력은 좋은 것이라고 생각해서는 안 되는 것이냐. 어떻게 그럴 수 있겠느냐. 만일 그렇다면, 우리는 다른 그 어떤 것보다도 뛰어난 최고선이 힘도 없는 나약한 것이라고 생각해야 하는 것이냐. 명성도 아무것도 아닌 하찮은 것으로 생각해야 하는 것이냐. 하지만 가장 탁월하고 뛰어난 것들이 가장 유명한 것들일 수밖에 없다는 것은 부정할 수 없는 것이 아니겠느냐.

　또한, 사람들은 아주 작은 것들을 갖거나 향유할 때에도 거기에서 즐거움을 추구하는 것이 인지상정인데, 행복은 걱정이나 괴로움도 없고 고통이나 화나는 것도 없는 것이라고 말하는 것은 아무 의미도 없는 공허한 말에

2　에피쿠로스(Epicurus, BC 341~270년)는 아테네에서 철학 학파를 창시하여, 쾌락이 최고선이라고 가르쳤다. 그가 말한 쾌락은 기본적으로 육신적인 고통과 정신적인 괴로움에서 자유로운 것을 의미하였다.

3　이것은 플라톤이 영혼은 "형상들"의 세계에서 선재한다고 가르친 것을 반영한 것이다. 이러한 가르침에 의하면, 선을 인식하고 알아보는 과정은 기억해내는 과정(anamnesis)이 된다. 이 과정을 설명하면서 술에 취한 사람이 길을 잃어버린 심상을 사용한 것에 대해서는 플라톤의 『파이돈』 79C를 보라.

지나지 않는 것이 아니겠느냐. 분명히 그런 것들은 사람들이 얻고자 하는 것들이고, 그들이 부와 높은 관직과 권세와 영광과 쾌락을 원하는 것은 그런 것들을 통해서 만족과 존경과 권력과 명성과 기쁨을 얻게 될 것이라고 믿기 때문이다.

따라서 사람들이 그토록 천차만별의 시도와 노력을 통해서 추구하는 것은 '선'이다. 여기에서 우리는 본성의 힘이 얼마나 크고 강력한지를 금방 알 수 있다. 왜냐하면, 사람들의 생각과 추구는 천차만별이지만, 그들이 모두 '선'을 사랑하고 추구한다는 점에서는 서로 일치하기 때문이다."

> 자연이 얼마나 큰 힘을 행사하여
> 만물을 휘어잡고 있는지,
> 자연이 어떠한 법칙들을 사용해서
> 광대한 우주를 보존해 나가며
> 누구도 풀 수 없는 끈으로
> 만물을 한데 단단히 묶어 놓고 있는지를,
> 수금의 느린 장단에 맞춰
> 청아한 목소리로 노래해 보리라.

> 카르타고에서 온 사자들이 아름답게 장식된 쇠사슬 장식을 걸치고
> 사람이 주는 먹이를 먹으며
> 자신을 매질하는 포악한 주인을 두려워할지라도,
> 그 무시무시한 입으로 한번 피 맛을 보는 순간
> 오랫동안 잠자고 있던 야성이 즉시 되살아나서
> 사나운 포효와 함께 제정신으로 돌아와서

자신들의 목에 채워진 쇠사슬을 끊어 버리고
맨 먼저 그 잔인한 이빨로 조련사를 찢어
자신의 분노를 푸노니.

나무 꼭대기에서 재잘거리던 새를
새장에 가두어 놓으면,
사람들의 귀여움을 독차지하고
달콤한 꿀물과 풍성한 먹이가 주어져도,
자신이 사랑하는 나무 그늘을 보려고
좁은 새장 안을 팔짝팔짝 뛰다가
먹이를 발 아래 흩어버리고
일편단심 숲만을 그리워하며
구슬피 노래하네.

강한 힘으로 누르면
나뭇가지는 아래로 구부러지지만,
누르던 오른손을 놓는 순간
가지는 다시 똑바로 서서 하늘을 바라보고,
태양은 서쪽 바다 아래로 가라앉아도
은밀한 길을 통해 또다시
자신이 늘 떠오르던 자리로
자신의 마차를 갖다놓는다네.
모든 것은 제자리로 돌아가고자 하고
그렇게 되돌아가는 것을 기뻐하지만,

누군가가 끝과 시작을 서로 연결해서

그 순환을 견고하게 해 놓지 않았다면,

그 어떤 것도 자신의 정해진 곳으로

되돌아갈 생각을 하지 않았으리라.

제 3 장

부와 참된 행복

[행복으로 가는 참된 길은 근원과 시원으로 돌아가는 깃임을 확증한 철학은 이제 보에티우스에게, 그가 전에 부를 지니고 있었지만, 그것은 그의 모든 필요를 다 충족시켜 주지 못했고, 도리어 추가적인 필요를 요구했으며, 소유에 대한 탐욕은 만족될 수 없다는 것을 보여줌으로써 운명이 주는 선물들로는 참된 행복에 도달할 수 없다는 자신의 주장을 구체적으로 증명한다. 이어지는 시에서는 탐욕을 집중적으로 다루면서, 큰 부를 축적한 탐욕스러운 자는 비참한 인생을 살다가 결국에 죽을 때에는 모든 부를 남겨두고 떠나야 한다고 노래한다.]

"땅에서 살아가는 너희도 비록 희미한 것이기는 하지만 너희가 처음에 지니고 있던 원래의 모습에 대한 어떤 심상을 지니고 있어서, 너희의 참된 목적인 행복이 어떤 것인지를 명료하게 보지는 못하지만 어느 정도는 본다. 그래서 너희의 본성은 너희를 바로 그 참된 목적인 행복으로 이끌지만, 너희 안에 있는 온갖 잘못된 생각들과 오류들이 너희를 엉뚱한 곳으로 이끌어서 그 참된 목적으로부터 멀어지게 만든다. 그러므로 사람들이 그들로 하여금 행복을 얻게 해 줄 것이라고 생각하는 그런 것들을 통해서 과연 그들이 바라는 행복을 얻을 수 있을지를 곰곰이 생각해 보아야 한다. 만일 부나 명예 같은 것들이 사람들을 그 어떤 좋은 것도 결여되어 있지 않은 상태로 이끌어준다면, 우리는 사람들이 그런 것들을 얻게 될 때 행복해질 수 있다는 것을 인정할 것이다. 하지만 그것들이 사람들에게 약속한 것을 주지 않아서, 그것들을 얻었는데도 사람들은 여전히 많은 좋은 것들이 결핍된 상태에 있게 된다면, 그것들이 주는 행복이라는 것은 행복의 겉모습만을 지닌 가짜 행복임이 분명하지 않겠느냐. 그러므로 먼저 얼마 전까지만 해도 엄청난 부를 누렸던 네게 한 가지 물어보자. 네가 엄청난 부를 누리고 있을 때에는 이런저런 일들로 인해서 생겨난 걱정이나 염려로 인해 마음이 괴로웠던 적이 한 번도 없었느냐."

"내 마음이 지극히 자유로워서 언제나 그 어떤 괴로움도 없이 지낸 것은 분명히 아니었습니다."

"그것은 네가 원하던 것이 네게 없었거나, 네가 원하지 않는 것이 네게 있었기 때문이 아니었겠느냐."

"그렇습니다."

"그렇다면 너는 네가 원하는 것이 네게 있기를 바랐고, 네가 원하지 않는 것이 네게서 제거되기를 바란 것이 아니겠느냐."

"맞습니다."

"네가 무엇인가를 원하였다면, 그것은 네게 그것이 결여되어 있었다는 의미로구나."

"그렇습니다."

"무엇인가가 결여되어 있는 사람은 결코 완전히 만족할 수 없는 것이 당연하겠지."

"그렇습니다."

"너는 네가 가진 재물이 차고 넘치는데도 그러한 결핍감을 느꼈다는 말이로구나."

"맞습니다."

"그렇다면 부와 재물은 사람에게 만족을 주고 부족함이 없게 만들어 줄 것처럼 보였지만, 사실은 그렇게 할 수 없다는 것이 밝혀진 것이다. 또한, 나는 돈이라는 것은 그 소유자가 아무리 원하지 않아도 언제라도 그 소유자에게서 떠나가 버릴 수 있는 속성을 지니고 있다는 것도 우리가 고려해야 할 중요한 사실이라고 생각한다."

"인정합니다."

"강자가 약자의 돈을 강탈해 가는 일이 매일같이 비일비재하게 일어나고 있는데, 어떻게 네가 그것을 인정하지 않을 수 있겠느냐. 법정의 모든 소송은 무력이나 사기에 의해 자신의 의지와는 달리 강제로 빼앗긴 돈을 되찾고자 하는 것이 아니면 무엇이겠느냐."

"그렇습니다."

"따라서 사람이 자신의 돈을 안전하게 지키기 위해서는 반드시 외부의 도움이 필요하지 않겠느냐."

"누가 그것을 부정하겠습니까."

"하지만 지켜야 할 돈이 없는 사람은 그런 도움도 필요하지 않을 것이다."

"당연한 말씀입니다."

"그렇다면 결국 우리가 처음에 생각했던 것과는 정반대의 결과가 나온 것이다. 왜냐하면, 우리는 부와 재물이 사람을 만족하게 하고 부족함이 없게 만들어 줄 것이라고 생각했는데, 실제로는 또다른 도움을 필요로 하게 만들었기 때문이다. 그러니 부와 재물이 무슨 수로 사람들의 결핍을 제거해 줄 수 있겠느냐. 부자라고 해서 배고프거나 목마르지 않을 수 있고, 돈 많은 사람들이 겨울의 추위를 느끼지 않을 수 있겠느냐. 너는 부자들은 자신들이 가진 돈으로 굶주림이나 목마름이나 추위를 해결할 수 있다고 말하겠지만, 그러한 방법으로는 결핍을 완화시킬 수는 있지만 완전히 제거할 수는 없다. 언제나 입을 벌리고 헐떡거리며 무엇인가를 요구하는 결핍을 논으로 충족시킨다고 해도, 또다른 결핍이 생겨나서 무엇인가를 끊임없이 요구할 것이기 때문이다. 자연적인 본성은 아주 적은 것으로 만족하지만, 탐욕을 만족시킬 수 있는 것은 아무것도 없다는 것은 굳이 말할 필요가 없을 것이다. 이렇게 재물은 결핍을 제거해 줄 수 없을 뿐만 아니라 새로운 결핍을 만들어 내기까지 하는 것인데, 왜 너는 재물이 사람에게 만족을 가져다줄 수 있다고 믿는 것이냐."

재물을 쌓아 황금이 흐르는 강물처럼 철철 넘쳐나도
부자의 탐욕은 만족할 줄 모르고,
홍해의 진주들로 그 목을 칭칭 휘감고
백 마리의 소로 비옥한 밭을 간다고 해도
후벼 파는 듯한 괴로움은 그의 인생에서 떠나지 않으며,
허망한 재물은 저승길에 동행하지 않는다네.

제 4 장

높은 관직과 참된 행복

[철학은 다음으로 높은 관직이 참된 행복이 길이라는 주장을 반박한다. 높은 관직은 흔히 악인들이 차지하고, 그 악인들은 높은 관직으로 인해서 더욱 악명을 떨치게 된다. 그들이 높은 관직으로 얻은 사람들로부터의 존경은 국지적인 것이고, 지난날에 받았던 존경도 시간이 지나면 사라진다. 이어지는 시에서는 네로의 예를 들어 높은 관직이 사람을 행복하게 해 주지 못한다는 것을 보여준다.]

"높은 관직은 사람에게 명예와 존경을 얻게 해 준다. 하지만 높은 관직이라고 해서, 사람의 마음에 미덕들을 넣어 주고 악덕들을 몰아내는 힘이 거기에 있는 것은 아니지 않느냐. 사실 높은 관직은 사람에게서 악을 몰아내주기는커녕 도리어 더욱 악명을 떨치게 만드는 것이 아니더냐. 그것이 우리가 높은 관직이 흔히 악인들에게 주어지는 것에 대해 분노하는 이유이고, 카툴루스가 총독직에 있던 노니우스를 악성 종양 같은 자라고 불렀던 이유였다.[4]

악인들이 높은 관직으로 인해 얼마나 많은 수치와 모욕을 자초해 왔는지를 너는 아느냐. 만일 그들이 높은 관직으로 인해 그렇게 유명해지지 않았다면, 그들의 비열하고 추악한 모습은 그렇게 생생하게 드러나지는 않았

---

4 카툴루스(Catullus, BC 84-54년)는 로마의 서정시인이고, 노니우스(Nonius)는 BC 51년에 호민관을 지낸 노니우스 수페누스를 가리키거나, BC 46년에는 아프리카에서, 후에는 스페인에서 총독을 지냈던 노니우스 아스프레나스를 가리키는 것으로 보인다.

을 것이다. 너의 경우에도 데코라투스(Decoratus)가 악한 광대와 밀고자의 심성을 지니고 있다는 것을 진작 알았더라면, 그와 함께 관직에서 일할 생각을 하지 않았을 것이고, 네가 겪었던 많은 위험도 자초하지 않았을 것이 아니겠느냐.

높은 관직에서 일할 자격이 없는 자들이 단지 실제로는 높은 관직에서 일하고 있다는 이유만으로, 우리는 그들을 존경할 만한 자들이라고 생각할 수 없다. 하지만 어떤 사람에게 지혜가 있는 것을 네가 보았다면, 당연히 너는 그가 지닌 지혜에 비추어 보아서 그를 존경받을 만한 자격이 없다고 생각지도 않을 것이고, 그에게 주어진 높은 관직이 그에게 합당하지 않다고 생각지도 않을 것이다.

미덕에는 고유한 권위가 내재되어 있고, 그 권위는 바로 그 미덕을 지닌 자들에게 즉시 이전된다. 하지만 대중들의 환호에 의해 만들어지는 명예는 그런 권위를 만들어 낼 수 없기 때문에, 그 자체 속에 고유한 아름다움을 소유하고 있지 못하다는 것은 분명하다.

이 문제와 관련해서 네가 추가적으로 더 유념해야 할 것이 있는데, 그것은 악한 자일수록 더 많은 사람들에 의해 멸시를 당하는 것이라면, 높은 관직이 악인들을 존경받을 만하게 만들어줄 수 없기 때문에, 높은 관직에 있는 악인들은 더 많은 사람들의 눈에 노출되어서 더 많은 멸시를 받을 수밖에 없게 된다는 것이다. 그리고 악인들은 자신들이 앉아 있던 높은 관직으로 인해 결국은 해악을 입는 것을 피할 수 없게 된다. 왜냐하면, 악인들은 높은 관직에 수반되는 권위를 자신들의 추악함으로 더럽힘으로써 거기에 상응하는 대가를 치르게 되기 때문이다.

높은 관직이라는 공허한 권위로부터 참된 존경이 나올 수 없다는 것은 다음과 같은 것을 생각해 보면 금방 알 수 있다. 총독직을 여러 차례 역임

한 적이 있는 어떤 사람이 어떤 야만인들의 나라에 갔다고 가정해 보자. 그가 높은 관직을 여러 번 지낸 고관대작이었다는 사실을 모르는 그 곳 야만인들이 과연 그에게 존경심을 표하겠는가. 만일 높은 관직 자체에 고유한 권위가 원래부터 내재되어 있다면, 마치 불이 세상 어느 곳에서나 활활 뜨겁게 타오르는 것과 마찬가지로, 그 권위도 어느 나라 어느 백성 가운데서도 그 힘을 잃지 않고 인정을 받게 될 것이고, 또한 마땅히 인정을 받아야 한다. 하지만 높은 관직에는 고유한 권위가 내재되어 있는 것이 아니라, 단지 사람들의 허구적인 생각으로 인해 높은 관직에 권위가 공허하게 덧붙여지는 것일 뿐이기 때문에, 어떤 사람이 높은 관직에 수반되는 권위를 지니고 있다고 해도, 그 사람이 높은 관직에 있다는 것을 모르는 사람들 가운데 있는 경우에는 권위를 인정받지도 못하고 존경을 받지도 못하게 된다. 물론 이런 일은 그가 높은 관직에 있는 사람이라는 것을 모르는 외국에 있을 때 일어나는 일이다.

그렇다면 특정한 나라의 높은 관직에 수반되는 권위라고 해서 과연 그 권위가 변함없이 계속해서 지속될 수 있을까. 집정관직은 한때는 대단한 권력이 주어진 높은 관직이었지만, 오늘날에는 이름뿐인 유명무실한 관직이 되어 버렸고, 원로원에 큰 재정적인 부담만을 안겨주는 직책이 되어 버렸다. 과거에는 백성이 일 년 동안 사용할 곡물을 관리하는 직책을 맡은 사람을 대단하게 여겨서 대접을 해 주었지만, 오늘날에는 그 직책이 사람들이 가장 기피하는 관직이 되어 버리지 않았는가. 방금 말했듯이, 높은 관직에는 고유한 권위가 내재되어 있는 것이 아니기 때문에, 그 관직에 대한 사람들의 평가에 따라서 어떤 때에는 굉장한 권위를 지니기도 하고 어떤 때에는 권위가 한없이 추락하기도 한다.

이렇게 높은 관직이라는 것이 사람을 존경받을 만하게 만들어 주지도 못하고, 악인들에 의해 그 권위가 쉽게 더럽혀지며, 시간이 지나면서 사람들의 평가나 생각에 의해 그 권위가 약화되거나 상실되기도 하는 것이라면, 거기에 우리가 추구할 만한 어떤 아름다움이 있다고 할 수 없지 않겠느냐."

티루스 산 자주색 옷과
눈처럼 흰 보석들로 자신의 몸을 휘감았어도[5]
네로는 그 극한의 사치로 인해
모든 사람의 미움을 받았다네.

이 악인은 사람들로부터 존경받은 원로원 의원들에게
종종 높은 관직들을 수여했지만,
이 참담한 자가 준 그런 명예를
누가 복되다고 생각했을까.

---

5 티루스는 고대 페니키아의 주요 항구도시로서 목재와 건어물과 자색 염료로 유명하였다. "눈처럼 흰 보석들"은 진주를 가리킨다.

제 5 장

권력과 참된 행복

[앞에서 부와 높은 관직이 참된 행복의 수단이 될 수 없다는 것을 확증한 철학은 이제 권력, 특히 보에티우스가 왕권 아래에서 고초를 겪었다는 것을 고려해서 왕의 권력을 다루면서, 그러한 권력도 참된 행복을 가져다줄 수 없다는 것을 보여준다. 왕들은 늘 두려움 가운데 살아가고, 왕의 총신들은 흔히 왕권의 희생양이 되기 십상이다. 이어지는 시에서는 지혜로운 자가 추구할 가치가 있는 유일한 권력은 자신의 악한 욕망들을 이길 수 있게 해 주는 권력임을 강조한다.]

"왕권이나 왕과의 친분이 참된 권력을 줄 수 있을까. 물론 행운이 영원토록 지속된다면, 그렇게 되지 말라는 법도 없을 것이다. 하지만 왕들이 그런 행운을 재앙으로 만들어버린 사례는 옛 시대에만 차고 넘치는 것이 아니라 오늘날에도 헤아릴 수 없이 많다. 아, 대단한 권력이여, 하지만 너는 네 자신을 지킬 힘조차 없어 보인다. 만일 나라들을 다스리는 왕의 권력이 행복을 만들어 내는 것이라면, 왕권이나 왕이 없는 경우에는 행복이 줄어들고 불행이 늘어나게 되겠지만, 인간의 왕국들이 아무리 널리 확장된다고 해도, 여전히 왕의 다스림을 받지 못하는 사람들이 많은 수밖에 없다.

또한, 권력이 왕들을 행복하게 해 주는 부분이 끝나면, 나머지 부분에서는 권력의 부재로 인해 왕들은 불행을 느끼게 된다. 그렇기 때문에 왕들에게 있어서는 불행이 행복보다 더 큰 비중을 차지하게 될 수밖에 없다. 왕위에 앉아 있는 자가 직면한 위험들을 피부로 느껴 알게 된 어떤 참주(폭군)는 자신의 공포를 다모클레스의 머리 위에 걸려 있던 칼의 공포에 비유하기도 했다.[6] 그렇다면 고통스러운 근심을 제거해 주지도 못하고 가시 같이 찌르는 공포를 막아 주지도 못하는 것이 무슨 권력이란 말인가. 분명히 왕들은 아무런 근심 없이 살기를 바라지만 그렇게 살아갈 수가 없다. 그런데도 그들은 자신이 쥐고 있는 권력을 자랑한다. 자기가 원하는 것을 할 수 없는 자가 무슨 권력자냐. 사람들이 그를 두려워하는 것보다 자기가 사람들을 더 두려워하여 늘 친위대를 대동하고 다니는 자가 무슨 권력자냐. 자기가 거느린 많은 신하들에 자신의 권력을 의지하고 있는 자가 무슨 권력자냐.

내가 이미 보여준 것처럼 심지어 왕들조차도 그러한 나약함으로 가득한데, 왕과 친분이 있는 자들이야 더 말할 것도 없지 않겠느냐. 왕들의 권력이 탄탄할 때에도 그들과 친분이 있는 사람들이 내쳐지는 일이 비일비재한데, 왕들의 권력이 무너졌을 때에야 더 말해 무엇 하겠는가. 네로는 오랫동안 자신과 가까이 지내며 자신의 스승이기도 했던 세네카를 자살로 내몰았고, 오랫동안 황궁에서 권력을 휘둘렀던 파피니아누스는 카라칼라에 의해 그의 친위대의 칼에 죽임을 당했다.[7] 세네카나 파피니아누스나 둘 다 관직에서 물러나고자 했고, 심지어 세네카는 자신의 전 재산을 네로에게 헌납하며 사직하기를 청했다. 하지만 그들이 풍전등화의 위기에 처해 있었을 때, 그들이 지니고 있던 높은 관직이나 권력은 그들이 원하는 것을 이루어 주지

---

6 다모클레스(Damocles)는 BC 4세기 전반 시칠리아의 시라쿠사의 참주 디오니시오스 1세의 조신이었는데, 그가 자신의 주군인 디오니시오스에게 "아무도 왕보다 더 행복한 사람은 없었을 것"이라고 아첨하자, 디오니시오스는 그를 호화로운 연회에 초대하여 한 올의 말총으로 매단 칼 밑에 앉히고, 제왕의 행복이라는 것이 항상 위기 및 불안과 함께 있음을 깨닫게 하였다. 이 이야기는 키케로에 의해 전해졌고, 그 후 절박한 위험을 뜻하는 "다모클레스의 칼(Sword of Damocles)"이라는 속담이 생겼다.

7 파피니아누스(Papinianus)는 세베루스 황제 아래에서 유명한 법률가로서 총독직을 역임하며 오랜 세월 동안 권세를 누렸지만, 그 다음에 즉위한 안토니누스 카라칼라 황제가 그의 동생 게타(Geta)를 죽인 것을 비판했다는 죄목으로 212년에 처형당했다.

못했고, 도리어 그들을 파멸로 이끄는 역할만을 했을 뿐이다.

　이렇게 권력을 갖고 싶어 하는 사람을 위태롭게 만들고, 권력을 가진 사람을 큰 위험에 빠뜨리며, 권력을 버리고 싶어도 버릴 수 없는 것이 무슨 권력이란 말인가. 우리가 지닌 덕이 아니라 우리에게 찾아온 행운을 보고서 우리에게 접근한 친구들이 진정으로 우리에게 도움이 되어 줄 것이라고 생각하는가. 우리에게 행운이 찾아왔을 때 친구가 된 자는 우리에게 불행이 찾아오면 우리의 적이 되고 말 것이다. 한때 친구였던 자가 적으로 돌변했을 때, 그것보다 더 큰 해를 우리에게 끼칠 수 있는 재앙이 어디 있겠는가."

> 참된 권력을 얻고자 하는 사람은
> 자신의 사납고 거친 마음을 다스려서
> 욕망에 굴복하여 그 올가미에
> 자신의 목을 들이밀어서는 안 되리니,
> 저 머나먼 인도 땅이
> 너의 호령 소리에 두려워 떨고
> 땅 끝 튈레[8]가 네 앞에 무릎을 꿇는다고 해도,
> 노심초사하여 근심하고 걱정하는 것과
> 초조해하고 안달하는 것을
> 네 마음에서 몰아내지 않는다면
> 참된 권력이 될 수 없다네.

8　당시 사람들은 세계의 동쪽의 끝이 인도이고 서쪽의 끝은 "튈레"라고 생각하였다. 통상적으로 "튈레"는 지금의 아이슬란드 또는 노르웨이를 가리키는 것으로 여겨지고 있지만, 베르길리우스는 자신의 『농경시』에서 영국을 "튈레"로 지칭한 것으로 보인다.

제6장

명성과 참된 행복

[철학은 명성을 얻음으로써 참된 행복에 도달하고자 하는 시도도 거짓된 것임을 보여준다. 그러한 명성은 자력으로 얻은 것이든 명문가의 혈통에 의해 물려받은 것이든 헛된 것일 뿐이다. 이어지는 시에서는 모든 사람은 귀족이든 평민이든 똑같이 신에게서 태어난 고귀한 혈통이라는 것을 강조한다.]

"영광이라는 것은 흔히 얼마나 거짓되고 비열하던가. 그래서 그리스의 비극시인이 이렇게 탄식하며 노래하지 않았던가:

오, 영광이여, 영광이여,

너는 얼마나 무수히 많은 아무것도 아닌 자들을

마치 위대한 삶을 산 것처럼 부풀려 왔던가.[9]

너무나 많은 사람들이 대중의 착각과 오해로 위대한 명성을 얻어 왔지만, 그것보다 더 비열한 일이 어디 있겠는가. 칭송을 받을 이유가 전혀 없는데도 칭송을 받은 자들은 자신이 그런 칭송을 받은 것에 대해 부끄러워하는 것이 마땅하기 때문이다. 설령 그들이 자신의 업적으로 말미암아 대중으로부터 칭송을 받은 것이라고 할지라도, 그러한 칭송이 진정으로 지혜로

---

9 이 시구는 그리스의 비극시인 에우리피데스(Euripides)의 『안드로마케』 319~320행에서 가져온 것이다.

운 사람에게 무엇을 더해줄 수 있겠는가. 진정한 현자는 대중의 찬사를 받았을 때가 아니라 자신의 양심에 부끄럽지 않게 행했을 때 그것을 선으로 여기고 자신의 행복으로 여기기 때문이다.

만일 어떤 사람의 이름이 널리 알려져서 명성을 얻게 되는 것이 진정으로 영광스러운 것이라면, 이름이 널리 알려지지 않은 사람은 수치스럽고 욕된 것이 될 수밖에 없다. 하지만 그것이 참이라고 가정하면, 앞에서 이미 지적했듯이, 어떤 사람이 자기 나라에서 명성을 날린다고 해도, 이 세상에는 그 사람의 이름조차 모르는 많은 나라들과 수많은 사람들이 있을 것은 너무나 당연한 일이라는 것을 고려하면, 한 나라에서 영광스러운 사람으로 칭송을 받는 그 사람이 바로 이웃나라를 비롯한 다른 나라들에서는 영광스럽지 못하고 수치스럽고 욕된 사람이 되어 버리는 모순이 발생하게 된다.

하지만 여기에서 내가 강조하고 싶은 것은, 대중의 평가는 법정에서의 공평한 재판과 심리를 통해 도출되는 것도 아니고 탄탄하고 확고해서 언제까지나 변함없이 지속되는 것도 아니기 때문에 거론할 가치조차 없다는 것이다. 또한 명문가 출신이라는 평판이 얼마나 공허하고 쓸데없는 것인지를 모르는 사람이 누가 있는가. 설령 그런 평판이 네게 명성을 가져다준다고 해도, 그 명성은 너의 조상들의 업적으로 인한 찬사이기 때문에 결코 네 것이 아니다. 그런데 찬사가 명성을 가져다주는 것이라면, 그것이 너의 명성이기 위해서는, 그 찬사는 너의 조상들에 대한 것이 아니라 너에 대한 것이어야 한다. 따라서 이 경우에 찬사는 너의 조상들에 대한 것이고 너에 대한 것이 아니기 때문에, 거기로부터 나오는 명성은 너의 것이 아니다. 명문가 출신이라는 것에 수반되는 어떤 좋은 점이 있다고 한다면, 그것은 조상들이 행한 미덕들에서 벗어나지 않게 행하여야 할 의무가 자손들에게 지워지는 효과가 어느 정도 있을 수 있다는 것뿐이다."

이 땅의 온 인류는
같은 근원에서 생겨났고,
만물을 낳고 돌보시는
한 아버지가 계시네.

그는 태양에게는 빛을,
달에게는 뿔을 주셨고,
하늘은 수많은 별들로 채우시고,
땅은 무수한 사람들로 채우셨으며,
영혼들을 높은 곳에서 가져오셔서
육신에 가두셨으니,
한 고귀한 씨에서
모든 사람이 나왔도다.

어찌하여 너희는 가문과 조상을 들먹이느냐.
너희의 시작과 너희의 조물주를 생각할 때,
너희의 근원을 떠나
악한 것들을 소중히 여기지만 않는다면,
그 누구도 비천한 자가 아니리니.

제 7 장

육신의 쾌락과 참된 행복

[칠학은 사람들에게 행복을 주겠다는 거짓 약속을 하는 것으로서 마지막으로 육신의 쾌락을 들고, 그런 쾌락은 우울함과 염려만을 가져다줄 뿐이라고 말한다. 이어지는 시에서는 쾌락을 단 꿀로 유인해서 침으로 쏘아서 사람에게 고통을 주는 꿀벌이라는 전통적인 모티프에 비유해서 노래한다.]

"육신의 쾌락을 갈망할 때는 괴로움이 가득하고, 그 쾌락을 충족시킨 후에는 회한으로 가득하니, 저 육신의 쾌락에 대해서는 내가 무엇이라고 말해야 할까. 육신의 쾌락은 그 방탕한 악을 누린 것에 대한 응보로 쾌락을 누린 자들의 육신에 이런저런 많은 질병들과 참을 수 없는 고통을 안겨주지 않는가. 쾌락을 불러일으켜서 쾌감을 맛보는 것이 정말 즐거운 것인지는 내가 모르지만, 쾌락을 누리고 난 뒤끝이 쓰디쓰다는 것은 자신의 욕망을 따라 행해 본 사람이라면 누구나 알 수 있다. 육신의 쾌락이 사람들에게 행복을 가져다줄 수 있는 것이라면, 우리는 자신의 육신의 욕구들을 채우는 일에만 몰두하는 짐승들을 가장 행복한 존재라고 말해야 한다.

아내와 자녀들로 인한 즐거움은 분명히 지극히 고상한 것이겠지만, 자녀들은 부모를 괴롭게 하고 고문하기 위해 만들어 낸 것이라고 어떤 사람이 말한 것도 지극히 옳지 않은가.[10] 네가 그들로 인해 전에도 괴로워하고

---

10 이것은 소포클레스(Sophocles)의 『안티고네』 645-646행에서 크레온이 한 말을 간접적으로 인용한

근심했으며 지금도 여전히 그렇게 하고 있다는 것은 말할 필요도 없지 않는가. 아내와 자녀들이 어떤 처지와 형편에 있든, 그들로 인한 괴로움과 근심은 늘 너를 따라다니지 않느냐. 그래서 이 일과 관련해서 나는, 부모는 자녀들로 인해 행복할 수 없으니 자녀가 없는 것이 행복이라고 한 에우리피데스의 말에 전적으로 동의한다."

온갖 쾌락은
그 즐기는 자들을 가시로 찌르는 것이니,
벌이 날아와서
달콤한 꿀을 남기지만,
날아가 버린 후에는
벌이 앉았다 가버린 심장은
오래도록 벌침에 쏘인 고통에 시달려야 한다네.

것으로 보인다. "무익한 자녀들을 낳은 자는 자기가 고생하기 위해 그들을 낳았다고 말하지 않겠는가."

제 8 장

거짓 행복

[칠힉은 제3-7장에시 따로 논의했던 다섯 가지 거짓 행복에 대한 비판들을 이제 여기에서 종합한다. 이것은 플루타르코스가 자신의 『자녀교육론』에서 말한 내용과 비슷하다. 다섯 번째 거짓 행복인 육신의 쾌락에 대한 비판은 육신의 힘과 아름다움을 의지하는 것도 부질없는 짓이라는 추가적인 비판으로 이어진다. 이어지는 시에서는 인간은 거짓된 행복들을 통해서 행복을 찾아서는 안 된다는 교훈을 요약한다.]

"그러므로 행복으로 가는 길이라고 하는 이것들은 바른 길에서 옆으로 새 버린 샛길들과 같아서, 그 누구도 그것들이 약속한 행복으로 데려다줄 수 없다는 것은 의심의 여지가 없다. 이제 나는 그 길들에 얼마나 많은 악들이 득실거리는지를 네게 간단하게 보여주고자 한다.

부가 너를 행복으로 이끌어줄 것이라고 믿는다면, 너는 돈을 모으려고 하지 않겠느냐. 하지만 네가 돈을 모으기 위해서는 돈을 이미 가지고 있는 자에게서 빼앗아야 할 것이다. 또한, 네가 명예가 네게 행복을 가져다줄 것이라고 믿는다면, 높은 관직에서 오는 명예를 얻고자 하지 않겠느냐. 하지만 너는 그 관직을 네게 줄 권한을 쥐고 있는 자들에게 굽신거리며 구걸해야 할 것이다. 그렇다면 다른 사람들보다도 더 높은 명예와 명성을 얻으려고 했던 너는 다른 사람들에게 비굴하게 구걸함으로써 도리어 그들보다 더 비천한 자가 되고 말 것이다. 네가 행복해지기 위해서 권력을 원하느냐. 그렇다면 너는 그 권력을 놓고 너와 경쟁하는 자들의 표적이 되어 많은 위험을 감수해야 하는 처지가 되고 말 것이다. 네가 행복해지기 위해서 영광을 원하느냐. 그렇다면 너는 그 영광을 얻기 위해 가시밭길을 걸어가야 할 것이고, 평안하고 안전한 삶을 잃게 될 것이다. 너는 행복하기 위해서 쾌락을 누리는 삶을 살고자 하느냐. 그렇다면 너는 모든 사람이, 육신이라는 너무나 비천하고 덧없는 것의 노예가 되어 살아가는 너를 멸시하고 배척하는 것을 감수해야 할 것이다.

자신의 육신이 지닌 좋은 자질을 자랑하며 살아가는 자들은 사실 자신들이 가진 것 중에서 너무나 비천하고 덧없는 것에 의지하여 살아가는 자들일 뿐이다! 너의 풍채가 코끼리를, 너의 힘이 황소를, 너의 민첩함이 호랑이를 능가할 수 있겠느냐.[11] 네 눈 앞에 펼쳐져 있는 우주의 광대함과 견고함과 민첩한 움직임을 바라보고서, 하찮은 것을 보고 경탄하는 일을 이만 그쳐라. 우주의 경이로움은 단지 방금 말한 그런 것들에만 있는 것이 아니라 그 질서정연함에도 있다.[12] 육신의 빛나는 아름다움은 잠시뿐이고 쏜살같이 지나가는 것이어서, 봄에 아름다운 꽃들이 만발했다가 얼마 안 있어 지는 것보다 더 빠르게 지나가 버린다. 아리스토텔레스가 말했듯이, 사람들에게 린케우스의 눈이 있어서 눈앞의 모든 장애물들을 꿰뚫고서 어떤 것을 볼 수 있다면, 알키비아데스의 외모가 아무리 아름답다고 하여도, 그

---

11 인간이 육신적으로 아름다운 풍채나 힘이나 민첩함을 지니고 있다고 할지라도 짐승들에 비하면 아무것도 아니라는 이러한 논증은 아리스토텔레스에게로 소급되고, 후대에는 하나의 상식으로 자리 잡았다. 아마도 보에티우스는 이 논증을 세네카의 저서에서 읽었을 것으로 보인다.

12 이 구절의 배경에는 지구 중심적인 프톨레마이오스의 우주관이 자리하고 있다. 지구는 달, 수성, 금성, 태양, 화성, 목성, 토성이라는 일곱 행성이 돌고 있고, 그 너머에는 항성 지대가 있으며, 그 너머에는 신에 의해 움직여서 24시간에 한 바퀴를 도는 제1동체(Primum Mobile)가 있다. 이 제1동체는 거대한 구체로서 엄청나게 빠른 속도로 돌면서 그 운동을 항성들에 전달하고, 항성들의 운동은 토성을 비롯한 일곱 행성에 차례차례 전달됨으로써, 천체들이 일사불란한 질서 속에서 운행된다.

의 내장이 훤히 다 보여서, 너무나 추하고 역겹게 보이지 않겠는가.[13] 따라서 사람들의 눈에 네가 아름다워 보인다고 해도, 그것은 네가 진정으로 아름답기 때문이 아니라, 단지 너를 보는 사람들의 시력이 약하기 때문일 뿐이다. 네가 원한다면 네 육신이 지닌 좋은 자질들을 자랑하고 높이 평가하라. 하지만 너는 네가 그토록 자랑하고 높이 평가하는 너의 육신이 단 3일간만 열병에 걸려 누워 있어도 흉측하게 변해 버리고 말 것이라는 것도 알아야 한다.

이 모든 것을 종합해서 우리는 이런 결론을 얻을 수 있다. 그것은 이런 것들은 그것들이 약속하는 좋은 것들을 사람에게 줄 수도 없고, 모든 좋은 것들을 다 완벽하게 모아서 사람에게 참된 행복을 가져다줄 수도 없으며, 행복으로 통하는 길들이 아니기 때문에 사람을 행복으로 이끌 수도 없고, 사람을 행복하게 만들어 줄 수도 없다는 것이다."

　　애석하도다, 가련한 인생들이 무지로 인해
　　엉뚱한 길에서 길을 잃고 헤매고 있구나.

　　너희는 푸른 나무에서 황금을 구하려 하지도 않고,
　　포도나무에서 보석을 얻으려 하지도 않으며,
　　풍성한 잔치를 위해 물고기를 잡으려고
　　높은 산 위에 그물을 펼치지도 않고,

13　린케우스(Lynceus)는 메세네 왕 아파레우스와 아레네 사이에서 태어났다. 천리안을 지녀 땅속의 광맥을 꿰뚫어 볼 수 있을 정도였다고 한다. 알키비아데스(Alcibiades, BC 450-404년)는 『향연』에 등장하는 인물로서, 아테네 명문 출신이고 재능과 외모 모두 뛰어나 당시 정치, 군사 양면에서 가장 걸출했었던 인물이었다.

노루사냥을 하기 위해

티레니아 해(海)를 뒤지지도 않는다.[14]

사람들은 바다 물결에 감추어진

저 깊은 심연도 알고 있어서

눈처럼 흰 진주들은 어느 바다에서 많이 나오고

붉은 소라는 어느 바다에 많이 있으며

부드러운 물고기나 가시 돋친 성게는

어느 해안에서 잡히는지를 훤히 안다.

하지만 자신들이 원하는 행복이 어디에 숨겨져 있는지는

눈멀어 알지 못하고

별들이 빛나는 하늘 저 높은 곳으로 지나가는 것을

땅 속 깊은 곳에서 찾고 있으니,

이 우둔한 정신을 위해 나는 무엇이라고 기도해야 할까.

부와 명예를 얻기 위해 애써 보라.

그렇게 피땀 흘려 얻은 행복을 누려보고 거짓된 것임을 안 후에야

참된 행복을 깨닫게 되리니.

---

14 티레니아 해는 이탈리아 반도의 서쪽 바다이다. 지중해 중부에 위치하며, 코르시카·사르데냐·시칠리
아 등 여러 섬에 둘러싸여 있다. 깊이 2,000m 이상의 분지를 이루고 있으며, 남동부에는 스트롬볼리를
비롯한 화산섬이 있다.

제 9 장
참된 행복의 특성

[철학은 소크라테스의 대화법을 사용해서 앞에서 말한 것들을 보에티우스에게 상기시키면서, 부와 권력과 존경과 명성과 쾌락은 거짓된 행복들이지만, 참된 행복은 그것들 각각의 긍정적인 측면을 분리시키지 않고 모두 한데 모아 놓은 특성을 지니는 것임을 말해 준다. 이어지는 시에서도 이 거짓된 행복들의 소극적 단죄로부터 참된 행복으로의 적극적 탐구로의 전환을 천명한다.]

"나는 지금까지 어떤 것들이 거짓 행복인지를 네게 충분히 보여주었고, 이제 너는 그것들의 실체를 똑똑히 보게 되었을 것이기 때문에, 지금부터는 참된 행복이 무엇인지를 네게 보여주는 것이 올바른 순서일 것이다."

"맞습니다. 이제 나는 부를 통해 만족을 얻을 수 없고, 왕권을 통해 참된 권력을 얻을 수 없으며, 높은 관직을 통해 참된 존경을 받을 수 없고, 영광과 명예를 통해 참된 명성을 얻을 수 없으며, 쾌락을 통해 참된 기쁨을 누릴 수 없다는 것을 알았습니다."

"그렇다면 너는 그 이유도 알았느냐."

"지금 내가 알게 된 것은 단지 좁은 틈새를 통해 얼핏 엿본 것에 불과하기 때문에, 이제부터는 당신에게 본격적으로 배워서 좀 더 분명하게 알았으면 합니다."

"그 이유는 아주 간단하다. 인간이 본질상 하나여서 분리될 수 없는 것을 자신의 오류에 의거해서 분리하고 왜곡시켜서, 참되고 완전한 것을 거짓되고 불완전한 것으로 만들어 버리기 때문이다. 부족함이 없어서 아무 것도 필요로 하지 않는 것이 권력을 가지고 있지 않다고 너는 생각하느냐.”

“분명히 그렇지 않습니다.”

“맞다. 어떤 것에 약한 부분이 있다면, 그 부분에서 반드시 타자의 도움을 필요로 할 수밖에 없다.”

“그렇습니다.”

“그러므로 만족이라는 본성과 권력이라는 본성은 원래 하나이고 동일하다.”

“그래 보입니다.”

“그렇다면 너는 부족함이 없어서 아무것도 필요로 하지 않는 것이 멸시받아야 할 것이라고 생각하느냐, 아니면 정반대로 다른 그 어떤 것보다도 더 존경받아 마땅하다고 생각하느냐.”

“그런 것은 다른 그 어떤 것보다도 더 존경받아 마땅하다는 것은 의심의 여지가 있을 수 없습니다.”

“그렇다면 우리는 만족과 권력에 존경을 더하여, 이 세 가지가 하나이고 동일한 것이라고 해야 한다.”

“우리가 진리를 말하고자 한다면, 당연히 그렇게 해야 합니다.”

“그렇다면 너는 그런 것이 미천하고 하찮은 것이라고 생각하느냐, 아니면 다른 모든 유명한 것들과 마찬가지로 명성을 지니고 있는 것이라고 생각하느냐. 아무것도 부족한 것이 없고 지극히 큰 권세와 명예를 지니고 있는 것이 명성을 지니고 있지 않아서, 바로 그런 이유로 인해 사람들로부터 하찮게 여김을 받을 것인지를 한번 생각해 보아라.”

“나는 그런 것은 대단한 명성을 누릴 수밖에 없다는 것을 인정하지 않을 수 없습니다.”

"그렇다면 우리는 명성도 앞에서 말한 세 가지와 결코 다르지 않다는 것을 인정해야 되겠구나."

"그렇게 하는 것이 당연합니다."

"그렇다면 자신이 가진 것 외에는 아무것도 필요로 하지 않고, 자신의 힘으로 모든 것을 할 수 있는 권력을 가지고 있으며, 명성과 존경을 누리는 것이라면, 그런 것은 지극히 즐거운 것이라고 해야 하지 않겠느냐."

"나는 그런 것에 슬픔이 끼어들 여지가 있다는 것은 상상조차 되지 않습니다. 그렇기 때문에 앞에서 말한 세 가지가 갖추어진 것이라면, 거기에는 즐거움과 기쁨도 가득할 것임을 인정하지 않을 수 없습니다."

"그런 이유에서 우리는 만족과 권력과 명성과 존경과 즐거움은 이름은 각기 다르지만 그 실체는 그 어떤 점에서도 서로 다르지 않다는 결론을 내릴 수밖에 없다."

"맞습니다."

"이렇게 그것은 본질상 하나이고 동일해서 여러 부분들로 나눌 수 없는데도, 사람들은 자신의 잘못된 생각에 의거해서 그것을 구분하고 나누어서 그 중의 한 부분을 얻으려고 애쓰지만, 그 부분이라는 것은 원래부터 존재하지 않는 것이어서 결국에는 그 부분을 얻지도 못하고, 그 전체를 얻으려고 하지 않기 때문에 그것 자체도 얻지 못하게 된다."

"어떻게 그런 일이 일어나는 것입니까."

"가난을 벗어나기 위해서 부를 추구하는 사람은 권력을 얻으려는 노력은 전혀 하지 않고, 도리어 자신이 모은 돈을 잃게 되지는 않을까 하는 우려에서 사람들의 주목을 받지 않기 위해 많은 즐거움들, 심지어 자연스러운 본성적인 즐거움들조차 포기하고서 이름 없이 살고자 한다. 그러나 그런 식으로 살면, 그 사람은 비록 부를 지녔다고 해도 만족을 얻지는 못한다.

왜냐하면, 그 사람은 권력도 없고, 즐거움도 누리지 못하며, 명예도 없어서 멸시받고, 명성도 없이 비천하게 살아가기 때문이다. 한편, 권력만을 원하는 사람은 부를 허비하고, 쾌락을 멸시하며, 권력 없는 명예를 하찮게 여기고, 영광과 명성도 무가치한 것으로 여긴다. 이런 사람에게는 얼마나 많은 것들이 결핍되어 있는지를 너도 알 것이다. 그래서 그는 어떤 때에는 생존에 필요한 것들조차도 없어서 가난과 근심과 괴로움에 허덕이다가, 그런 것들을 해결할 수 없을 때에는, 심지어 자기가 그토록 온 힘을 다해 추구했던 권력마저도 포기하게 된다. 이런 식으로 우리는 명예와 영광과 쾌락에 대해서도 비슷한 말을 할 수 있다. 따라서 이런 것들은 본질적으로 하나이고 동일한 것이어서, 다른 것들은 제쳐놓고 그 중 어느 하나만을 추구하는 사람은 자신이 원한 바로 그 한 가지도 결국 얻을 수 없게 된다."

"그렇다면 어떤 사람이 이 모든 것들을 다 한꺼번에 추구한다면, 어떻게 되겠습니까."

"그런 사람은 완전한 행복을 원하는 사람이라는 것은 틀림없다. 하지만 어떤 사람에게 그 모든 것들이 다 있다고 해도, 그것들이 약속한 행복을 그 사람에게 줄 수 없다는 것은 우리가 이미 앞에서 증명했기 때문에, 그런 사람도 거기에서 결코 행복을 발견할 수는 없다."

"정말 그렇네요."

"그러므로 그런 것들은 각기 우리에게 이런저런 행복을 준다고 약속하지만, 실제로 우리는 그런 것들 속에서 그 어떤 행복도 발견할 수 없다."

"그것이 추호도 틀림이 없는 참된 말임을 나도 인정합니다."

"이제 너는 어떤 것들이 거짓 행복인지, 그리고 그 이유가 무엇인지를 둘 다 알게 되었으니, 지금부터는 너의 마음의 눈을 들어서 정반대의 방향을 바라보아라. 거기에서 곧 너는 내가 약속한 참된 행복을 보게 될 것이다."

"당신은 방금 전에 앞에서 말한 것들이 거짓 행복인 이유를 말해 주었을 때 이미 참된 행복이 무엇인지도 내게 보여주었기 때문에, 이제 참된 행복이 무엇인지는 눈먼 맹인도 분명하게 알 것입니다. 당신의 말씀을 내가 잘못 이해한 것이 아니라면, 참되고 완전한 행복은 사람에게 만족과 권력과 존경과 명성과 즐거움을 가져다주는 것입니다. 내가 당신의 말씀을 온전히 이해했다는 것을 당신에게 보여 드리기 위해 한 가지 더 말씀을 드리자면, 이 모든 것들은 하나이고 동일하기 때문에, 어떤 것이 이 중 한 가지를 진정으로 사람에게 줄 수 있다면, 바로 그것은 틀림없이 참된 행복이라는 것입니다."

"오, 나의 제자여, 너의 말에 이 한 가지만을 더하면, 너의 말은 더할 나위 없이 훌륭하겠구나."

"그게 무엇입니까."

"너는 언젠가는 사멸되어 없어져 버릴 이 유한한 것들 속에 그런 참되고 완전한 행복을 사람에게 가져다줄 수 있는 것이 있을 것이라고 생각하느냐."

"나는 결코 그렇게 생각하지 않습니다. 그 점에 대해서는 더 이상의 설명이 필요하지 않을 만큼 지금까지 당신이 충분히 설명해 주었습니다."

"그런 유한한 것들은 겉으로 보기에 참된 행복 같아 보이는 것들이나 어떤 불완전한 행복들을 사람에게 줄 수는 있지만, 참되고 완전한 행복을 줄 수는 없다."

"내 생각도 같습니다."

"너는 무엇이 참된 행복이고, 어떤 것들이 거짓 행복인지를 알았기 때문에, 이제 네게는 그 참된 행복을 어디에서 찾을 수 있는지를 아는 일만이 남아 있구나."

"그것이 내가 아까부터 정말 듣고 싶었던 것입니다."

"플라톤이 『티마이오스』에서 말했듯이, 사람이 아주 작은 일에서조차도 신의 도움을 구해야 한다면, 우리가 저 최고선, 즉 최고의 행복이 있는 곳을 발견하기에 합당한 자가 될 자격을 갖추기 위해서는 지금 무엇을 해야 한다고 생각하느냐."

"우리는 만물의 아버지를 부르는 것으로 시작해야 한다고 생각합니다. 만일 그렇게 하지 않으면, 시작부터 잘못될 것이기 때문입니다."

"맞다." 이렇게 말한 후에 그녀는 다음과 같이 노래하기 시작하였다.

오, 시간을 명하여 영원으로부터 나가게 하시고,
스스로는 움직이지 않으시면서 다른 모든 것을 움직이게 하셔서
하늘과 땅을 창조하시고
영원한 질서로 만유를 다스리시는 이여,
당신이 흐르는 질료로 만물을 창조하기 위해 사용하신 것은
외적인 원인들이 아니라
당신 자신 안에 있는 시기(猜忌)가 없는 최고선의 형상이었네.

하늘의 본을 따라 만물을 빚어내시고,
지극히 아름다우신 당신의 마음속에 품고 있던 아름다운 세계를
똑같은 모양으로 만들어 내기 위해
모든 완벽한 부분들에게 명하여 완벽한 세계를 완성해 놓으셨네.[15]
질서를 따라 원소들을 한데 결합하셔서,

---

15 하늘의 본을 따라 만물이 만들어졌다는 사상은 플라톤의 "형상" 이론에 나온다. 보에티우스가 배운 신플라톤주의 철학에서는 "형상들"을 신의 정신 속에 있는 생각들이라고 본다.

얼음과 불, 고체와 액체가 서로 조화를 이루어

불이 날아가 버리지 않게 하시고

땅이 무게에 짓눌려 가라앉는 일이 없게 하셨네.[16]

삼중으로 된 본성의 한복판에

모든 것을 움직이는 영혼을 한데 결합시켜

서로 조화를 이루는 두 부분으로 나누고,[17]

이렇게 나뉜 영혼으로 하여금 두 개의 원을 그리며[18]

세계를 감싸 돌아 마치 하나의 실처럼 묶게 하시니,

영혼은 그렇게 돈 후에 자신에게로 돌아와서

정신의 깊은 곳을 또 한 번 돌 때,

천체도 똑같은 모양으로 돈다네.[19]

또한, 똑같은 방식으로

사람의 영혼과 동물의 혼에도

그들이 지닌 하늘의 본성에 걸맞게

가벼운 수레를 주어

---

16 세계의 조화는 요소들 간의 균형에 의해 이루어진다.

17 "두 부분"은 정신과 물질이고, 영혼은 정신과 물질의 중간에서 이 둘을 연결시켜 주는데, 여기에서 말하는 영혼은 개별 인간들의 영혼이 아니라 "우주혼"이다.

18 "두 개의 원"은 천체의 적도와 황도를 가리킨다.

19 "우주혼"이 존재의 중심에 있는 정신을 돌 때, 물질세계에서 천체도 돌게 된다. 아리스토텔레스는 천체는 스스로는 움직이지 않으면서 만유를 움직이는 신을 따라하고자 하는 열망에서 똑같이 따라서 도는 것이라고 말하고, 플로티노스도 이렇게 말한다. "세계는 왜 원을 그리며 도는가. 그것은 정신을 따라하는 것이다."

하늘과 땅으로 보내시고,[20]

당신의 자비로운 법을 따라

그 영혼들로 당신을 바라보게 하셔서

순수함을 얻어 불처럼 당신에게 돌아오게 하시네.

아버지여, 나의 정신이

당신의 위엄의 자리로 올라가서

빛을 회복하여

선의 근원이신 당신을 보게 해 주시고

내 영혼이 오직 당신만을 응시하게 해 주소서.

내 영혼을 구름처럼 완전히 뒤덮어서

나를 무겁게 짓누르며 옭아매고 있는 땅의 것들을 흩으시고,

당신의 광채로 빛을 발하게 해 주소서.

당신을 바라보는 자들에게

당신은 평화이고 안식이며 고요함이니,

당신을 보는 것이 그들의 목적입니다.

당신은 시작이고 인도자이며 길이시고,

그 길의 끝이십니다.

---

20 영혼들은 먼저 "마치 수레처럼" 별들에 기착했다가, 이 땅으로 내려와서 인간의 육신으로 들어오고, 더 내려가서 짐승에게로 들어간다. 영혼은 위로 오를수록 그 질이 순수하고 좋아지지만, 천상으로부터 더 멀리 내려올수록 그 질이 나빠진다.

제10장
최고선의 존재

[불완전한 행복을 가져다주는 불완전한 선들의 존재는 완전한 행복을 가져다주는 완전한 선이 존재함을 보여준다. 저 완전한 선은 신 안에 있고 신과 동일하다. 행복은 최고선이기 때문에, 신과 행복도 하나이고 동일하며 서로 분리될 수 없다. 따라서 사람들이 완전한 행복에 도달하게 되면, 신의 신성에 참여하게 된다. 사람들이 만족과 권력과 존경과 명성과 쾌락을 추구하는 것은 신이라는 최고선을 열망하는 것이다. 이어지는 시에서는 사람들에게 눈이 먼 채로 땅의 것들을 추구하는 것을 버리고서, 눈을 들어 완전한 선의 찬란한 빛을 바라보라고 초대한다.]

"너는 어떠한 것들이 불완전한 선이고 무엇이 완전한 선인지를 알았기 때문에, 이제 이 완전한 행복이 어디에 있는지를 보여주고자 한다. 따라서 우리는 먼저 네가 방금 정의한 것과 같은 그런 선이 과연 사물의 본성 속에 존재할 수 있는지를 따져보아야 하는데, 이것은 우리에게 인식되는 현상이 실체적 진실과 다른데도 우리가 그 현상에 속아 넘어가는 일이 없게 하기 위한 것이다. 하지만 모든 선의 원천인 어떤 것이 존재한다는 것은 부정할 수 없다. 왜냐하면, 우리가 불완전한 선이라고 부르는 모든 것은 완전한 선에서 어떤 것이 부족해서 불완전하다고 여겨지는 것이기 때문이다. 따라서 이것으로부터 도출되는 결론은 어떤 종류의 사물에서 불완전한 것이 존재한다면, 그 동일한 종류의 사물에는 완전한 것도 존재해야 한다. 완전한 것이 아예 존재하지 않는다면, 어떤 사물이 불완전하다고 말하는 것은 불가능하고, 만물은 처음부터 미완의 불완전한 것으로 시작되는 것이 아니라, 처음에는 온전히 완성된 완전한 것에서 시작해서 점점 그 힘이 다하여 소멸되는 것이기 때문이다. 따라서 우리가 방금 보았듯이, 결국에는 사멸되어 없어지게 될 불완전한 선한 것들 속에 불완전한 행복이 존재한다면, 영원하고 완전한 행복도 존재할 것임은 의심의 여지가 없다."

"그런 결론은 지극히 확실하고 참됩니다."

"그렇다면 그런 것이 어디에 있는지를 이런 식으로 생각해 보자. 만물의 근원인 신이 선하다는 것은 모든 사람이 공통적으로 지니고 있는 인식이다. 신보다 더 나은 것을 생각할 수 없다면, 가장 나은 존재인 신이 선하다는 것을 누가 의심하겠는가. 그리고 인간의 이성은 신이 선하다는 것만이 아니라, 신에게 있는 선은 완전한 선이라는 것도 보여준다. 만일 신이 완전한 선이 아니라면, 신은 만물의 근원일 수 없다. 신보다 더 나은 완전한 선을 소유한 어떤 사물이 존재한다면, 그 사물은 신보다 더 먼저 존재했고 더 오래되었을 것이기 때문이다. 이렇게 해서 모든 완전한 것들이 불완전한 것들보다 먼저 존재했다는 사실은 분명해졌다. 따라서 우리의 논증이 무한대로 계속되는 것을 막기 위해서, 우리는 최고신은 최고의 완전한 선으로 가득하다는 것을 인정해야 한다. 그런데 우리는 완전한 선이 참된 행복이라는 것을 이미 논증했기 때문에, 참된 행복은 최고신 안에 있을 수밖에 없다."

"나는 그런 논증을 반박하는 것은 불가능하다는 것을 인정합니다."

"하지만 이제 나는 네가 최고신이 최고선으로 가득하다고 우리가 말한 것을 얼마나 공식적이고 확고부동하게 인정하고 있는지를 한번 생각해 보기를 부탁한다."

"그것이 무슨 말씀입니까."

"너는 만물의 아버지인 신이 자신을 가득 채우고 있는 저 최고선을 외부로부터 받았다거나 본성적으로 소유하고 있다고 생각해서는 안 된다는 말이다. 만일 네가 그런 식으로 생각한다면, 그것은 신이 소유한 행복의 실체와 행복을 소유한 신의 실체가 서로 다르다고 생각하는 것으로서, 전자의 경우에는 우리가 신이 만물 중에서 가장 낮고 우월하다고 고백하면서도, 외부로부터 선을 받은 신보다 외부에서 신에게 선을 준 어떤 존재가 더 낮고 우월하다는 것을 인정하는 모순이 생기고, 후자의 경우에는 선이 본성적으로 신 안에 내재하지만 서로 다르다고 말하는 것이어서, 누가 이 서로 다른 것을 결합시켜 놓았는가 하는 문제가 생기기 때문이다. 끝으로, 이것이 저것과 다르다면, 저것은 이것일 수 없다. 따라서 본성상 최고선과 다른 것은 그 자체가 최고선일 수 없는데, 만물 중에서 가장 낮고 우월한 신에 대해서 최고선일 수 없다고 말하는 것은 그 자체가 불경이다. 만물의 본성은 만물의 근원보다 더 나은 것일 수 없기 때문에, 만물의 근원인 신은 본성상 최고선이라고 결론을 내리는 것이 가장 참되고 충실한 추론일 수밖에 없다."

"지극히 옳은 말씀입니다."

"그런데 우리는 최고선이 바로 행복이라는 것을 앞에서 이미 인정한 바 있다."

"그렇습니다."

"그러므로 우리는 신 자체가 행복이라는 것을 인정해야 한다."

"나는 당신의 이전의 전제들도 반박할 수 없고, 거기로부터 이런 결론이 도출될 수밖에 없다는 것도 알겠습니다."

"서로 다른 두 개의 최고선이 동시에 존재할 수 없다는 사실로부터도 앞에서 우리가 도출해낸 것과 동일한 것이 더 확고하게 증명될 수 있다는 것도 한번 생각해 보아라. 두 개의 최고선이 서로 다르다면, 이 둘은 서로 달라서 각자에게 결핍되어 있는 것이 존재하기 때문에, 어느 쪽도 완전할 수 없고, 완전하지 않은 것은 최고선일 수 없다. 따라서 이 두 개의 최고선은 그 어떤 점에서도 서로 다를 수 없다. 그런데 우리는 신과 행복은 최고선이라고 결론을 이미 내렸기 때문에, 최고신은 최고의 행복일 수밖에 없다."

"그러한 결론보다 더 참되고 신에게 합당한 것은 없고, 그런 논거보다 더 확고한 것은 없습니다."

"이제 나는 지금까지 말한 것들에 덧붙여서, 기하학자들이 이미 증명된 공리들로부터 참된 명제들을 연역적으로 이끌어내곤 하는 것처럼, 나도 그런 식의 추론을 통해 여러 참된 명제들을 네게 보여주고자 한다. 사람들은 행복을 획득함으로써 행복해지는데, 행복은 신 자체이기 때문에, 사람들이 행복해지는 것은 신성을 획득할 때라는 것은 분명하다. 그런데 사람들은 정의를 획득함으로써 정의롭게 되고 지혜를 획득함으로써 지혜롭게 되는 것과 마찬가지로, 동일한 논리로 신성을 획득한 자들은 신들이 된다. 그러므로 모든 행복한 사람은 신이다. 신은 본성적으로 하나이지만, 신의 본성, 즉 신성에는 아무리 많은 사람도 다 참여할 수 있다."

"당신이 그것을 연역이라 부르든 추론이라 부르든, 그것은 아름답고 귀합니다."

"하지만 추론을 통해서 우리가 지금까지 한 말들에 이제 덧붙이고자 하는 것보다 더 아름다운 것은 없다."

"그것이 무엇입니까."

"행복 속에 많은 것들이 포함되어 있다면, 그 모든 것들이 각기 다양한 부분을 이루어서 행복이라는 하나의 몸을 만들고 있는 것일까, 아니면 그것들 중의 어느 하나가 행복의 실체를 완벽하게 구성하고 있고 다른 모든 나머지는 거기에 붙어 있는 것일까."

"행복 속에 포함된 것들이 어떤 것들이 있는지를 구체적으로 말씀해 주셔서, 전자인지 후자인지를 분명하게 판단할 수 있게 해 주십시오."

"우리는 행복은 선이라고 생각한다, 그렇지 않느냐."

"물론입니다. 행복은 최고선이죠."

"우리는 그것을 모든 것에 적용할 수 있다. 즉, 행복은 최고의 만족이기도 하고, 최고의 권력이기도 하며, 최고의 존경이기도 하고, 최고의 명성이기도 하며, 최고의 쾌락이기도 하다는 것이다. 자, 이제 어떠냐. 이 모든 것들, 즉 선, 만족, 권력 등등은 행복이라는 몸을 구성하는 부분들이냐, 아니면 행복이라는 몸통에 단지 곁가지로 붙어 있는 것들이냐."

"당신이 내게 무엇을 생각해 보라고 제안하시는 것인지는 알겠습니다만, 나는 당신의 결론이 무엇인지를 빨리 듣고 싶습니다."

"우리가 이 문제를 어떻게 생각해야 하는지를 잘 들어 보아라. 만일 이 모든 것들이 행복을 구성하는 부분들이라면, 그것들은 서로 동일하지 않고 달라야 할 것이다. 한 몸을 구성하고 있는 부분들이라고 말할 때, 그 부분들이 서로 달라야 한다는 것은 부분들이 지닌 본성이기 때문이다. 그런데 이 모든 것들이 서로 하나이고 동일하다는 것은 이미 앞에서 증명되었기 때문에, 그것들은 부분들이 아니다. 그렇다면, 이 모든 것들이 하나이고 동일하다는 점에서, 행복은 하나의 부분으로 이루어진다고 말할 수 있을 것으로 보이지만, 그것은 불가능하다."

"지당한 말씀입니다. 나머지 말씀도 계속해서 듣고 싶습니다."

"따라서 이 모든 것들이 선의 구성부분들이 아니라 선과 연결되어 있다는 것은 분명하다. 사람이 만족을 추구하는 것은 만족이 선과 연결되어 있기 때문이다. 권력을 추구하는 이유도 권력을 선이라고 생각하기 때문이다. 마찬가지로 존경과 명성과 쾌락에 대해도 똑같은 말을 할 수 있다. 따라서 사람이 추구하는 모든 것들의 정수이자 원인이 바로 선이다. 왜냐하면, 그 자체 속에 참된 선이든 겉으로만 선으로 보이는 것이든 선을 지니고 있지 않은 것들은 사람들이 절대로 추구하지 않기 때문이다. 반면에, 본성상으로는 선을 지니고 있지 않지만 마치 선을 지니고 있는 것처럼 보이는 것들은 사람들이 진정으로 선한 것으로 착각해서 추구하게 된다. 그러므로 사람들이 추구하는 모든 것의 정수이자 축이자 원인은 선이라고 보는 것이 타당하다.

그런데 모든 것들을 추구하는 원인이 선이라면, 사람들이 가장 원하는 것은 선이라고 해야 한다. 예컨대, 어떤 사람이 건강을 위해 말을 탄다면, 그가 진정으로 원하는 것은 말 타는 것이 아니라 건강이라고 말해야 하기 때문이다. 그러므로 사람들이 추구하는 모든 것들이 선을 얻기 위해서라면, 사람들이 원하는 것은 그들이 추구하는 그 모든 것들이 아니라 선이다. 사실 우리는 앞에서 이미 사람들이 그 모든 것들을 원하는 이유가 행복을 얻기 위한 것이라는 것을 인정하였다. 따라서 사람들이 추구하는 것은 오직 행복이다. 이것은 선과 행복의 실체가 하나이고 동일하다는 것을 분명하게 보여준다."

"그 누구도 그 말씀 속에서 이견을 제시할 만한 이유를 발견할 수 없을 것입니다."

"우리는 신과 참된 행복이 하나이고 동일하다는 것을 증명했다."

"그렇습니다."

"따라서 우리가 신의 실체도 선 자체에 있고 다른 것에 있지 않다고 결론을 내리는 데 아무 무리가 없을 것이다."

땅에 묶여 살아가려고 하는 정신의

거짓된 욕망의 사악한 쇠사슬에 묶여

포로가 되어 있는 이들이여,

모두 다 이리로 오라.

이곳에서 모든 수고를 그치고 쉼을 얻으리니,

여기에는 고요하고 평화로운 항구가 있어

세상에서 고달픈 자들을 위한 유일한 피난처라네.

타구스 강이 선물하는 금빛 모래,

헤르무스 강이 선물하는 금빛으로 빛나는 강둑,

태양이 작열하는 곳에 인접한 인더스 강이 선물하는

녹색 빛이 나는 돌들과 눈부신 진주들은

사람들의 눈을 밝게 해주지 못하고, 도리어 그 어둠으로

사람들의 눈먼 정신을 덮어 버리네.[21]

땅이 자신의 가장 깊은 동굴들에서 품고 있던 것들은

사람들의 마음에 쾌락을 부추길 뿐이고,

만유를 다스리며 생기를 주는 저 빛은

타락하고 어두워진 사람들의 영혼을 피하나,

이 빛을 볼 수 있는 자는

태양의 광채도 밝지 않다고 말하리라.

---

21 이베리아 반도에 있는 타구스(Tagus) 강은 로마인들을 위한 황금의 주된 산지였고, 리디아에 있는 헤르무스(Hermus) 강도 "황금으로 뒤덮여" 있었다고 한다. 여기에서 인더스 강에서 난 보석들(에메랄드와 진주)을 언급한 이유는 로마인들이 세계 전역으로부터 부를 긁어모으고자 했음을 보여주기 위한 것이다.

제11장

단일성인 선

[사람들이 추구하는 불완전하고 결함이 있는 선들은 하나의 단일성으로 수렴되어야 한다. 왜냐하면, 선과 단일성은 동일한 것이기 때문이다. 사물들은 단일성을 상실할 때 자신의 정체성도 상실하게 된다. 생물이든 무생물이든 만물은 생존하고자 하는 본능으로 움직이는데, 오직 단일성을 유지할 때에만 그러한 목적을 달성할 수 있다. 그래서 모든 사람은 단일성인 선을 추구한다. 이어지는 시에서는 이 진리를 외부에서가 아니라 내부에서 찾으라고 권한다. 이 진리는 우리의 내부에 있어서, 우리는 그것을 기억해낼 수 있다.]

"당신이 한 이 모든 말들은 가장 확실한 증거와 논증으로 짜여져 있으니, 내가 동의할 수밖에 없습니다."

"네가 선이라는 것이 무엇인지를 알게 된다면, 너는 선을 정말 소중히 여기게 될 것이다."

"내가 선을 알게 된다면, 선 자체인 신도 알게 되는 것이니, 나는 선을 무한히 소중하게 여기게 될 것입니다."

"우리가 방금 도달한 결론들 위에 네가 견고하게 서 있기만 한다면, 나는 그것도 아주 탄탄한 논증으로 네게 분명하게 보여줄 것이다."

"나는 그 결론들 위에 견고하게 서 있을 것입니다."

"많은 사람들이 원하고 추구하는 것들은 서로 다르고 각각 다른 것에 있는 것이 없어서 온전하고 완벽한 선을 가져다줄 수 없기 때문에 참되고 완전한 선이 아니고, 오직 만족과 권력과 존경과 명성과 즐거움을 모두 하나로 모아서 가지고 있는 것만이 참된 선이기 때문에, 그것들이 하나이고 동일한 것이 아니라면, 사람들이 진정으로 원하고 추구해야 할 것이라고 할 수 없다는 것을 우리는 이미 증명해 보였다."

"그것은 의심할 여지 없이 이미 증명되었습니다."

"이것은 그것들이 서로 달라서 선이 아니라고 한다면, 하나이고 동일한 것이 되는 경우에는 선이 된다는 말이기 때문에, 그것들이 단일성을 획득하는 경우에는 선이 되지 않겠느냐."

"그런 것 같습니다."

"그렇다면 모든 선한 것은 선에 참여함으로써 선이 된다는 말에 너는 동의하느냐."

"인정합니다."

"따라서 동일한 논리로 너는 이 하나를 의미하는 일자(一者)와 선은 동일하다는 것도 인정해야 한다.[22] 동일한 실체를 지닌 것들은 본성상 다른 결과를 낳을 수 없기 때문이다."

"인정합니다."

"그렇다면 모든 것은 하나인 동안에는 존재하지만, 하나이기를 그치는 순간 사멸한다는 것도 알겠느냐."

"어떻게 그렇게 되는 것입니까."

"살아 있는 동물을 생각해 보면, 정신과 육신이 하나인 동안에는 우리는 그 존재를 동물이라고 부르지만, 이 둘이 분리되어서 그 단일성이 해체

---

22 신플라톤주의 철학에서는 일자(unum)와 선(bonum)은 둘 다 존재의 최고의 범주를 가리키는 데 사용된다. 일자는 모든 것을 자신 안에 지니고 있어서 스스로 자족하여 부족함이 없는 존재, 즉 신이다. 또한, 이 신은 모든 선을 자기 안에 지니고 있기 때문에 최고선이기도 하다.

된 때에는 그 동물은 사멸되어 더 이상 동물일 수 없다. 사람의 육신의 경우에도, 여러 구성부분들이 결합되어 하나의 형태를 이루고 있는 동안에는 사람의 육신으로서의 모습으로 보이지만, 그 구성부분들이 분리되고 흩어져서 육신의 단일성이 해체되었을 때에는 사람의 육신이라고 할 수 없다. 다른 것들도 이런 식으로 유추해 보면, 모든 존재하는 것들은 하나인 동안에는 존재하지만, 하나이기를 그칠 때에는 사멸하게 된다는 것은 의심할 여지 없이 분명하다.”

“내가 다른 많은 것들을 생각해 보아도, 그 말씀이 전혀 틀리지 않아 보입니다.”

“그렇다면 어떤 것이 자신의 본성을 따라 행할 때에 생존하고자 하는 본능을 버리고 사멸되기를 원하는 것이 가능하겠느냐.”

“본성적으로 어떤 것을 원하거나 원하지 않을 수 있는 능력을 가진 동물들을 생각해 보았을 때, 외부로부터 작용하는 어떤 강제력이 없는 상황에서 계속해서 살려고 하는 의지를 스스로 내버리고서 자발적으로 사멸의 길로 내달리는 동물은 없어 보입니다. 모든 동물은 자신의 안전을 지키고 죽음이나 사멸을 피하려고 애쓰는 것이 당연하기 때문입니다. 하지만 식물들과 나무들, 또는 전혀 생명이 없는 무생물들에 대해서는 어떻게 생각해야 하는지 잘 모르겠습니다.”

“식물들이나 무생물들에 대해서도 우리가 앞에서 말한 것이 적용될 수 있는지를 의심할 필요는 전혀 없다. 너도 알다시피, 식물들이나 나무들도 자신의 본성이 허락하는 한에서 빨리 말라 죽을 수 있는 곳을 피하여 잘 생존할 수 있는 곳을 골라서 자라나기 때문이다. 그래서 어떤 것들은 들에서 잘 자라고, 어떤 것들은 산에서 잘 자라며, 어떤 것들은 늪지에서 잘 자라고, 어떤 것들은 돌에 붙어 있을 때 잘 자라며, 어떤 것들은 모래에서 잘 자라게 되어 있어서, 그것들을 자신에게 적합한 곳에서 다른 곳으로 옮겨 심으면 말라 죽게 된다. 이렇게 모든 식물도 본성적으로 자기가 생존하기에 적합한 것을 찾아서 자라고, 자기가 할 수 있는 한 죽지 않고 생존하기 위해 최선을 다한다.

모든 식물들이 자신의 입을 땅 속에 파묻고서 뿌리를 통해 자양분을 흡수한 후에 고갱이와 나무 껍질을 통해 자신의 온 몸체에 생기를 전달하는 것을 너도 알지 않느냐. 또한, 고갱이와 같이 가장 민감하고 연약한 부분은 언제나 자신의 몸체의 가장 안쪽에 감추어 두고서 딱딱한 껍질로 그 외부를 보호함으로써 어떤 악천후에도 스스로를 방어해 내는 것도 잘 알지 않느냐. 모든 식물이 씨앗을 통해 증식하게 한 자연의 안배도 참으로 놀랍지 않으냐. 이런 것들이 단지 잠시 작동하는 것이 아니라 세대에서 세대로 영원히 반복되는 기제(機制)라는 것을 모르는 사람이 누가 있느냐.

생명이 없다고 여겨지는 모든 것들도 마찬가지로 각기 자신에게 적합한 것을 찾지 않더냐. 불은 가벼워서 위로 올라가고, 무거운 것들은 아래로 땅을 짓누르는 것은 그렇게 작용하고 움직이는 것이 각각 자신에게 적합해서 그런 것이 아니면 무엇이겠느냐. 또한, 각각의 사물들은 자신에게 적합한 것은 무엇이든지 그대로 보존하지만, 자신에게 적합하지 않고 해로운 것은 무엇이든지 파괴해 버린다. 그리고 돌 같이 딱딱한 고체들은 그 구성 부분들끼리 아주 완강하게 서로 붙어 있어서 해체하거나 분리하려는 그 어떤 시도에도 강력하게 대항하는 반면에, 공기나 물 같이 유동하는 유체들은 분리하고자 하는 힘에 쉽게 순응해서 금방 분리되지만, 그렇게 분리된 부분들은 다시 신속하게 원래의 형태로 되돌아간다. 하지만 불은 분리할 수 없다.

지금 우리는 지성을 지닌 영혼의 자발적인 움직임들에 대해 말하고 있는 것이 아니라, 우리가 먹은 음식을 아무런 의식도 없이 소화시키는 것이나, 우리가 잠잘 때에 아무런 의식도 없이 숨을 쉬는 것과 같은 자연의 작용에 대해 말하고 있는 것이다. 왜냐하면, 동물의 경우에 생존하고자 하는 욕구는 영혼의 의지가 아니라 자연의 원리로부터 생겨나기 때문이다. 의지는 어쩔 수 없는 이유들로 인해 어떤 때에는 본성이 두려워하고 피하고자 하는 죽음을 받아들이기도 하고, 어떤 때에는 인간이라는 종족을 보존하는 데 반드시 필요하기 때문에 본성이 늘 원하는 출산을 피하기도 한다. 따라서 자기 자신을 사랑하는 것은 영혼의 움직임이 아니라 자연의 작용으로부터 생겨난다. 자연의 섭리는 자기가 만들어 낸 것들에게 생존하고자 하는 가장 중요한 본능을 주었기 때문에, 그것들은 본성적으로 자신에게 있는 힘을 다해서 살아남고자 한다. 그러므로 모든 존재하는 것들은 본성적으로 자신의 생존이 지속되기를 원하고 사멸되기를 피한다는 데에는 추호의 의심도 있을 수 없다."

"내가 전에 잘 몰라서 의혹이 있었던 것을 이제는 한 점의 의심도 없이 알게 되었다는 것을 고백합니다."

"그런데 생존하고자 하는 모든 것은 자신의 단일성을 유지하고자 하는데, 이것은 이 단일성이 사라지면, 생존 자체가 불가능하게 되기 때문이다."

"맞습니다."

"그래서 모든 것은 단일성을 원한다. 그런데 단일성은 선과 동일하다는 것을 우리는 앞에서 이미 보았다."

"그렇습니다."

"따라서 만물은 선을 추구한다. 우리는 이것을 만물이 원하는 것은 선이라고 표현할 수 있을 것이다."

"그 말보다 더 참된 것은 없다고 생각됩니다. 왜냐하면, 만물이 어느 하나를 향해 나아가지 않는다면 마치 키를 조종하는 사람 없이 버려진 배처럼 정처 없이 떠돌게 될 것이고, 만물이 어느 하나를 향해 나아가고 있다면, 그 하나는 최고선일 수밖에 없을 것이기 때문입니다."

"사랑하는 제자여, 네가 진리의 핵심을 너의 정신에 잘 새겨둔 것을 보니, 내가 무척 기쁘다. 너는 앞에서 네 입으로 알지 못하겠다고 말한 바로 그것을 지금은 아주 분명하게 알게 되었구나."

"내가 앞에서 모른다고 말한 것이 무엇이었습니까."

"그것은 만물의 목적이 무엇인가 하는 것이었다. 만물이 원하고 추구하는 것이 바로 만물의 목적일 수밖에 없는데, 우리는 그것이 선이라는 것을 알았으니, 선이 만물의 목적이라는 것을 인정하지 않을 수 없다."

심오한 정신으로 진리를 찾고자 하고
잘못된 길로 들어서서 헤매고 싶지 않은 사람은 누구든지
이리저리 사방으로 흩어져 있는 자신의 정신을
강제로라도 다시 되돌려서
자기 자신에게로 돌아오게 하여
거기에 있는 내면의 빛을 보고,
밖에서 찾고자 했던 모든 것이
자신의 보물창고인 그곳에 감춰져 있음을
자신의 정신에게 가르쳐야 할지니,
오류의 먹구름으로 뒤덮여 있던 것이 비로소 드러나
태양보다 더 밝은 빛으로 빛나리라.

육신이 정신을 짓눌러서 많은 것을 망각하게 하여도
내면의 모든 빛을 다 꺼버릴 수는 없으니,
진리의 씨앗이 내면 깊은 곳 어딘가에 붙어 있다가
철학의 가르침의 산들바람에 다시 살아나리라.

진리의 불씨가 너희 마음속 깊은 곳에 살아 있지 않다면,
어떻게 너희가 스스로 질문하며 스스로 올바르게
대답할 수 있겠는가.
플라톤이 잘 말하였듯이,[23]
사람이 배운다는 것은
망각했던 것을 떠올리는 것이리라.

23　플라톤의 『파이돈』 72E에서 케베스는 소크라테스가 자주 "우리의 배움은 기억해내는 것 외의 다른 것
이 아니다"라고 말했다는 것을 상기시킨다. 영혼이 "형상들" 가운데서 쉬고 있을 때에 알고 있던 지식
을 계속해서 지니고 있다는 이러한 가르침은 플라톤의 초기 대화편인 『메논』 81ff.에도 나온다.

제12장

신과 만유

[철학이 만유의 통치리는 문제를 제기하자, 보에티우스는 마유의 질서정연함은 어떤 단일한 지성에 의한 것일 수밖에 없다는 것을 강력하게 논증한다. 철학은 보에티우스의 그러한 대답을 칭찬하고, 만물은 저 최고선에 기꺼이 복종하고 있고, 그렇게 하지 않으려고 해도 그렇게 할 수밖에 없다는 말을 덧붙인다. 보에티우스는 철학이 제시하는 "미로 같은" 논증이 혼란스럽다고 고백하는데, 이것은 지금까지 논의된 내용들을 요약해서 정리할 수 있는 기회가 된다. 이어지는 시에서는 오르페우스와 그의 아내 에우리디케의 신화를 사용해서, 우리의 눈을 위에 있는 참된 목표에 고정해야 하고, 아래에 있는 땅의 심연을 뒤돌아보아서는 안 된다는 교훈을 강조한다.]

"나는 플라톤의 말에 진심으로 동의합니다. 당신이 내게 이런 것들을 상기시켜 준 것은 이번이 두 번째입니다. 첫 번째는 육신에 의해 나의 기억이 오염되어서 내가 그것들을 망각했기 때문이었고, 두 번째인 이번은 내가 비통함에 짓눌려 그런 것들을 망각해 버렸기 때문입니다."

"우리가 이미 결론에 도달한 것들을 네가 곰곰이 생각해 본다면, 너는 네가 앞에서 모른다고 했던 것을 사실은 네가 이미 알고 있었다는 것을 그리 힘들지 않게 기억해 낼 수 있을 것이다."

"앞에서 내가 무엇을 모른다고 했습니까."

"만유가 무엇의 지배를 받고 있는가 하는 것이었다."

"내가 거기에 대해 나의 무지를 고백했던 것이 기억이 나고, 당신이 어떤 대답을 주실지도 어렴풋이 짐작이 되긴 하지만, 나는 당신에게서 좀 더 분명한 답을 듣고 싶습니다."

"너는 조금 전에 신이 만유를 다스리고 있다는 것은 의심의 여지가 없다고 말했다."

"나는 지금도 그것이 의심의 여지가 없다고 생각하고 앞으로도 그렇게 생각할 것인데, 내가 어떤 논리로 그런 결론에 도달하게 되었는지를 짤막하게 설명해 보겠습니다. 만일 일자가 만유의 이렇게 다양한 부분들을 한데 결합시키고 있는 것이 아니라면, 만유를 구성하고 있는 이토록 서로 다르고 상반된 무수히 많은 부분들이 하나로 결합되어서 일정한 형태를 이루고 있는 것이 불가능할 것입니다. 일자가 이 모든 것들을 서로 묶어서 결합시켜 놓은 것이 아니라면, 현재 서로 결합되어 있는 이 무수히 다양한 본성을 지닌 것들은 서로 간의 불화로 인해서 쪼개지고 나누어져서 이미 진작 흩어져 버렸을 것입니다. 또한, 일자가 스스로 영속적으로 존재하는 가운데 만유 안에서 일어나는 온갖 다양한 변화들을 질서 있게 안배하는 것이 아니라면, 장소와 시간, 효과, 공간과 특질에 따라 질서정연하게 배치된 아주 견고한 자연 질서와 그 속에서 일어나는 온갖 변화들은 존재할 수 없을 것입니다. 모든 창조된 것들을 계속해서 존재하게 하고 움직이게 하는 것의 정체가 무엇이든, 나는 그것을 모든 사람에게 친숙한 이름인 '신'이라고 부릅니다."

"너의 생각이 거기에까지 미쳤다니, 너로 하여금 본향으로 무사히 돌아가서 행복을 되찾게 하기 위해 내가 네게 말해 주어야 할 것이 이제 얼마 남지 않았구나. 그렇다면 우리가 지금까지 확인했던 것들을 한번 살펴보기로 하자. 우리는 만족을 행복에 포함시켰고, 신은 행복 그 자체라는 것을 확인하지 않았느냐."

"예, 분명히 확인했습니다."

"그렇다면 우리는 신은 스스로 만족하고 자족하기 때문에, 만유를 다스리는 데 외부로부터의 그 어떤 도움도 필요로 하지 않는다고 말해야 한다. 그렇지 않고 신에게 외부로부터의 어떤 도움이 조금이라도 필요한 것이라면, 신은 온전한 만족을 누리고 있다고 말할 수 없기 때문이다."

"지당하신 말씀입니다."

"그렇다면 신은 자기 혼자서 만물을 안배하는 것이 되겠구나."

"맞습니다."

"그리고 우리는 신이 선 자체라는 것도 확인했다."

"그렇습니다."

"우리는 신이 오직 혼자서 만물을 다스리고, 그런 신은 선이라는 것을 확인했기 때문에, 신은 선으로써 만물을 안배하는데, 선이라는 것은 신이라는 선장이 만유라는 배를 안전하게 항해해 나갈 때에 사용하는 조종 장치인 키와 같다고 할 수 있다."

"나는 거기에 전적으로 동의합니다. 그리고 약간의 불확실함이 있기는 했지만, 방금 전에 나는 당신이 그런 식으로 말씀할 것이라고 이미 예상했습니다."

"너는 지금 진리를 분별하기 위해서 더욱 정신을 집중해서 면밀하게 살피고 있기 때문에, 나도 네가 그렇게 예상했을 것이라고 믿는다. 하지만 지금부터 내가 하는 말도 네가 정신을 똑바로 차리고 잘 들어야 한다."

"무슨 말씀을 하려고 하십니까."

"신이 선이라는 키를 가지고 만물을 다스리고 있고, 앞에서 이미 확인했듯이 만물이 자연의 작용에 의해 선을 향해 나아가고 있는 것이라면, 만물은 자신들에게 주어진 본성을 따라 그들을 다스리는 신에게 호응하여 자발적으로 그의 명령을 경청하고 복종하는 것임을 우리가 어떻게 의심할 수 있겠느냐."

"그것은 결코 의심할 수 없습니다. 또한, 그것은 행복하고 복된 다스림이어서, 신의 명령을 거부하는 것들에게는 그 목에 메어지는 무거운 멍에가 되지만, 신의 명령에 복종하는 것들에게는 유익이 되는 것이겠지요."

"그러므로 만물이 본성에 충실하게 행하는 동안에는 신을 거역하여 행하고자 하는 것은 하나도 없지 않겠느냐."

"그렇습니다."

"설령 신을 거역하여 행하고자 하는 어떤 것이 있다고 할지라도, 우리가 이미 확인했듯이 만물의 행복과 관련해서 가장 강력한 영향을 미치는 신을 거역해서 무슨 유익하고 좋은 것을 얻을 수 있겠느냐."

"분명히 유익하거나 좋은 것은 아무것도 얻을 수 없을 것입니다."

"그런데도 이 최고선에 저항하고자 하거나 저항할 수 있는 것이 있겠느냐."

"없을 것이라고 생각합니다."

"따라서 최고선은 만물을 확고하고 강력하게 다스리고, 순리로 부드럽게 안배하고 이끌어 나간다."

"당신의 논증의 결말인 결론만이 아니라 당신이 사용하는 말씀들 자체도 내게 더할 나위 없이 큰 기쁨과 즐거움을 주니, 오랫동안 나의 어리석음으로 말미암아 내 자신 속에 갇혀서 혼자 지독하게 괴로워했던 것이 부끄러울 뿐입니다."

"너는 신화 속에서 하늘을 공격했던 거인족이 결국 강력함과 유연함을 적절하게 안배한 하늘의 대응으로 인해 공격을 멈추고 제자리로 돌아갔다는 이야기를 들었을 것이다. 하지만 우리가 지금까지 제시한 명제들을 서로 충돌하게 해서 그러한 충돌과정에서 진리의 어떤 아름다운 불꽃이 튀어 오르게 해 보는 것이 어떻겠느냐."

"좋으실 대로 하십시오."

"신에게 만물을 다스리는 힘이 있다는 것을 의심하는 사람은 아무도 없을 것이다."

"제정신인 사람은 그것을 의심할 수 없을 것입니다."

"만물을 다스리는 힘을 가진 분이 할 수 없는 것은 아무것도 없다."

"그렇습니다."

"그렇다면 신은 악을 행할 수도 있는 것이 된다, 그렇지 않느냐."

"절대로 그럴 수 없습니다."

"그렇다면 할 수 없는 것이 아무것도 없는 그런 분이 악을 행할 수 없는 것이라면, 악은 존재하지 않는 것이다."

"당신은 여러 가지 논리로 복잡한 미로를 만들어 놓고서 한 번은 이 입구로 들어갔다가 거기로 다시 나오기도 하고 다음 번에는 다른 출구로 나오기도 함으로써 나와 미로 놀이를 하고 계시는 것이거나, 신의 단순성이라는 경이로운 원을 따라 이런저런 논리를 전개하고 계시는 것이군요.

당신은 조금 전에 행복에서 출발해서 행복은 최고선이라고 말씀한 후에, 최고선은 최고신 안에 있다고 말씀함으로써, 신 자신이 최고선이자 완전한 행복이라는 것을 증명하고서, 사람이 신이 되지 않으면 그 누구도 행복할 수 없다는 결론을 내게 일종의 작은 선물로 주셨습니다. 또한, 당신은 선이라는 저 동일한 형상이 신과 행복의 실체라고 말씀했고, 만물이 본성적으로 추구하는 저 단일성이 바로 선이라는 것을 내게 가르쳐 주셨습니다. 그런 후에는, 신이 선이라는 키를 가지고 만유를 다스리고 있고, 만물은 신의 명령에 자발적으로 복종하며, 악은 진정한 실체가 없는 것이라는 것을 논증하셨습니다.

그리고 당신은 이런 것들을 논증할 때, 외부에서 가져온 어떤 증거들을 동원해서가 아니라, 참된 명제들 자체 속에 내재된 필연적인 결론들을 이끌어 내는 방식으로 이 모든 것들을 증명해내셨습니다."

"나는 놀이를 하거나 장난을 치고 있는 것이 결코 아니고, 우리가 처음에 도움을 청했던 바 저 신의 도움을 받아서 모든 문제들 중에서 가장 중요한 문제를 지금까지 검토해 온 것이다. 신의 실체의 형상은 외부로 빠져나가서 사라져 버리는 것도 아니고, 어떤 외부에 있던 것을 내부로 받아들이는 것도 아니며, 파르메니데스가 말했듯이,[24] '사방이 모두 둥근 완전한 구체'와 같은 것으로서, 스스로는 움직이지 않는 가운데 만유를 움직여서 순환하게 만든다. 따라서 우리가 우리의 논증들을 전개해 나갈 때에 외부에 있는 어떤 증거들을 사용하지 않고 자체 내에 이미 존재하는 논리들과 증거들을 사용한 것에 대해서, 네가 이상하게 생각하거나 놀랄 이유는 전혀 없다. 네가 플라톤에게서 이미 배워 알고 있듯이, 언어와 논리라는 것은 그 언어와 논리로 설명하고자 하는 실체를 닮게 되어 있기 때문이다."

선의 분명한 원천을
볼 수 있는 사람은 행복하고,
땅의 무거운 사슬을
끊어버린 사람은

---

24 파르메니데스(Parmenides)는 BC 5세기경 그리스의 철학자로서 엘레아에서 출생하였다. 엘레아(Elea) 학파의 시조로서 제논의 스승이다.

행복하도다.

옛적에 저 트라키아의 시인이[25]

자기 아내의 죽음을 애도하며

부른 곡조는 너무나 절절하여,

나무들은 달리기 시작했고

강물은 멈춰 섰으며

암사슴은 사나운 사자들 옆에 누웠고

사냥개는 그 노래로 이미 유순해져서

산토끼가 보고도 무서워하지 않았다네.

하지만 이 시인의 가슴속 깊은 곳에서

뜨겁고 격렬하게 타오르는 비통함은

너무나 애절하여

다른 모든 것을 감동시킨 그 노래도

그 주인의 마음을 달래주지는 못해서,

그는 무심한 신들을 원망하며

저승으로 내려갔도다.

---

25 오르페우스 신화가 트라키아에서 유래했기 때문에, 보에티우스는 여기에서 오르페우스는 트라키아의
시인이라 부른다. 오르페우스는 그리스 신화에 나오는 음유시인, 리라의 명수이다. 그의 노래와 리라
연주는 초목과 짐승들까지도 감동시켰다고 한다. 사랑하는 아내 에우리디케가 뱀에 물려 죽자 저승까
지 내려가 음악으로 저승의 신들을 감동시켜 다시 지상으로 데려가도 좋다는 허락을 받아냈다. 그러나
지상의 빛을 보기까지 절대로 뒤를 돌아보지 말라는 경고를 지키지 못해 결국 아내를 데려오지 못하고
슬픔에 잠겨 지내다 비참한 죽음을 맞았다.

거기에서 그가 들려오는 수금 가락에 맞춰

읊은 노래들은

죽은 아내에 대한 비통함과 사랑이

자기 어머니 여신의 가장 깊은 곳으로부터 이끌어낸 것과 어우러져

애절함을 갑절로 더해서,

타이나로스[26] 전체가 눈물바다가 되어

저승의 고관대작들에게

그의 청을 들어줄 것을 읍소하였다네.

저 기이한 노랫소리에

머리가 셋인 저승 문지기는 넋을 잃고 서 있었고,[27]

죄 지은 자들을 두려움으로 떨게 만드는 저 복수의 여신들은

이미 슬픔에 젖어 하염없이 눈물만 흘리고 있었다네.

익시온의 머리를 빙글빙글 돌리던

수레바퀴도 멈추었고,[28]

오랜 세월 갈증으로 괴로워하던 탄탈로스는

26　타이나로스(Taenaros)는 저승으로 들어가는 입구 중 하나이지만, 여기에서는 저승 세계 전체를 가리 킨다.

27　머리가 셋 달린 개인 케르베로스(Cerberos)는 그리스 신화에 등장하는 지옥의 파수꾼 개이다. 반인반 수의 괴물 에키드나와 전능한 신 제우스를 괴롭힌 괴물 티폰 사이의 아들로서, 세 개의 머리를 가진 사 냥개의 모습으로 꼬리는 용이고 등에는 모든 종류의 뱀이 돋아 있다. 머리는 50개라고도 한다. 날고 기를 먹으며 청동의 목소리를 갖고 있다고 한다. 저승의 입구에 있는 하데스의 강 건너편에 살면서, 지 옥의 왕 하데스를 위해서 허가 없이 지옥에 들어오려고 하는 자나 거기서 도망치려고 하는 자를 감시하 는 임무를 맡았다.

28　익시온(Ixion)은 라피타이의 왕으로 그리스 신화에 나오는 인물이다. 탄탈로스와 마찬가지로 신들의 연회에 초대받아 갔다가 헤라의 미모에 반해 헤라에게 흑심을 품었다. 제우스가 그를 떠보려고 구름으 로 헤라의 형상을 만들어 가까이 가게 했더니, 익시온은 그 구름을 헤라로 착각하여 헤라를 덮쳤다. 이 에 진노한 제우스는 익시온을 바로 지옥에 떨어뜨리고 영원히 멈추지 않는 수레바퀴에 매달아버렸다.

허리를 굽혀 강물을 마실 생각을 할 수 없었으며,[29]

독수리들은 그 노래에 취해

티티오스의 간을 쪼아대는 것을 잊었다네.[30]

마침내 저승의 판관들은 이렇게 말했지.

"우리가 졌다. 그가 자신의 노래로 아내를 다시 얻었으니

그 아내로 저 사람과 함께 가는 것을 허락하마.

하지만 저승의 법은 엄격하니,

저승세계를 완전히 떠날 때까지는

눈을 돌려 아내를 돌아보지 말라."

사랑하는 사람들에게 법을 준들 무슨 소용이겠는가.

그들에게는 사랑이 가장 큰 법이 아니던가.

어둠의 끝 언저리에서

오르페우스는 자신의 아내 에우리디케를 보았고,

그 순간 그녀는 그의 눈 앞에서 사라져

다시 저승으로 되돌아가고 말았다네.

---

29 탄탈로스(Tantalos)는 그리스 신화에 나오는 탄탈로스 족의 조상으로서 제우스의 아들이라고 하며, 리
    디아의 부유한 왕이었으나 신들의 연회에 초대를 받아 천계에 갔다가 신들의 음식물을 훔쳐서 인간에
    게 주었기 때문에 지옥에 떨어져 영원한 형벌을 받게 되었는데, 그 벌은 늪 속에 목까지 잠겨 있게 하고
    머리 위에는 익은 과일이 열려 있는 나뭇가지가 늘어져 있으나, 손을 뻗쳐 과일을 따려고 하면 나뭇가
    지는 위로 올라가고, 물을 마시려고 하면 물이 입 아래로 내려가서, 영원한 굶주림과 갈증으로 고통을
    받는 것이었다.

30 티티오스(Tityos)는 그리스 신화에 등장하는 거인으로서, 레토 여신을 겁탈하려다 그녀의 자식들인 아
    폴론과 아르테미스의 화살을 맞고 죽었다. 죽은 뒤 저승 타르타로스에서 독수리에게 간을 쪼아 먹히는
    형벌을 받았다. 일찍이 로마 시인 오비디우스(BC 43-17년)는 이렇게 저승에서 영원한 형벌을 받게 된
    세 인물에 대한 이야기를 자신의 시에서 한데 모아 모았다.

이 이야기는 자신의 정신을 저 위에 있는 빛으로

인도해 가고자 하는 너희에게도 해당되는 것이니,

욕망을 이기지 못하고 저승세계의 동굴로

다시 눈을 돌리는 자는

자신이 가지고 있던 모든 소중한 것들을

그 순간 한꺼번에 잃게 될 것이라네.

제 4 권

신의 섭리와 운명

제1장

신은 정의를 제대로 베풀고 있는가

[철학은 참된 선이 무엇이고 어디에서 찾아야 하는지를 다 말하고 나서, 이제 이 글의 두 번째 주요 주제, 즉 참된 선인 신은 세계에서 정의를 제대로 베풀고 있는가 하는 문제를 다루기 시작한다. 이 주제에 대한 서론적인 장인 여기에서 보에티우스는 자신의 처지를 반추하면서, 덕은 고통을 당하고 악은 번성하는 현실을 개탄하지만, 철학은 그의 그런 의문에 반드시 대답을 해 주겠다고 약속한다. 이어지는 시에서는 폭정의 부패한 세상을 버리고 참된 선으로 올라오라는 일반적인 권면을 노래한다.]

철학은 위엄 있는 얼굴과 장중한 어조로 부드럽고 감미롭게 노래했을 때, 나는 아직도 나의 내면 깊은 곳에 있는 비통함을 완전히 떨쳐내 버리지 못했기 때문에, 계속해서 무엇인가를 얘기하려고 하는 그녀를 막아서서 이렇게 말했다.

"참된 빛으로 우리를 인도하시는 당신이여, 당신이 지금까지 들려주신 말씀들은 신이 당신에게 영감을 주어 말하게 한 것처럼 지극히 명료했고 논증들도 흠 잡을 데 없이 완벽했습니다. 그리고 당신이 내게 말씀해 주신 것들은 내가 비록 억울한 일을 당한 비통함에 사로잡혀 최근에 잊고 있던 것들이었을 뿐 전부터 이미 어느 정도는 알고 있던 것들입니다.

하지만 내가 비통함을 느끼는 가장 큰 이유는, 만유를 다스리는 선한 통치자가 존재하는데도, 악이 존재할 뿐만 아니라 벌을 받지 않고 그냥 넘어갈 수 있다는 것입니다. 이것이 얼마나 이상하고 이해가 가지 않는 일인지를 당신이 한번 생각해 보십시오. 게다가 그것뿐만이 아니라, 그것보다 더 심각하고 황당한 일이 벌어지고 있는데, 그것은 악은 세상을 장악하고 번성하는 반면에, 미덕은 아무런 보상도 받지 못할 뿐만 아니라, 악인들의 발아래 내던져져서 짓밟히면서, 악이 받아야 할 벌을 대신 받고 있다는 것입니다. 이런 일이 모든 것을 알고 모든 능력을 지니고 있으며 오직 선만을 원하는 신의 나라에서 버젓이 일어나고 있다는 사실에 어안이 벙벙하고 경악하여 말문이 막히지 않을 사람이 누가 있겠습니까."

"네가 생각하는 것처럼, 어느 집에 지극히 선한 주인이 있고, 그가 그 집을 반듯하게 잘 다스리고 있는데도, 그 집에서 싸구려 집기들은 소중히 다루어지는 반면에, 값비싸고 귀한 집기들은 아무렇게나 내버려져서 먼지를 뒤집어쓰고 있는 것이 사실이라면, 그것은 너무나 이상하고 괴이하고 끔찍해서 정말 경악할 수밖에 없는 일일 것이다. 하지만 네가 방금 말한 것은 사실이 아니다. 우리가 앞에서 도달한 결론들을 뒤집지 않고 그대로 유지하기만 한다면, 여기에서 지금 얘기하고 있는 나라의 주인인 신의 도움으로, 너는 선한 자들은 언제나 힘이 있는 반면에, 악인들은 늘 비천하고 약할 수밖에 없으며, 악덕들은 반드시 벌을 받는 반면에 미덕들에는 반드시 보상이 주어진다는 사실, 그래서 선한 자들에게는 행복이 따라오고 악인들에게는 불행이 따라온다는 사실을 비롯해서, 그 밖에도 너의 불만을 잠재워주고 너를 견고하고 힘 있게 만들어 줄 많은 사실들을 알게 될 것이다.

그리고 나는 무엇이 참된 행복이고, 그 행복이 어디에 있는지를 앞에서 네게 보여 주었고, 너도 그런 것들을 이제 다 알게 되었기 때문에, 내가 그런 것들에 대해 본격적으로 말하기 전에 먼저 반드시 알아 두어야 할 것들이라고 생각되는 모든 것을 네게 다 말한 후에는, 너를 본향으로 다시 데려다 줄 길을 네게 보여줄 것이다. 그렇게 하면, 너의 정신은 날개가 달리게 될 것이고, 너는 그 날개를 이용하여 드높이 창공으로 날아올라, 내가 준비한 마차를 타고 나의 지도 아래에서 내가 보여주는 길로 아무런 방해도 받음이 없이 안전하게 너의 본향으로 돌아가게 될 것이다."

내게는 하늘 지 높은 곳으로 신속하게
날아오를 수 있게 해줄 날개가 있다네.[1]

그 날개를 단 너의 민첩한 정신은
이 땅이 너무나 싫어서 경멸하여
끝없는 창공을 지나 그 너머로 올라가
구름을 내려다보고
아이테르[2]의 빠른 진동으로 타오르는
불의 지대의 정점도 지나
별들의 거처로 날아올라서
태양이 가는 길을 걸어보기도 하고
차가운 노인인 토성과 함께 걸어보기도 하고
빛나는 별 화성과 나란히 걸어보기도 하며
별빛이 반짝이는 밤이 펼쳐져 있는 곳에서

---

1 보에티우스는 이 시를 위한 영감을 플라톤의 『파이드로스』 246B-247C에서 얻었음이 분명하다. 거기에 나오는 대화에서는 인간의 영혼은 위로 날아오른 후에 "세계의 꼭대기에" 서서 "아래를 내려다본다"로 말한다.
2 "아이테르"는 그리스 로마 신화에서 하늘의 상층부를 의인화한 신으로 밝은 빛과 신들이 머무는 곳이다. 아이테르의 빛은 땅과 가까운 하늘의 빛보다 훨씬 더 밝으며, 아이테르의 공기는 신들이 숨 쉬는 맑고 순수한 공기로 인간이 숨 쉬는 탁한 공기에 대비된다.

운행하는 별들과 함께 달린다네.

이렇게 해서 지금까지 이룬 모든 것에 만족했을 때,

너의 정신은 창공의 끝을 떠나,

빠르게 진동하는 아이테르의 등을 밟고서

경이로운 빛으로 충만한 곳에 발을 들여놓는다네.

거기에는 만왕의 왕이 홀을 들고

만유의 고삐를 잡고 통치하시니,

만유를 다스리시는 이 빛나는 주인은

스스로는 움직이지 않으면서

자신의 빠른 마차를 몬다네.

네가 망각 속에서 지금 찾고 있는 그 길이

너를 다시 그곳으로 데려다 주었을 때,

너는 이렇게 말하게 되리라:

"이제 생각이 납니다. 이곳이 나의 본향입니다.

여기에서 내가 태어났으니, 나의 발걸음을

여기에서 멈출 것입니다."

그리고서 네가 떠나온 저 땅의 어둠을 내려다보았을 때,

가련한 백성들이 두려워하는

저 잔인한 폭군들이 유배된 자들임을

너는 알게 되리라.

제 2 장

참된 힘은 덕 있는 자들에게 있다

[철학은 선한 신이 악을 번성하게 하고 덕을 좌절시킨다고 개탄한 것에 대답해서, 참된 힘은 덕 있는 자들에게 있고, 악인들에게는 아무런 힘도 없다는 것을 논증한다. 모든 사람은 선을 추구하는데, 악인들은 자신의 욕망에 사로잡혀 있기 때문에 선에 도달할 수가 없을 뿐만 아니라, 본성을 버림으로써 더 이상 인간으로서 존재하는 것이 아니게 되기 때문이다. 악인들이 추구하는 악은 무이기 때문에, 악을 행하는 자들에게는 아무런 힘도 없다. 이어지는 시에서는 악인들은 권력을 쥐고 있는 것 같지만, 사실은 자신의 사악한 욕망의 노예가 되어 있을 뿐임을 보여준다.]

"당신은 내게 정말 대단한 것을 약속하시는군요! 나는 당신이 그렇게 하실 것임을 조금도 의심하지 않습니다. 다만 이렇게 나로 하여금 기대로 잔뜩 부풀게 해 놓고서 너무 오래 기다리게 하지는 말아 주십시오."

"이제 우리는 먼저 선한 자들에게는 늘 힘이 있는 반면에, 악인들에게는 그런 힘이 전혀 없다는 것을 살펴볼 것인데,[3] 이것은 어느 한 쪽을 증명하면 다른 쪽은 자동적으로 증명될 것이다. 선과 악은 서로 상반되는 것이어서, 선이 힘을 가지고 있다는 것이 증명되면, 악이 무력하다는 것은 분명해질 것이고, 악이 연약하다는 것이 명백해지면, 선이 강하다는 것이 증명될 것이기 때문이다. 하지만 나의 논증의 신빙성을 더 높이기 위해서, 나는

3　이러한 논증은 플라톤의 『고르기아스』 466B 이하에서 전개된다.

이 명제를 먼저 이 방향에서 증명하고 그런 후에는 다시 저 방향에서 증명하는 방식으로, 두 방향 모두에서 이 명제를 증명하고자 한다.

인간의 모든 행위가 이루어지기 위해서는 두 가지가 반드시 필요한데, 그것은 의지와 능력이다. 이 둘 중에서 어느 한 가지가 없는 경우에는 이룰 수 있는 것은 아무것도 없게 된다. 의지가 결여되어 있는 경우에는 어떤 일을 시도하는 것 자체가 없게 되고, 능력이 결여되어 있는 경우에는 의지가 있어서 시도가 된다고 하여도 그 시도는 좌절되고 말 것이기 때문이다. 어떤 사람이 자기가 원한 것을 실제로 얻을 수 없었다면, 그 사람에게는 그가 원한 것을 얻을 수 있는 능력이 없었다는 것은 의심의 여지가 없다."

"그것은 명백해서 아무도 부정할 수 없을 것입니다."

"반면에, 어떤 사람이 자기가 원한 것을 실제로 이루었다면, 그 사람에게는 그것을 이루어 낼 수 있는 능력이 있었다는 것도 의심의 여지가 없을 것이다."

"맞습니다."

"따라서 우리는 자기가 원한 것을 이루어 낼 수 있는 사람은 힘이 있는 것이고, 그렇지 못한 사람은 힘이 없는 것이라고 해야 한다."

"그렇습니다."

"우리가 앞에서 여러 논증을 통해서 사람은 자신의 의지로 여러 가지 다양한 일들을 추구하지만, 그 모든 시도들은 행복을 얻기 위한 것이라는 결론을 도출해 낸 것을 너는 기억하느냐."

"나는 그것이 증명되었다는 것을 기억하고 있습니다."

"우리가 행복은 선 그 자체이기 때문에, 모든 사람이 행복을 추구한다는 것은 모든 사람이 선을 원하는 것이라는 결론을 얻은 것도 기억하고 있느냐?"

"물론입니다. 나는 그것을 이미 똑똑히 기억해 놓았습니다."

"그러므로 선한 자이든 악인이든 모든 사람이 그 무엇을 추구하든, 그 것은 선에 도달하기 위한 것이 되겠지."

"그런 결론이 날 수밖에 없습니다."

"선한 사람은 선을 추구해서 얻은 사람이라는 것이 분명하겠지."

"그렇습니디."

"그렇다면 선한 자들은 자신들이 추구한 것을 얻게 된다는 말이겠구 나."

"그렇게 보입니다."

"악인들이 자신들이 추구한 것, 즉 선을 얻는다면, 그들은 이미 악인일 수 없을 테니까, 악인들은 당연히 선을 얻을 수 없겠지."

"그렇습니다."

"그렇다면 선한 자들과 악인들이 둘 다 선을 추구하는데, 전자는 얻고 후자는 얻지 못한다면, 선한 자들에게는 힘이 있고 악인들에게는 힘이 없 다는 것을 의심할 수 있겠느냐."

"그것을 의심하는 자가 있다면, 그는 사물의 이치나 논증의 의미를 모 르는 자일 것입니다."

"여기에 자신들의 본성에 의해서 동일한 목적을 추구하는 두 사람이 있 다고 하자. 한 사람은 자신에게 주어진 고유한 본성을 따라 행하여 그 목적 을 이루는 반면에, 다른 한 사람은 그 본성의 기능을 제대로 사용할 수 없 어서 자신에게 원래 주어진 목적을 이룰 수가 없으므로 본성과 다른 방식 을 따라 그 목적을 이루는 흉내만을 낼 뿐이라면, 너는 이 두 사람 중에서 누가 더 힘이 있다고 생각하느냐."

"당신이 내게서 무슨 말을 듣고 싶어하시는지는 짐작이 가지만, 나는 거기에 대해 내가 대답하기보다는 당신으로부터 좀 더 분명하게 듣고 싶습니다."

"걷는 것이 사람에게 본성적인 행위라는 것을 너는 부정하지 않겠지."

"물론입니다."

"걷는 것이 발의 본성적인 기능이라는 것도 물론 너는 의심하지 않겠지."

"그렇습니다."

"한 사람은 자신의 발을 사용해서 움직일 수 있기 때문에 바로 걸어가는 반면에, 다른 한 사람은 발의 이러한 본성적인 기능을 제대로 사용할 수 없어서 자신의 손을 사용해서 걸어가고자 한다면, 네가 생각하기에 어느 쪽이 더 힘이 있는 사람이냐."

"본성에 의해 주어진 기능을 사용하는 사람이 그렇지 못한 사람보다 더 힘이 있다는 것은 아무도 의심할 수 없을 것이니, 이 논증의 나머지 부분도 계속해서 말씀해 주십시오."

"선한 자들과 악인들은 둘 다 똑같이 최고선을 자신들의 목적으로 삼고서 그 목적에 도달하기 위해 애쓰고 노력하지만, 선한 자들은 선에 도달하는 데 있어서 본성적인 기능인 미덕을 사용해서 최고선을 추구하는 자들인 반면에, 악인들은 미덕이라는 본성적인 기능을 사용하지 않고 자신들의 이런저런 욕망들을 통해 최고선을 추구하는 자들이다. 이 말에 대해 너는 다르게 생각하는 것이 있느냐."

"전혀 그렇지 않습니다. 또한 그러한 참된 명제들로부터 선한 자들은 힘이 있지만 악인들은 힘이 없다는 결론이 도출될 수밖에 없다는 것도 내게 분명해 보입니다."

"네가 그런 식으로 말하는 것을 보니, 이제 너의 생각이 정상궤도에서 움직이고 있구나. 의사들이 일반적으로 얘기하듯이, 그것은 자연치유력, 즉 너의 본성이 회복되고 제대로 작동하여 병에 저항할 힘이 생겼다는 것을 보여주는 징후다. 나는 네가 나의 가르침을 받아들일 수 있는 준비가 되어 있다는 것을 알았기 때문에, 지금부터는 내가 지금까지 제시한 많은 참된 명제들을 한데 결합시키고 종합해서 말을 해 나가겠다.

악인들의 허약함이 얼마나 신가한 것인지를 잘 보아라. 그들은 본성이 그들을 거의 강제로 그들에게 가장 좋고 유익한 최고선으로 이끌어가고자 하는데도 거기에 도달할 수가 없다. 그렇다면 이렇게 거대하고 막강한 힘을 지닌 본성의 도움을 뿌리친 그들에게 과연 무슨 힘이 남아 있을까. 또한, 악인들을 사로잡고 있는 무력함이 얼마나 큰 것인지도 한번 생각해 보아라. 왜냐하면, 그들이 자신들의 수고에 대한 보상으로 얻고자 하는 것들은 사소한 것들이나 장난감들이 아니고, 그들이 얻을 수도 없고 소유할 수도 없는 것들이기 때문이다. 그들은 만물의 총화와 정점에 도달하고자 하지만, 이 가련한 자들은 밤낮으로 아무리 애를 써도 그 목표에 도달할 수 없다.

반면에, 이 목표를 이루는 것과 관련해서 선한 자들이 가진 힘은 아주 뚜렷하고 두드러진다. 왜냐하면, 우리는 발로 걸어서 더 이상은 길이 없는 길의 마지막 종착지까지 도달할 수 있는 사람을 걷는 것에서 가장 힘 있는 사람이라고 평가해야 하는 것과 마찬가지로, 모든 사람이 추구하는 것들의 최후의 끝까지 도달할 수 있는 사람을 가장 힘 있는 사람이라고 평가해야 하기 때문이다. 이것을 뒤집어서 생각해 보면, 그렇기 때문에 악인들은 모든 힘이 결핍된 가장 힘없는 자들이라는 결론이 나온다.

왜 악인들은 미덕을 버리고 악을 추구하는 것일까. 선이 무엇인지를 알지 못하기 때문인가. 그렇다면 그들은 가장 힘없는 자들이라는 말이 맞다.

무지로 인한 맹목보다 더 약한 것은 없기 때문이다. 아니면, 무엇을 추구해야 하는지는 알지만, 욕망이 그들을 사로잡아서 악으로 휘몰아가는 것인가. 이 경우에도 그들이 가장 힘없는 자들이라는 말이 맞다. 그들은 자기 자신을 통제할 수 있는 자제력이 결핍되어 있는 자들이고, 악덕과 싸워서 이길 수 없는 자들이기 때문이다. 아니면, 선이 무엇인지를 뻔히 알면서도 의도적으로 악을 추구하는 것인가. 그렇다면 그들은 단지 힘이 있기를 그치는 것이 아니라 존재하는 것 자체를 그치는 것이다. 만물의 공통적인 목적은 존재하는 것이고, 존재하기 위해서 선을 추구하는 것인데, 그것을 뻔히 알면서도 선을 버리고 악을 추구한다면, 그것은 존재하기를 그치는 것이기 때문이다.

인류의 대다수를 차지하는 악인들에 대해서 우리가 그들이 존재하지 않는다고 말하는 것이 이상하게 들릴지 모르지만, 그것은 사실이다. 나는 악인들이 악하다는 것을 부정하는 것이 아니라, 악인들이 존재한다는 사실 자체를 부정한다. 죽은 사람은 시체일 뿐이고 사람이라고 부를 수 없는 것과 마찬가지로, 나는 악인들이 악하다는 것을 인정하기는 하지만, 악인들이 실제로 존재한다는 것은 인정할 수 없다. 존재한다는 것은 자신의 질서를 지키고 자신의 본성을 유지하는 것이다. 따라서 자신의 질서와 본성에서 벗어나는 것은 존재하기를 그치는 것이다. 존재하는 것은 그 질서와 본성을 지킬 때에만 가능하기 때문이다.

너는 '악인들에게도 어떤 일들을 할 수 있는 능력이 있는데, 어떻게 그들이 존재하지 않는다고 말할 수 있습니까'라고 반문할 것이다. 나도 그것을 부정하는 것은 아니지만, 그들이 그렇게 할 수 있는 것은 그들에게 힘이 있기 때문이 아니라 도리어 힘이 없기 때문이다. 만일 그들에게 힘이 있어서 선을 행할 수 있었다면, 그들은 선을 행하고 악을 행하지 않았을 것이지만, 실제로는 그들에게 힘이 없기 때문에 악을 행하는 것이다. 따라서 악을 행할 수 있는 능력이 그들에게 있다는 것은 그들은 아무런 힘을 가지고 있지 않아서 아무것도 할 수 없다는 것을 더욱 분명하게 보여줄 뿐이다. 방금 우리가 결론을 내렸듯이, 악은 존재하지 않는 무이기 때문에, 악인들이 오직 악만을 행할 수 있다면, 악인들이 아무것도 할 수 없다는 것은 분명하나."

"그렇습니다."

"악인들의 그러한 능력의 본질이 무엇인지를 이해하기 위해서는, 조금 전에 우리가 최고선보다 더 힘 있는 것은 없다고 말한 것을 기억해야 하는데, 너는 그것을 기억하느냐."

"기억합니다."

"그런데 최고선은 악을 행할 수 없다."

"물론입니다."

"인간은 모든 것을 할 수 있다고 생각하는 사람이 있느냐."

"정신 나간 자가 아니라면, 그렇게 생각할 사람은 아무도 없습니다."

"하지만 인간은 악을 행할 수는 있다."

"유감이지만, 그렇습니다."

"오직 선만을 행할 수 있는 자는 모든 것을 할 수 있는 자이지만, 악을 행할 수 있는 자는 모든 것을 할 수 있는 자가 아니기 때문에, 악을 행할 수 있는 자의 힘이 더 약하다는 것은 분명하다. 게다가, 우리는 모든 힘은 만물이 원하고 추구하는 것들과 관련해서 평가되어야 하고, 그런 것들은 모두 만물의 본성의 궁극적인 목적인 선과 연결되어 있다는 것을 이미 앞에서 확인한 바 있다. 그런데 악을 행할 수 있는 힘은 선과 연결되어 있지 않기 때문에 만물이 원하고 추구하는 것이 아니다. 하지만 만물이 원하고 추구하는 것을 이룰 수 있는 것만이 힘이기 때문에, 악을 행할 수 있는 힘은 실제로는 힘이 아니다.

이 모든 것으로부터 분명한 것은 선한 자들에게는 힘이 있지만 악인들에게는 의심할 여지 없는 허약함만이 있다는 것이고, 오직 지혜로운 자들만이 자신들이 원하는 것을 이룰 수 있고, 악인들은 자신들이 좋아하는 것을 행할 수는 있지만 진정으로 원하는 것을 이룰 수는 없다고 한 플라톤의 말은 지극히 참되다는 것이다. 왜냐하면, 악인들은 자신들이 좋아하는 것들을 행하면 자신들이 진정으로 원하는 것을 얻을 수 있을 것이라고 생각하지만, 그들이 행하는 추악하고 부끄러운 행위들은 그들을 행복으로 이끌어 줄 수 없기 때문이다."

너는 저 높은 보좌 위에
위엄을 갖추고 좌정해 있는 제왕들을 보느냐.
휘황찬란한 자색 용포를 걸치고
살기가 감도는 무기들로 무장한
호위병들에 둘러싸여
준엄하고 위압적인 표정으로
사람들을 압도하면서
마음속에서는
광기어린 거친 숨을 내쉬고 있는 그들을.

누군가가 이 오만한 자들에게서
겉만 번지르르하게 찬란히 빛나는
저 헛된 가면을 벗겨내 버린다면,

이 제왕들의 내면이

쇠사슬들로 꽁꽁 묶여 있는 모습이

그 즉시 적나라하게 드러나게 되리라.

거기에서는 욕망이 그들의 심장을 비틀어

독기어린 탐욕을 뿜출시키고,

회오리바람이 바다 물결을 채찍질하듯

분노가 그들의 정신을 채찍질하니,

고통과 비탄에 사로잡혀 고문을 당하고,

이루어질 수 없는 희망을 붙잡고 몸부림친다네.[4]

네가 보았듯이,

이렇듯 한 사람이

수많은 폭군들을 감당해야 한다면,

잔혹한 주인들의 압제 밑에서

어떻게 자기가 진정으로 원하는 것을

할 수가 있겠는가.

---

4 초기 스토아학파에서는 인간의 주된 네 가지 악한 감정으로 욕망(그리스어로 '에피튀미아'), 두려움, 비탄, 쾌락을 들었다. 키케로는 욕망을 "정욕"(라틴어로 '리비도')으로 옮겼다. 분노는 원래 욕망의 한 종류였지만, 나중에는 주된 감정으로 등장한다. 희망이나 미래에 대한 염려도 로마인들 사이에서 크게 부정적인 것으로 여겨졌다.

제3장
선한 자들만 선에 도달한다

[모든 사람이 선을 추구하지만, 선한 자들은 선에 도달하는 반면에, 악인들은 선에 도달하지 못한다. 선한 자들은 신성을 얻게 되는 상을 얻지만, 악인들은 악하게 되는 형벌을 자초한다. 이 형벌로 인해 악인들은 인간 이하의 존재로 전락해서 짐승들이 되고 만다. 이어지는 시에서는 오디세우스의 부하들이 키르케 여신에 의해 짐승들로 변했다는 신화를 사용해서, 이 세상의 악인들이 그와 같은 짐승들이라는 것을 보여준다.]

"그러므로 이제 너는 악은 말도 못하게 더러운 시궁창에서 뒹구는 반면에, 선은 지극히 찬란한 광채를 내며 빛난다는 것을 알겠느냐. 이것으로부터 분명한 것은 선한 행위들에는 반드시 보상이 있고 악한 행위들에는 반드시 형벌이 있다는 것이다. 모든 행위에는 목적이 있고, 각각의 행위는 어떤 목적을 이루기 위해 행해지는 것인데, 바로 그 목적은 그 행위에 대한 상벌이기 때문이다. 예컨대, 사람이 달리기 시합에 나가서 달리는 목적은 승리의 월계관을 얻기 위한 것이고, 따라서 월계관은 달리기에 대해 주어지는 보상이다.

그런데 우리는 사람들이 추구하는 모든 일의 목적이 선이고, 그 선은 바로 행복이라는 것을 앞에서 이미 증명한 바 있다. 그러므로 선은 인간의 모든 행위에 대해 주어지는 공통적인 보상이다. 그리고 이 공통적인 보상으로 주어지는 선은 선한 자들로부터 분리될 수 없다. 선이 결여되어 있는 사람을 더 이상 선한 자라고 부르는 것은 옳지 않기 때문이다. 따라서 선한 행위에는 반드시 선이라는 보상이 따른다. 악인들이 아무리 광분하여 날뛴다고 하여도, 지혜로운 자의 월계관은 그 머리에서 떨어지지도 않고 시들지도 않는다.[5] 선한 영혼들에게 주어지는 고유한 영광은 타자의 악에 의해서 방해를 받지 않기 때문이다.

하지만 어떤 사람이 타자에게서 그런 영광을 받았다면, 그 영광을 그에게 준 사람은 물론이고 그 밖의 다른 사람들도 그에게서 그 영광을 빼앗아 가 버릴 수 있다. 반면에, 어떤 사람이 자신의 선한 행위로 말미암아 선이라는 보상을 얻었다면, 그가 선한 행위를 하기를 그쳤을 때에만, 선이라는 보상도 그에게서 사라지게 될 것이다.

끝으로, 사람들이 모든 보상을 선이라고 믿고서 추구하는 것이라면, 선한 자들이 보상을 받지 못한다고 생각할 사람이 누가 있겠느냐. 그렇다면 선한 자들은 어떤 보상을 받는 것인가. 그들은 모든 보상 중에서 가장 크고 아름다운 보상을 받는다. 내가 조금 전에 제시한 추론의 결과를 네가 기억하고 있다면, 너는 이렇게 결론을 내리게 될 수밖에 없다. 선 자체가 행복이기 때문에, 모든 선한 자들은 그들이 선하다는 바로 그 이유로 인해 행복한 자들이다. 그런데 행복한 자들이라고 말하는 것은 신들이라고 말하는 것과 같다. 그러므로 선한 자들이 보상을 받아 신들이 되는 것은 세월이 흐른다고 해서 변할 수 있는 것도 아니고, 타인의 권력이나 힘으로 바꿀 수 있는 것도 아니며, 타인의 악으로 인해 훼손될 수 있는 것도 아니다.

선한 자들과 보상의 관계가 이런 것이기 때문에, 지혜로운 자들이라면

---

5 도덕적인 삶을 이런 식으로 표현하는 것은 아리스토텔레스의 『니코마코스 윤리학』 1099A에서 볼 수 있다.

형벌이 악인들로부터 결코 분리될 수 없다는 것도 의심할 수 없을 것이다. 선과 악, 그리고 보상과 형벌은 서로 완전히 반대되는 것이기 때문에, 선한 자에 대한 보상과 관련해서 일어나는 일이 악인에 대한 형벌에서도 그대로 일어날 수밖에 없다. 따라서 선한 자들에 대한 보상이 선 자체인 것과 마찬가지로, 악인들에 대한 형벌은 악 자체다. 악하게 되는 것이 형벌이라는 것을 의심할 자가 누가 있겠는가. 그러므로 악인들은 사람에게 가장 큰 해악을 끼치는 것인 '악'에 의해 조금 영향을 받은 정도가 아니라 심각하게 물들어 버린 자들인데, 어떻게 그들이 자신의 상태를 평가할 때에 자신들은 아무런 형벌도 받지 않는다고 말할 수 있겠는가.

선한 자들과 비교했을 때, 악인들에게 어떤 형벌이 수반되는지를 보라. 네가 조금 전에 배웠듯이, 모든 존재하는 것은 하나이고, 그 하나는 선이다. 이것으로부터 도출되는 결론은 모든 존재하는 것은 선하다는 것이다. 그러므로 선으로부터 떨어져 나오는 것은 무엇이든지 존재하기를 그치게 된다. 따라서 악인들은 더 이상 존재하는 자들이 아니다. 그들은 악으로 돌아섬으로써 자신들이 지니고 있던 인간으로서의 본성을 상실하였고, 단지 인간이 지닌 육신의 형태만이 여전히 잔존해서 그들이 전에 인간이었다는 것을 보여줄 뿐이다. 오직 선만이 어떤 사람을 이끌어서 인간을 넘어설 수 있게 해 주고, 악은 사람들에게 인간의 본성을 빼앗아가 버리기 때문에, 그런 식으로 인간의 본성을 상실한 사람들은 더 이상 인간이 아니게 된다. 그러므로 악으로 인해서 변질되어 버린 사람은 인간이라고 부를 수 없다.

탐욕으로 불타올라서 다른 사람들의 재물을 폭력적으로 강탈하는 자는 늑대라고 해야 하고, 논쟁이나 송사에서 사악한 혀를 끊임없이 놀려서 사람들을 고통으로 몰아넣는 자는 사냥개라고 해야 하며, 은밀하게 덫을 놓고 온갖 거짓과 술수로 사람들을 속여서 곤경에 빠뜨려놓고 즐거워하는 자는 여우라고 해야 하고, 화를 참지 못하고 포효하는 자는 사자의 영혼을 가진 자라고 해야 하며, 소심하고 겁이 많아서 두려워하지 않아도 될 것을 보고서도 두려워하여 도망치는 자는 사슴이라고 해야 하고, 우둔하고 나태한 삶을 사는 자는 나귀라고 해야 하며, 변덕이 죽 끓듯 하여 모든 일을 손바닥 뒤집듯 바꾸는 자는 새와 다를 바 없는 자라고 해야 하고, 추악한 욕망들 속에서 뒹굴며 살아가는 자는 더러운 돼지가 즐기는 쾌락에 사로잡혀 있는 자라고 해야 한다. 이렇게 선을 버린 자는 신이 될 수 없는 상태로 추락하여 짐승이 되어 버린 자이기 때문에 더 이상 인간이 아니다.”

> 네리티우스[6]의 왕이 탄 배와
> 그가 이끄는 함대가 표류하다가
> 동남풍에 휘몰려 다다른 섬에는,
> 태양의 소생인
> 아름다운 여신이 살고 있었으니,[7]

---

6 네리티우스는 그리스의 이타카 지방에 있는 산의 이름이다. 따라서 네리티우스의 왕은 이타카의 왕이었던 오디세우스를 가리킨다.

7 이 여신의 이름은 키르케(Circe)였다. 이 여신은 그리스 신화에 나오는 마녀로서 태양의 신 헬리오스의 딸로 눈이 부실 정도의 외모를 지녔으며 인간을 동물로 바꾸는 마법을 부리는 마녀로 유명하다. 키르케는 '독수리'를 의미한다. 전설의 섬 아이아이에(Aiaie)에 살면서 그 섬에 오는 사람에게 마법을 걸어 동물로 변하게 하였다고 전해진다. 트로이 함락 후 영웅 오디세우스는 부하와 함께 귀국 도중 이 섬에 배를 대었다. 제비를 뽑아 23명의 부하가 선발되어 에우릴로코스를 대장으로 이 섬의 탐험에 나섰다가 키르케의 저택에 당도하였다. 이 여신은 일행을 맞아들여 환대하면서 약을 탄 술을 마시게 한 다음, 지팡이로 때려 오디세우스의 부하들을 모두 돼지로 만들어 버렸다. 혼자만 화를 면한 에우릴로코스의 급보에 접한 오디세우스는 단신으로 부하의 구조에 나섰다. 도중에 제우스의 아들 헤르메스를 만나 "모리"라는 약을 얻었기 때문에, 여신의 저택에서 마법의 술을 얻어 마시고도 동물이 되지 않고 오히려 부하들을 원래의 인간 모습으로 돌아올 수 있게 하였다. 서양에서는 지금도 남자가 여자의 육체에 정신을 빼앗겼을 때 "키르케에게 홀렸다"는 표현을 쓴다.

새로운 손님들이 올 때마다

주문을 건 술잔을 나누며,

약초를 능숙하게 다루는 그녀의 손으로

그들을 여러 가지 짐승들로 바꾸어 놓았다네.

어떤 자는 산돼지로 변했고,

어떤 자는 마르마리카[8]의 사자로 변하여

이빨과 발톱이 자라기 시작하였으며,

어떤 자는 늑대가 되어

울려고 했을 때는 늑대 소리를 내며 울어야 했고,

어떤 자는 인도의 호랑이가 되어

집 주위를 어슬렁거리며 걸었다네.

아르카디아의 날개 달린 신이

온갖 곤경에 처한 이 왕을 불쌍히 여겨

그 여신의 저주에서 구했지만,[9]

그의 수군들은 이미

저 사악한 술잔을 비우고 돼지가 되어서

도토리를 자신들의 양식으로 삼았고,

---

8 마르마리카는 이집트와 리비아 사이에 있는 접경지대의 명칭이다.

9 "아르카디아의 신"은 아르카디아 출신의 신이었던 헤르메스를 가리킨다. 오디세우스가 헤르메스에게서
   "몰리"라는 약을 얻어서 키르케의 마법을 푼 이야기는 도덕적 교훈의 우화로 널리 사용되었다. 신비의
   약초였던 "몰리"는 스토아학파에서는 사람들로 하여금 육신의 사악한 욕망들을 다스릴 수 있게 해 주는
   "로고스" 또는 "이성"의 상징이 되었고, 신플라톤학파에서는 '파이데이아,' 즉 정신 교육을 상징하는 것
   이 되었다.

목소리와 육신이 완전히 사라져서
인간의 모습은 남아 있지 않게 되었는데,
오직 정신만은 온전히 남아
자신들이 괴물이 된 것을 보고 통곡하였다네.

하지만 사람들의 외모는 바꿀 수 있었어도
그 정신은 바꿀 수 없었으니,
어찌 이 여신의 마법의 손이 힘 있다고 말하고
마법의 약초들이 강력하다고 말하겠는가.

인간의 힘은 내면에 있고,
저 깊은 곳 은밀한 성채에 감추어져 있으니,
육신에는 전혀 해가 없지만
내면으로 깊이 침투하여
정신을 참담하게 망가뜨려
광기를 불러일으키는 독들이야말로
가장 강력하다고 말해야 하지 않겠는가.

제 4 장
악인들의 비참성

[악인들은 악을 행하고자 하는 욕망과 그 능력을 지니고 있다는 점에서 비참한 자들이다. 게다가 인생은 짧기 때문에, 그런 악을 행할 수 있는 기간도 한정되어 있다. 악인들은 처벌을 받지 않는 것보다 처벌을 받음으로써 어느 정도의 선을 이루는 편이 더 행복하다. 보에티우스는 그런 논증을 일반 대중들은 동의하지 않을 것이라고 말하고, 철학은 악행을 저지르는 자들이 해악을 입는 사람들보다 더 고통을 받고 있는 것임을 사람들이 알지 못하는 것을 탄식하고, 우리는 악인들을 불쌍히 여겨서 형벌을 받게 하여 고침을 받을 수 있게 해야 한다고 말한다. 이어지는 시에서는 악인들을 불쌍히 여겨야 한다는 이 마지막 권면을 반영한다.]

"악인들이 인간의 육신의 모습을 그대로 유지하고 있지만, 그들의 정신은 이미 짐승으로 변해 있다는 것은 결코 틀린 말이 아니라는 것을 나도 알지만, 내가 바라는 것은 잔인하고 사악한 정신을 지닌 그들이 선한 자들을 해치고 죽이는 힘을 갖고 있지 않았으면 하는 것입니다."

"때가 되면 네게 확인시켜 주겠지만, 사실은 악인들에게는 네가 말한 그런 능력이 없다. 하지만 만일 네가 그들에게 있다고 믿는 바로 그 능력이 그들에게서 제거된다면, 악인들이 받게 될 형벌은 훨씬 줄어들게 될 것이다. 왜냐하면, 많은 사람들이 잘 믿지 못하겠지만, 악인들은 자신들이 원하는 것을 이루지 못할 때보다도 실제로 이룰 때 더 불행해질 수밖에 없다는 것은 사실인데, 악을 행하고자 하는 의지를 지니고 있다는 것은 불행한 일이지만, 그 의지를 실행에 옮겨 이룰 수 있는 능력을 지니고 있어서 실제로 실행에 옮긴다는 것은 한층 더 불행한 일인데, 의지가 있다고 해도 능력이 없다면 의지는 실행에 옮겨지지 않을 것이기 때문이다. 그런데 이 각각의 단계마다 각기 고유한 불행이 수반되기 때문에, 악을 행하고자 하는 의지와 악을 행할 수 있는 능력을 가지고 있어서 실제로 악을 행하는 자는 삼중의 불행을 떠안게 될 수밖에 없다.”

“맞습니다. 나는 그들이 악을 행할 수 있는 능력을 상실함으로써 저 불행에서 신속하게 벗어날 수 있기만을 간절히 바랄 뿐입니다.”

“악인들은 네가 바라는 것보다 더 신속하게, 그리고 아마도 그들이 생각하는 것보다 더 빨리 악을 행할 수 있는 능력을 잃고 있는 것이다. 왜냐하면, 특히 사람의 정신이 불멸의 영원한 것임을 감안할 때, 우리의 이 짧은 인생 속에서 우리의 정신이 길다고 생각할 수 있는 것은 존재하지 않기 때문이다. 악인들은 대단한 기대를 가지고서 엄청난 악행을 계획하지만, 그 계획이 누구도 예기치 않은 일로 인해서 갑자기 무산되고 그대로 종료되어 버려서, 그들의 악이 제한을 받는 경우가 비일비재하다. 악이 악인들을 불행하게 만드는 것이라면, 그들의 악이 더 오랫동안 지속될수록, 그들의 불행도 더 커질 수밖에 없다. 어쨌든 모든 악인들은 적어도 그들의 죽음으로 말미암아 악행을 그치지 않을 수 없게 된다는 점에서, 그나마 불행 중 다행이라고 할 수 있다. 악행에는 반드시 불행이 수반된다는 우리의 결론이 옳다면, 영원히 악행을 저지를 수 있다면 불행도 무한할 것이기 때문이다.”

“그것은 생소한 결론이어서 받아들이기가 어렵기는 하지만, 내가 앞에서 이미 인정한 참된 명제들과 아주 잘 부합하는 결론이라는 것은 인정합니다.”

"네 말이 맞다. 하지만 어떤 결론을 받아들이기가 어렵다고 생각하는 사람은 전제가 잘못되었거나 전제들의 결합이 잘못되어서 반드시 그런 결론이 도출되는 것은 아니라는 것을 입증하는 것이 옳다. 그렇게 하지 않고 전제들과 그 결합을 다 인정하면서도, 결론에 대해 이의를 제기하는 것은 옳지 않다. 지금부터 내가 말하고자 하는 것도 네게는 앞에서 말한 것 못지 않게 생소해 보일지 모르겠지만, 그러한 결론은 우리가 이미 참된 것으로 증명한 것들로부터 필연적으로 도출되는 것이니 잘 들어보아라."

"그것이 무엇입니까."

"그것은 악인들은 정의가 요구하는 형벌을 받지 않고 그냥 넘어가는 것보다는 실제로 그 형벌을 받는 것이 더 행복하다는 것이다. 나는 지금 누구나 다 생각할 수 있는 것, 즉 악한 행실을 응징했을 때, 그 장본인은 미래의 형벌에 대한 두려움으로 말미암아 자신의 행실을 고침으로써 바른 길로 돌아오게 되고, 다른 사람들은 그 사람이 징벌을 받은 것이 하나의 본보기가 되어서 비난 받을 만한 일을 피하게 된다는 것을 말하고자 하는 것이 아니라, 악행에 대한 응징이 그 장본인에게는 자신의 악행을 고칠 계기가 되고 다른 사람들에게는 본보기가 된다는 것을 고려하지 않는다고 해도, 또다른 의미에서 악인이 벌을 받지 않는 것은 악인을 더 불행하게 하는 것이라고 말하는 것이다."

"악을 응징하지 않았을 때, 이 두 가지 유익을 잃어버리는 것 외에 또 어떤 유익을 잃어버리게 되는 것인가요."

"우리는 이미 선한 자들은 행복하고 악인들은 불행하다는 것을 확인하지 않았느냐."

"그렇습니다."

"어떤 사람의 불행에 어떤 선이 추가된다면, 그 사람은 선은 없고 오직 불행만이 있는 사람보다는 더 행복하지 않겠느냐.”

“그럴 것으로 보입니다.”

“아무런 선도 없고 오직 불행만이 있는 사람에게 기존의 불행을 초래한 악 외에 또다른 악이 추가된다면, 그 사람은 약간의 선이 추가된 불행 속에 있는 사람보다 훨씬 더 불행하지 않겠느냐.”

“분명히 그럴 것입니다.”

“그런데 악인이 벌을 받는 것은 정의이고, 악인이 벌을 받지 않고 빠져 나가는 것은 불의라는 것은 명백하다.”

“그것을 부정할 사람이 누가 있겠습니까.”

“그리고 정의에 속한 것은 선하고 불의에 속한 것은 악이라는 것도 아무도 부정하지 못할 것이다.”

“물론입니다.”

“그러므로 악인들이 벌을 받았을 때에는, 형벌 자체가 정의에 속하는 선이기 때문에 선이 그들에게 더해지는 반면에, 벌을 받지 않고 모면했을 때에는, 형벌을 받지 않은 것 자체가 불의에 속하는 악이기 때문에 악이 그들에게 더해지게 된다. 따라서 벌을 받은 악인들은 벌을 받지 않은 악인들보다 더 행복하게 된다.”

“우리가 지금까지 확인한 참된 명제들로부터는 필연적으로 그런 결론이 도출될 수밖에 없다는 것을 인정합니다. 하지만 한 가지 묻고 싶은 것이 있습니다. 당신은 사람이 육신을 지니고 살아 있는 동안에만 형벌을 받고, 육신이 죽고 난 후에 영혼에 대한 형벌은 없다고 보시는 것입니까.”

“영혼에 대한 형벌은 대단히 크고, 그 형벌은 어떤 경우에는 혹독한 응징을 통해 집행되기도 하고 어떤 경우에는 죄를 씻어 주는 자비를 통해 집행되기도 한다. 그러나 그런 것들은 지금 여기에서 다루기에 적합한 문제가 아니다. 지금까지 우리가 다룬 것들은 너로 하여금, 첫째로는 네가 부당하다고 느껴서 참을 수 없어 했던 악인들의 권력이 사실은 아무것도 아니라는 것을 깨닫게 하고, 둘째로는 네가 합당한 벌을 받지 않는다고 불평했던 저 악인들이 자신들의 악에 합당한 형벌을 받지 않은 것이 결코 아니라는 것을 알게 하며, 셋째로는 네가 신속하게 끝나기를 그토록 원했던 악인들의 방종이 결코 오래가지 않을 것이고, 그 기간이 길어질수록 그들은 더 불행하게 될 것이며, 그 방종이 영원토록 지속된다면 가장 불행하게 될 것임을 인정하게 하고, 끝으로 악인들은 합당한 응징으로 벌을 받는 것보다 합당한 벌을 받지 않고 빠져나가는 것이 더 불행하게 되는 것임을 알게 하기 위한 것이었다. 이러한 것들로부터 도출되는 결론은 악인들은 벌을 받지 않게 되어 다행이라고 생각할 때에 사실은 더 큰 벌을 받고 있다는 것이다."

"나는 당신의 논증과 결론이 더할 나위 없이 참되다고 생각합니다. 하지만 대중들을 생각해 볼 때, 그런 논증과 결론을 믿는 것은 고사하고 한번 들어 보려고 하는 사람이라도 있을지 모르겠습니다."

"맞는 말이다. 그들의 눈은 어둠에 익숙해져 있어서 밝은 진리의 빛을 바라볼 수 없기 때문에, 밤에는 잘 보이지만 낮이 되면 아무것도 보지 못하는 눈을 가진 새들과 같다. 그들은 만유의 질서를 생각하는 것이 아니라 그들 자신이 원하는 것들만을 중시하는 까닭에, 온갖 악들을 내키는 대로 자행하고서 자신들이 행한 악행에 대해 벌을 받지 않는다면, 그것은 행복한 일이라고 생각하는 자들이기 때문이다.

그러나 영원한 법이 정해 놓은 것이 무엇인지를 생각해 보아라. 너의 마음이 선한 것들을 굳게 붙잡고 있다면, 너는 이미 선한 것들을 붙잡고 있는데, 네게 상을 줄 심판자가 무슨 필요가 있겠느냐. 너의 마음이 악한 것들로 기울었다고 한다면, 너는 스스로 네 자신을 비천하고 사악한 것들 속으로 집어넣어서 너를 벌한 것이기 때문에, 굳이 밖에서 너를 벌할 자를 찾을 필요가 있겠느냐. 이것은 네가 더럽고 지저분한 땅과, 별들이 총총한 맑은 하늘을 번갈아 쳐다보았을 때, 너의 밖에 있는 다른 모든 것들은 이미 너와 아무 상관이 없고, 오직 네가 어디를 보느냐에 따라 네 자신이 더럽고 지저분한 땅에 있는 것처럼 느끼기도 하고, 빛나는 별들 사이에 있는 것처럼 느끼기도 하는 것과 같다.

하지만 대중들은 영원한 법에 관심이 없고 눈을 들어 하늘의 별들을 바라보지도 않는다. 그렇다면 우리는 이미 대중들은 짐승들과 다름없는 자들이라는 것을 확인해 놓고서는, 우리 자신도 그들과 똑같이 짐승들이 되어야 하느냐. 어떤 사람이 자신의 시력을 완전히 잃었지만, 자기가 전에 시력을 지니고 있었다는 사실조차 잊어버리고서는, 자신이 온전한 인간으로서 전혀 부족한 것이 없다고 믿고서 모든 것을 판단하고 평가한다면, 온전한 시력을 지니고 있어서 제대로 볼 수 있는 우리가 과연 그 맹인과 똑같이 판단하고 평가하겠느냐. 불의를 당하는 자들보다 불의를 행하는 자들이 더 불행하다는 것은 아주 확실한 논거들에 토대를 두고서 도출된 결론이지만, 대중들은 그런 결론에 대해서조차 동의하지 않을 것이다."

"그것은 나도 듣고 싶었던 논증입니다."

"너는 모든 악인은 형벌을 받는 것이 마땅하다는 것을 부정하지 않겠지."

"물론입니다."

"악인들이 불행하다는 것은 많은 점에서 분명하다."

"그렇습니다."

"그러므로 형벌을 받아 마땅한 자들은 불행하다는 것을 너는 의심하지 않겠지."

"물론입니다."

"네가 배심원으로 앉아 있다면, 불의를 저지른 자와 불의를 당한 자 중에서 누가 형벌을 받아야 한다고 생각하겠느냐."

"나는 불의를 행한 자에게 형벌을 가하여서 불의를 겪은 자의 억울함을 풀어 주어야 한다는 데 아무런 의심이 없습니다."

"너의 생각대로라면, 불의를 행한 자가 불의를 당한 자보다 더 불행하겠구나."

"그런 결론이 됩니다."

"그러므로 이 논거를 비롯해서 악은 본성상 악을 지닌 자를 불행하게 만든다는 저 원리에 의거한 다른 논거들에 비추어 보았을 때, 어떤 사람에게 불의가 행해졌을 때, 불의를 당한 자보다는 불의를 저지른 자에게 불행이 돌아간다는 것은 분명하다."

"그렇습니다."

"그런데 오늘날에는 변호사들이 그런 것과는 정반대로 행동한다. 왜냐하면, 그들은 불의를 저지른 자들을 미워하고 분노하는 것이 아니라, 그들을 인자함으로 불쌍히 여겨서, 마치 병자를 의사에게 데려다 주듯이, 그들이 형벌을 받음으로써 그들의 잘못을 잘라낼 수 있도록 법정에 세워서 심판을 받게 하는 것이 마땅한데도, 도리어 중대한 불의를 저지르고서 정신적으로 심하게 고통 받는 자들이 벌을 받지 않고 풀려나게 하기 위해 재판장에게 자비를 베풀어 달라고 설득하는 데 온 힘을 쏟기 때문이다. 변호사들이 불의를 행한 자들을 위해 그런 식으로 변론하는 것은 백해무익한 것이기 때문에, 그런 악인들을 비롯한 모든 인류를 위해 좋은 일을 하고자 한다면, 차라리 그들의 직업을 변호사에서 고소자나 검사로 바꾸는 것이 더 나을 것이다.

　악인들의 입장에서도 자신들이 내팽개쳤던 미덕을 어떤 작은 틈새를 통해 어렴풋이나마 보고서, 형벌의 고통을 통해 자신들이 저지른 악의 더러움을 제거할 수 있다는 것을 안다면, 그렇게 해서 선을 얻는 것에 비해서 형벌의 고통은 아무것도 아니라고 여기고서 변호사들의 변호를 거부하고, 자신에 대한 처분을 고소자와 검사와 재판장에게 온전히 맡기는 것이 더 나을 것이다.

　그렇게 되면, 지혜로운 자들에게는 그런 악인들을 미워할 여지가 조금도 남아 있지 않게 될 것이다. 지독하게 어리석은 자가 아니라면 선을 택하여 형벌을 받으려고 하는 사람을 누가 미워하겠는가. 육신의 허약함이 병이듯이, 악도 정신의 병이고, 우리는 병자들을 미워하는 것이 아니라 불쌍히 여겨야 하기 때문에, 육신의 그 어떤 병에 걸린 사람보다도 더 극심한 고통에 시달리는 정신의 병을 앓는 사람들은 비난받고 박해받는 것이 아니라 불쌍히 여김을 받는 것이 마땅하다."

　　어찌하여 너희는 큰 소동을 일으켜서
　　너희 손으로 불행을 만들어 내기를
　　즐겨하는가.
　　죽음은 하늘을 나는 자신의 말을 끌고서
　　자신이 정한 속도로 다가오는데도,
　　너희는 스스로 죽음을 재촉하는구나.

　　뱀, 사자, 호랑이, 곰, 멧돼지는 날카로운 이빨을 드러내며
　　사람들을 사냥하는데,

사람들은 칼을 번득이며 같은 동족을 못 잡아먹어 안달이로구나.

사람들은 풍속이 서로 달라서
잔인하고 잘못된 전쟁을 일으켜
창칼로 죽고 죽이는 것인가.

이 잔인함은 변명의 여지가 없으니,
너는 사람들에게 합당한 대접을 해 주고 싶은가.
그렇다면 선한 자들을 사랑하고,
악한 자들을 불쌍히 여겨라.

제 5 장

세계에는 불의가 판을 친다

[보에티우스는 이제 논제의 초점을 인간의 악함에서 선한 통치자의 다스림에도 불구하고 이 세계에는 불의와 부당함이 판을 치고 있는 것처럼 보인다는 것으로 이동시킨다. 이어지는 시에서 철학은, 사람들은 땅에서 벌어지는 일들에 대해서는 냉정하게 잘 생각하면서도, 우주를 지배하는 법칙에 대해서는 무지하다고 노래한다. 이것은 다음 장에서 이루어질 섭리의 역할에 대한 논의에 대한 서곡으로서의 역할을 한다.]

"나는 선한 자들과 악인들은 자신들이 행한 일들 그 자체로 인해 행복하게 되거나 불행하게 된다는 것을 이제 잘 알겠습니다. 하지만 나는 대중들이 생각하는 운명, 즉 그들이 행복이나 불행이라고 생각하는 것도 일리가 있다고 봅니다. 왜냐하면, 아무리 지혜로운 자들이라고 해도, 자신의 고향에 정착해서 부귀영화를 누리며 명성을 떨쳐서 사람들로부터 존경받고 살아가는 것보다 자신의 고향에서 추방당하여 유배생활을 하며 가난하여 궁핍한 채 사람 대접도 제대로 받지 못하고 욕되게 살아가는 것을 더 선호할 사람은 아무도 없을 것이기 때문입니다.

어떤 식으로든 위정자들만이 행복을 누리는 것이 아니라 그들이 다스리는 백성들도 함께 행복을 누린다면, 그리고 특히 악인들을 벌하기 위해 제정된 감옥과 법, 그 법에 규정된 사형을 비롯한 여러 형벌들이 그 원래의 목적대로 악한 백성들을 벌하는 데 사용된다면, 지혜는 자신의 역할을 정말 제대로 분명하게 수행하는 것이 될 것입니다. 그런데 이것이 왜 반대로 역전되어서, 실제로 현실 속에서는 악인들이 받아야 할 형벌은 선한 자들이 받고, 선한 자들이 받아야 할 보상은 악인들이 가로채는 일이 벌어지고 있는 것인지가 정말로 의아하고 이해가 되지 않아서, 나는 그렇게 모든 것이 잘못되어 꼬이고 엉망진창이 된 이유가 무엇인지를 당신에게서 듣게 되기를 간절히 원합니다.

만일 모든 일이 우연에 의해서 무작위로 결정된다는 것이 사실이고, 나도 그렇게 믿었다면, 사실 내가 의아해할 이유는 별로 없을 것입니다. 하지만 나는 신이 모든 것을 다스리고 있다고 믿기 때문에, 나의 의아함은 클 수밖에 없습니다. 실제로 신은 선한 자들에게 좋은 것들을 주고 악인들에게 나쁜 것들을 주기도 하지만, 선한 자들로 하여금 가혹하고 혹독한 일들을 당하게 하고 악인들에게는 그들이 원하는 것들을 이룰 수 있게 해 주는 일도 비일비재하기 때문에, 우리가 그 이유를 정확하게 알지 못한다면, 신이 모든 것을 다스리는 것이 모든 것이 우연에 의해 무작위로 결정되는 것과 무엇이 다르다고 하겠습니까."

"세계의 질서와 원리를 알지 못한다면, 이 세계가 우연에 의해 무작위로 결정되는 혼돈스러운 곳이라고 생각하는 것은 어쩌면 당연한 일일 것이다. 하지만 네가 이 세계의 질서와 원리를 알지 못한다고 할지라도, 선한 통치자가 이 세계를 다스리고 있다는 것은 여전히 사실이기 때문에, 너는 모든 것이 올바르게 제대로 돌아갈 것임을 의심하지는 말아라."

아르크투루스가
하늘 꼭대기 부근에 있어서,
아주 일찍 떠올라서

천천히 자신의 마차를 몰아

아주 늦게서야 대양 속으로 잠기는지를 알지 못한다면,[10]

저 높은 하늘에서 일어나는 법칙에 어찌 의아해하지 않겠는가.

캄캄한 밤의 그림자에 덮여서

보름달이 점점 빛을 잃고 창백해져

마침내 온 하늘이 밤의 어둠으로 뒤덮이고,

달의 빛나는 얼굴에 가려졌던 별들이 드러나면,

아무것도 모르는 온 나라의 백성들은 깜짝 놀라

기겁하여 징과 꽹과리를 울려대어

애꿎게 청동만을 괴롭히는구나.[11]

하지만 북풍의 세찬 바람이 넘실거리는 파도와 함께

해변을 때리고,

추위로 얼어붙은 단단한 눈덩이가

태양의 작열하는 열기에 녹아내릴 때는

놀라는 사람이 아무도 없다네.

---

10 "아르크투루스"(Arcturus)는 엄밀하게 말한다면 목자자리에서 가장 밝은 별을 가리키지만, 이 별이 끄
는 마차는 큰곰자리를 의미한다는 점에서, 여기에서 가리키는 것은 큰곰자리(Ursa Maior)의 별들이다.
목자자리와 큰곰자리는 하늘의 북극을 껴안고 있어서 "하늘의 가장자리에 가까워서" 남쪽에 있는 별들
보다 더 일찍 떴다가 더 늦게 진다.

11 이것은 월식 현상에 대한 묘사다. 월식의 원인은 소크라테스 이전의 철학자들도 잘 알고 있어서, 탈레스
는 월식이 언제 일어날지를 정확히 예측했다고 한다. 하지만 일반 로마인들은 자연과학에 대해 지독하
게 무지했고, 그들의 그러한 무지를 수많은 미신적인 관습들을 통해 드러냈는데, 보에티우스는 여기에
서 월식으로 사라진 달을 다시 나오게 하기 위해 징과 꽹과리를 울려대는 그들의 모습을 통해 그들의 무
지를 드러낸다.

이곳의 일들은 그 원인을 알기 쉽지만,
저곳의 일들은 그 원인이 감춰져 있어
사람들의 마음을 혼란스럽게 하기 때문이라네.

어쩌다 가끔 예기치 않게 일어나는 일들은
그 원인을 알기가 쉽지 않아서
겁먹기 쉬운 대중을 놀라게 하니,
그들을 뒤덮고 있는 무지의 오류를 없애
그런 일들에 더 이상 놀라지 않게 하라.

제 6 장

신의 섭리와 운명 간의 관계

[이 책에서 가장 긴 이 장에서 철학은, 세계의 운행을 이끄는 신의 "섭리"와 그것을 이 변화하는 세계 속에서 실현하는 "운명" 간의 관계를 설명하고, 후자는 전자로부터 나오고 전자에 종속되어 있다는 것을 보여준다. 일련의 불변하는 원인들의 연쇄가 섭리로부터 나와서 운명을 통해 사람들의 삶을 주관한다. 인간은 그들과 관련된 신적 질서를 명료하게 이해할 수 있는 지성을 갖추고 있지 못하지만, 신이 세계를 선하게 다스리고 있다는 것을 인정하여야 한다. 이어지는 시에서는 이 책에 나오는 모든 시들을 통해 주어진 교훈을 다시 가져와서, 자연 세계의 질서는 "사랑"이신 조물주 신의 지혜로운 통치를 반영한 것임을 노래한다.]

"당신의 말씀이 맞습니다. 하지만 어떤 일들의 감추어져 있는 원인들과 베일에 가려져 있는 원리들을 드러내고 설명해 주는 것은 당신에게 맡겨진 일입니다. 그러므로 내가 앞에서 말한 그 문제가 내게는 너무나 의아해서 나를 무척이나 혼란스럽게 하고 있기 때문에, 도대체 그것이 어떻게 된 영문인지 내게 설명해 주시기를 간청합니다."

그러자 그녀(철학)는 잠시 웃더니 이렇게 말했다.

"네가 내게 설명해 달라고 하는 문제는 모든 문제 중에서 가장 설명하기 어려운 문제이기 때문에, 이런저런 수없이 많은 설명을 해도, 말로 하는 설명으로는 그 문제를 풀기에 충분하지 않다. 이 문제는 마치 히드라의 머리처럼 한 가지 의심을 제거하고 나면 그 자리에서 또다른 수많은 의심들이 생겨나는 그런 문제다.[12] 그런 식으로 의심이 연달아서 끊임없이 피어나기 때문에, 우리는 이 문제를 풀어나갈 때, 우리의 활활 타오르는 정신의 불로 그 끊임없이 생겨나는 의심들을 제압하지 않으면 안 된다. 왜냐하면, 이 문제를 설명하기 위해서는 섭리의 단일성, 운명의 연쇄, 우연의 우발성, 신의 지식과 예정, 의지의 자유 등과 같은 문제들을 살펴보아야 하는데, 이 문제들 하나하나가 얼마나 중요하고 설명하기 힘든 문제인지는 너도 잘 알고 있을 것이기 때문이다. 하지만 네가 이런 것들을 아는 것도 너를 치료하는 약의 일부이기 때문에, 비록 우리가 제한된 시간에 쫓기고 있기는 하지만, 이 문제들에 대해서도 어느 정도는 논의해 보아야 한다. 네가 노래와 시가 주는 즐거움을 바란다고 하여도, 내가 이 문제를 풀기 위해 여러 가지 논증들을 올바른 순서를 따라 하나하나 엮어가기 위해서는 시간이 필요하기 때문에, 너는 그런 즐거움은 잠시 미루어 두어야 할 것 같다."

"나는 아무래도 좋으니 당신의 뜻대로 하십시오."

그러자 그녀는 마치 모든 것을 다시 처음부터 새롭게 시작하는 것처럼 다음과 같이 얘기해 나갔다.

"만물의 탄생, 본성들의 온갖 변화과정 전체, 온갖 방식의 운동과 관련해서 그 원인과 질서와 형태는 언제나 동일하고 변하지 않는 신의 정신으로부터 온다. 만물의 다양한 활동방식은 단일한 본성이라는 성채 안에 확

---

12 히드라는 그리스 신화에 나오는 아홉 개의 머리를 가진 괴물 뱀이다. 히드라의 퇴치는 헤라 여신과 에우리스테우스 왕이 헤라클레스에게 부과한 12과업 중 두 번째 과업이었다. 헤라클레스는 조카 이올라오스와 함께 아르고스 근방의 레르나로 가서 히드라의 머리를 잘랐지만, 머리가 잘린 목에서 다시 두 개의 머리가 자라났기 때문에, 자기 조카에게 횃불을 가져오게 하여 머리를 자르고 나서 그 부위를 "불"로 지져 더 이상 새 머리가 돋아나지 못하게 하였다. 보에티우스는 이 신화를 사용해서, 여기에서 다루는 문제를 풀 때에는 정신의 "불"을 사용해야만 수없이 생겨나는 의심들을 완전히 제압할 수 있다는 것을 보여준다.

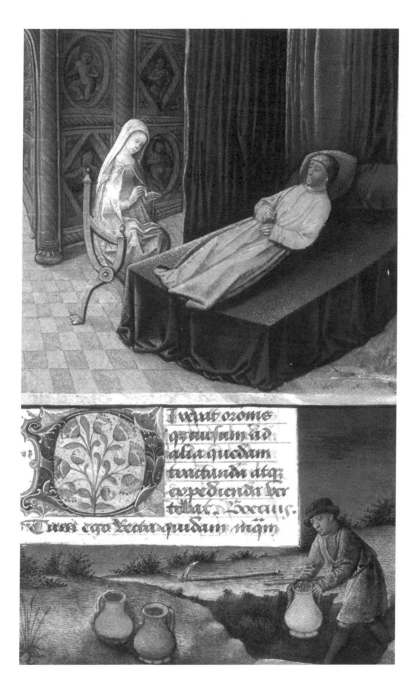

보에티우스와 철학이 우연과 신의 섭리의 문제를 논하다

고하게 자리 잡고 있는 이 신의 정신에 의해 결정된다. 그리고 만물의 이 다양한 활동방식은 완벽하게 순수한 신의 지성과 관련하여 고찰될 때에는 '섭리'라 불리지만, 우리의 조상들은 이 다양한 활동방식을 그것에 의해서 만들어진 결과물들과 관련하여 고찰해서 '운명'이라고 불렀다. 각각의 의미를 살펴보면, 둘 간의 차이는 쉽게 드러난다.[13]

섭리는 만물을 다스리는 최고의 통치자 안에 자리 잡고서 모든 존재하는 것들을 안배하는 신적인 이성 그 자체인 반면에, 운명은 섭리가 자신의 계획에 따라 모든 것들을 끊임없이 변화시켜서 그 변화들을 한데 묶어서 일정한 질서를 만들어 나갈 때 그렇게 해서 만들어지는 특정한 결과물이다. 따라서 섭리는 서로 다른 무수히 많은 것들이 무궁무진하게 변화되어 나간다고 해도 그 만물과 변화들을 한데 묶어서 포괄하지만, 운명은 만물을 움직여서 특정한 시간과 장소에 특정한 형태로 안배한다. 그러므로 시간에 따른 이러한 질서의 전개가 신의 정신의 예지 속에서 하나로 통일되어 있는 것이 섭리이고, 그렇게 통일되어 있는 것이 시간에 따라 안배되고 전개되는 것이 운명이다.

이 둘은 서로 다르기는 하지만, 운명은 섭리에 의해 좌우된다. 운명의 질서는 단일한 섭리로부터 나오기 때문이다. 장인(匠人)이 자기가 만들고자 하는 것의 형태를 먼저 자신의 마음속에서 생각한 후에 거기에 따라 그것을 실제로 만들어 내고, 그가 먼저 자신의 마음속에서 동시적으로 단일하게 생각해 낸 것을 시간 속에서 여러 단계에 걸쳐 만들어 내는 것과 마찬

---

13 스토아학파에서는 섭리와 운명을 구별하지 않았기 때문에, 키케로의 글에도 그러한 구별은 등장하지 않는다. 이 둘을 분명하게 구별한 것은 신플라톤주의였다. 플로티노스는 이렇게 말한다. "오직 하나의 섭리만이 존재한다. 이 섭리가 아래에 있는 것들과 결합될 때 비로소 운명이 된다. 하지만 위에는 오직 섭리만이 존재한다."

가지로, 신은 섭리를 통해서 단일하고 불변하는 방식으로 장차 무엇을 할 것인지를 작정하고 나서, 자신이 그런 식으로 작정한 것을 운명을 통해서 시간 속에서 여러 단계에 걸쳐 이루어나간다. 따라서 운명이 섭리를 섬기는 종들로서의 역할을 하는 어떤 신적인 영들에 의해 결정되든, 아니면 영혼이나 자연 전체, 하늘에서의 별들의 움직임, 천사들의 힘이나 귀신들의 활동, 그리고 이 모든 것 중에서 어느 하나 또는 전부에 의해서 운명의 연쇄가 결정되든, 만물이 움직이고 변화하는 모든 방식을 포괄하는 불변의 단일한 형태가 섭리이고, 신의 단일한 정신이 작정한 것이 시간 속에서 안배된 만물의 변화를 통해 이루어진 질서가 운명이라는 것은 분명하다.

따라서 운명 자체가 섭리에 종속되어 있기 때문에, 운명 아래 있는 모든 것은 섭리 아래 있는 것이지만, 섭리 아래 있는 것들 중에는 운명의 연쇄를 뛰어넘는 것들도 있다. 그런 것들은 최고의 신성의 아주 가까이에 고정되어 있어서 움직이고 변화하는 운명의 질서를 뛰어넘는 것들이다. 예컨대, 동일한 중심축을 도는 것들 중에서, 가장 안쪽에서 도는 것은 단일한 중심축에 아주 가까워서 그 단일한 중심축과 거의 일체가 되어 밖으로 퍼져 나가지 않고 그대로 고정되어서 바깥쪽에 있는 것들이 그것을 축으로 삼아서 도는 것 같이 보이는 반면에, 가장 바깥쪽에 있는 것은 아주 큰 원을 그리며 돌기 때문에, 사실은 중심축과의 연결이 끊어져 있는 것이 아닌데도, 마치 중심축으로부터 멀리 분리되어서 넓은 공간으로 퍼져 나가는 것처럼 보인다. 마찬가지로, 최고의 정신으로부터 멀리 떨어져 있는 것일수록 운명의 그물망에 더 단단하게 붙잡히게 되는 반면에, 만물의 중심축에 가까이 있는 것일수록 운명으로부터 더 자유롭게 되고, 그 중에서도 저 견고한 최고의 정신을 굳게 붙잡고 있는 것은 그대로 고정되어 움직임이 없어서 운명의 필연을 뛰어넘게 된다.

이렇게 추론하는 것이 지성과 연결되어 있고, 생겨나는 것이 존재하는 것과 연결되어 있으며, 시간이 영원과 연결되어 있고, 중심축을 도는 것이 중심축과 연결되어 있듯이, 끊임없이 움직이고 변화하는 운명의 연쇄는 움직이지 않고 변화하지 않는 단일한 섭리와 연결되어 있다. 이 운명의 연쇄는 하늘과 별들을 움직이고, 원소들의 비율을 조절하고 뒤섞어서 만물들을 변화시키며, 모든 것들로 하여금 태어나서 자라고 열매를 맺고 씨를 생산하고 죽는 것을 반복하게 함으로써 만물을 새롭게 한다. 또한, 이 운명의 연쇄는 일련의 원인들을 통해 사람들의 행위와 운명을 한데 묶는데, 이 일련의 원인들은 움직이지 않고 변하지 않는 섭리에서 시작된 것이기 때문에 그 자체가 변할 수 없는 것일 수밖에 없다. 신의 정신 안에 있는 단일성이 원인들로 이루어진 불변의 질서를 만들어 내고, 이 질서가 제멋대로 흘러가서 변할 수 있는 것들을 자신의 불변성으로 억제되고 있는 것이라면, 만물은 최고로 잘 다스려지고 있는 것이 된다.

따라서 이 질서를 제대로 볼 수 없고 이해할 수 없는 네게는 만물이 혼란스럽고 무질서한 것처럼 보이겠지만, 만물은 선을 지향하여 나아가도록 배치되어 있고 안배되어 있다. 왜냐하면, 지금까지 충분히 살펴보았듯이, 심지어 악인들조차도 원래부터 악을 추구하는 것이 아니고, 어떤 오류로 인해 악을 선으로 착각하고 추구하는 것일 뿐이고, 최고선의 중심축에서 시작된 저 질서가 악인들에게 와서 그 방향이 바뀔 수는 없기 때문이다.

그러나 너는 이렇게 반문할 것이다. '현실에서는 선한 자들에게도 좋은 일과 나쁜 일이 일어나고 악한 자들에게도 좋은 일과 나쁜 일이 일어나는데, 이렇게 뒤죽박죽인 상황보다 더 부당하고 잘못된 것이 과연 있겠습니까.'

그렇다면, 모든 사람들이 다 똑같이 아주 정확한 판단력을 지니고 있어서, 선한 자들에 대해서는 누구나 다 선하다고 하고 악한 자들에 대해서는 누구나 다 악하다고 하느냐? 실제로는 사람들의 판단은 서로 달라서, 한 사람을 놓고서도 서로 의견이 갈려서 어떤 사람들은 상을 받아야 할 사람이라고 생각하고 어떤 사람들은 벌을 받아야 할 사람이라고 생각한다. 설령 선한 자들과 악한 자들을 분별할 수 있는 사람이 있다고 하자. 그렇다고 해도 그는 우리가 사람의 육신을 눈으로 볼 수 있는 것처럼, 사람들의 내면에 있는 정신의 특질을 실제로 볼 수 있는 것은 아니지 않느냐. 이것은 마치 어떤 건강한 사람에게는 단 것이 잘 받지만 또다른 건강한 사람에게는 쓴 것이 잘 받는다는 사실, 또는 어떤 병자에게는 순한 약이 잘 받고 또다른 병자에게는 독한 약이 잘 받는다는 사실이 무지한 자에게는 의아한 일이지만, 건강과 질병의 여러 가지 다양한 방식과 특질을 잘 알고 있는 의사에게는 전혀 의아한 일이 아닌 것과 같다.

정신이 건강한 것이 곧 선함이 아니면 무엇이고, 정신이 병든 것이 곧 악함이 아니면 무엇이겠느냐. 또한, 선한 것들을 보존하고 악한 것들을 제거하는 것이 정신을 다스리고 치료하는 이인 신이 하는 일이 아니면 누가 하는 일이겠느냐. 신은 섭리라는 저 높은 망대에서 바라보기 때문에 모든 일에서 가장 적합한 것이 무엇인지를 알고, 거기에 따라 모든 것을 안배한다. 이렇게 해서 섭리를 아는 신에 의해 이루어진 저 운명의 질서는 참으로 경이롭고 놀라운 것인데도, 섭리를 모르는 자들이 보면 의아해하고 혼란스러워하는 일이 벌어지게 된다.

인간의 이성으로 이해할 수 있는 한도 내에서 신의 심오함에 대해 잠깐 살펴본다면, 우리는 어떤 사람이 너의 눈에는 정의롭고 참되게 행하는 것처럼 보일지라도, 모든 것을 알고 있는 섭리에게는 다르게 보일 것이라고 말할 수 있다. 그래서 우리의 철학자 루카누스[14]는 '신들의 마음에 든 사람은 승리하고 카토의 마음에 든 사람은 패배한다'고 말했다. 그러므로 이 땅에서 일어나는 어떤 일들이 네게는 이상하고 혼란스러운 것으로 보일지라도, 사실 그 일들은 섭리를 따라 제대로 전개되고 있는 질서에 속하는데도, 너의 생각이 잘못되었기 때문에 그렇게 보이는 것일 뿐이다.

예컨대, 신이 판단할 때나 사람들이 판단할 때나 똑같이 모든 면에서 선하지만 정신의 힘이 허약한 사람이 있다고 하자. 그런 사람은 역경을 만나게 되면 자신의 정신의 힘으로는 그 역경을 이겨낼 수 없기 때문에 결국 자신의 선함을 유지할 수 없게 될 것이다. 그런 경우에 신은 그 사람의 상태가 역경을 겪게 되면 나빠질 수 있다는 것을 알기 때문에 그 사람에게 역경을 주는 것은 적합하지 않다고 판단하여 거기에 따라 지혜롭게 일들을 안배한다. 또한, 모든 덕에서 완전하고 거룩하여 신과 가까운 사람이 있다고 하자. 그런 경우에 섭리는 그런 사람이 역경으로 고생하는 것은 말도 되지 않는 괴상한 일이라고 판단해서 그런 사람에게는 육신의 병조차도 허락하지 않는다. 그래서 나보다 더 뛰어난 어떤 이는 이렇게 말했다. '거룩한 사람의 육신은 하늘이 빚어낸 것이다.'

또한, 어떤 경우에는 번성하는 악의 세력을 약화시키기 위해서 선한 자

---

14 루카누스(Lucanus, 39-65년)는 스페인의 코르도바 출생으로서 세네카의 동생 멜라의 아들이었고 스토아학파에서 배웠다. 네로 황제의 총애를 받아 젊어서 재무관직에 올랐으나, 문학상의 문제로 황제의 질투를 사게 되어 그 후 일체의 문학 활동을 금지당했다. 분개한 그는 네로 암살음모에 가담하였다가 발각되어 자살 명령을 받았다. 그가 쓴 현존하는 서사시 『내전기』(De Bello Civili, 전 10권)는 『파르살리아』(Pharsalia)도 불렸는데, 폼페이우스와 카이사르의 싸움을 주제로 해서 멸망해가는 공화제의 말로를 어두운 비관주의의 눈으로 묘사하였다. 여기에 인용된 글은 내전에서 율리우스 카이사르가 원로원에 대해 승리를 거둔 것에 대한 루카누스의 논평으로, 여기에 언급된 카토는 카이사르가 BC 46년에 아프리카의 탑수스에서 승전한 후에 자결한 원로원 의원이자 스토아학파 철학자였던 소카토(Younger Cato)다.

들에게 최고의 권력이 주어지기도 한다. 섭리는 사람들의 정신의 질적인 수준에 따라 좋은 것과 나쁜 것을 적절하게 섞어서 나누어 준다. 즉, 어떤 사람들에게는 괴로움을 주어서 오랜 행운으로 인해 방종으로 치닫는 것을 막아 주기도 하고, 어떤 사람들에게는 시련을 주어 고통을 당하게 함으로써 인내의 훈련을 통해 그들의 정신의 덕을 강화시켜 주기도 한다. 또한, 어떤 사람들은 자신들이 충분히 감당할 수 있는 것을 지나치게 두려워하거나, 자신들이 감당할 수 없는 것을 지나치게 만만하게 여기는데, 그런 경우에 섭리는 그들로 하여금 그런 상황들에 맞닥뜨리게 하여 그들 자신을 시험할 수 있게 이끈다. 어떤 사람들은 영광스러운 죽음의 대가로 이 세상에서 영원히 추앙받는 이름을 얻기도 했고, 어떤 사람들은 그 어떤 혹독한 형벌에도 불구하고 지조와 절개를 지킴으로써 덕이 악에게 지지 않는다는 모범을 후세 사람들에게 보여주기도 했다. 이런 일들이 실제로 그 일들을 겪은 사람들의 선을 위해 지극히 합당하고 선한 질서를 따라 일어났다는 것은 의심의 여지가 없다.

악인들에게 어떤 때에는 슬프고 괴로운 일이 일어나고 어떤 때에는 그들이 바라던 일이 일어나는 것도 동일한 이유에서다. 그들이 괴로움을 겪는 것을 의아하게 여기는 사람은 아무도 없다. 그들의 고통은 그들 자신을 바로잡아주고, 다른 사람들에게 경고가 되어 범죄하는 것을 막아주는 역할을 하기 때문에, 사람들은 모두 그들이 고통을 당하는 것이 합당하다고 생각한다. 하지만 악인들에게도 그들이 바라는 행운이 주어지는 일이 많은데, 이것은 선한 자들이 악인들이 잘되고 번성하는 것을 어떻게 평가해야 하는지와 관련해서 중요한 논증을 들을 수 있는 기회를 제공해 준다.

나는 이 문제와 관련해서 이렇게 생각한다. 어떤 사람의 본성이 아주 고집이 세고 제멋대로여서 돈이 없고 가난하면 막 나가서 범죄를 저지를 위험이 높은 경우에는, 섭리는 그에게 재물을 충분히 줌으로써 그의 병을 고치고자 한다. 이렇게 되었을 때, 그 사람은 악행에 의해 더럽혀진 자신의 양심을 생각해 보고, 자신의 성품과 자기가 누리고 있는 행운을 비교해 보면서, 자신이 지금 누리고 있는 행운이 자신에게 과분한 것임을 알고서, 그 행운을 잃지 않기 위해서 조심스럽게 행동할 수밖에 없게 되고, 그 결과 자신에게 온 행운을 잃을 것을 걱정해서 자신의 행실을 변화시키고 악을 버리게 된다. 또한, 행운을 받을 자격이 없는 자들에게 행운이 돌아갔을 때에는, 그 행운이 그들을 파멸로 내던져 버리기도 한다. 그리고 어떤 사람들에게 다른 사람들을 벌할 수 있는 권력이 주어지는 것은 선한 자들을 단련시키고 악인들을 벌하기 위한 것이다.

선한 자들과 악인들이 서로 손잡고 화합할 수 없는 것과 마찬가지로, 악인들끼리도 서로 손잡고 화합할 수 없다. 악인들은 그들 자신과도 화합을 하지 못해서 악을 행하여 자신의 양심을 갈기갈기 찢어 놓고, 어떤 일들을 하고 나서는 자기가 그 일들을 하지 말았어야 했다고 후회할 것이 뻔한데도 그런 일들을 하는 것이 비일비재한데, 그런 그들이 어떻게 서로 화합할 수 있겠는가. 그래서 최고의 섭리는 자주 바로 그 점을 활용해서, 악인들을 사용해서 악인들을 선하게 만드는 놀라운 일을 만들어 낸다. 즉, 악인들 중에서는 자기가 자신보다 더 악한 자들에게 불의한 일들을 당하고 있다고 생각하게 될 때, 자기를 괴롭히는 자들에 대한 미움으로 불타올라서, 자신이 미워하는 자들과 똑같은 부류의 인간이 되고 싶지 않아서, 덕을 행하는 삶으로 돌아오는 사람들이 있다는 것이다.

오직 신에게만은 악한 것들은 선한 것들이 되기 때문에, 신은 악들을 적절하게 사용해서 선이라는 결과물을 만들어 낸다. 왜냐하면, 섭리에 의한 질서는 모든 것을 포괄하는 것이어서, 어떤 것이 신이 자기에게 정해 준 법칙에서 벗어나서 다른 상태로 변질되었다고 해도, 그것도 그 질서 안에 포함되는 까닭에, 섭리의 영역에서는 우연이라는 것은 존재할 수 없기 때문이다.

'하지만 내가 마치 신인 것처럼 이 모든 것에 대해 말하는 것은 어렵다.'[15] 신이 하는 온갖 일들의 세세한 것들을 인간의 능력으로 이해하거나 인간의 말로 표현하는 것은 불가능하기 때문이다. 따라서 우리는 만물의 조물주인 신이 모든 것을 안배하여 만물을 선으로 이끌어 가고 있고, 자기가 자신의 형상대로 만든 것들을 온전히 지키기 위해서, 일련의 운명의 필연적인 과정을 통해 자신의 나라로부터 모든 악을 제거하는 일에 민첩하다는 것만을 이해한 것으로도 충분할 것이다. 그러므로 네가 섭리에 의한 안배를 주목하기만 한다면, 이 땅에 차고 넘친다고 생각되었던 악들이 사실은 악이 아니고, 이 땅에서 일어나는 모든 일들 속에 악은 존재하지 않는다는 것을 알게 될 것이다. 하지만 나는 네가 지금까지 우리가 다룬 질문의 무거운 하중에 짓눌리고 긴 논증에 기진맥진해져서 달콤한 노래를 기다리고 있다는 것을 안다. 그러니 이제 이 청량한 음료를 한 모금 들이마시고 새롭게 힘을 얻어서, 더 굳건하게 다음 단계로 넘어가도록 하자."

네가 순수하고 명료한 정신으로
저 고귀한 최고신의 법을[16]
알고자 한다면
저 하늘의 가장 높은 곳을 바라보라.

---

15 이것은 호메로스의 『일리아스』 제12권 176행에 나온다.

16 여기에서 "최고신"으로 번역한 단어의 원어는 '토난스'(Tonans), 즉 우레의 신으로서 제우스 또는 유피테르를 가리킨다.

거기에는 신이 만물과 맺은 의로운 계약에 따라
별들이 저 옛적의 평화를
유구한 세월 동안 그대로 누리고 있도다.

붉은 불길이 활활 타오르는 태양은
달의 차가운 마차를 가로막지 않고,
하늘의 저 가장 높은 꼭대기 근처에서
빠른 속도로 달려가는 곰자리의 별들은
다른 별들이 서쪽 깊은 바다 속으로 가라앉는 것을 보면서도
자신의 불길이 대양의 물결 속에서 꺼지는 것을 원치 않아
그들 자신은 결코 가라앉지 않으며,
정확한 시간 구분을 따라 언제나
초저녁의 금성은 밤의 시작을 알리고
새벽녘의 금성은 따뜻한 새 날의 시작을 알린다네.

이렇게 서로 간의 사랑으로 인해
영원한 순환이 그치지 않으니,
별들이 총총한 나라에서는
불화와 전쟁이 완전히 추방되었구나.

이 화합은 모든 요소들을
최적의 방식으로 조율하여,
습한 것은 메마른 것과 섞이고
추운 것은 불길과 손을 잡으며

가벼운 불은 위로 치솟고
무거운 흙은 그 무게로 인해 아래로 가라앉는다네.

그 동일한 법을 따라
일년 중 화창한 봄날에는
꽃이 만발하여 향기가 흩날리고,
뜨거운 여름은 곡식을 말려 주며,
나무마다 주렁주렁 달린 열매들과 함께
가을이 돌아오고,
쏟아지는 비는 겨울의 땅을 촉촉이 적셔 주네.

한 해에 적절히 배분된 사계절은
이 땅에서 살아 숨 쉬는 모든 것들을
낳고 자라게 하기도 하고,
태어나 수명이 다한 것들을
그 최종적인 결말인 죽음 속에 묻어 감추어 버린다네.

조물주는 저 높은 곳에 좌정하여
고삐를 잡고 만유를 다스리시니,
그는 왕이고 주이며
만유의 원천이자 근원이며
법 자체이자 지혜로운 정의의 심판주로서
만물을 움직이게 하기도 하고
다시 끌어오기도 하고

움직이는 것들을 멈춰 세워두기도 한다네.

그가 만물을 각기 올바른 길로 돌아오게 하여
각자에게 정해진 궤도를 반복적으로 돌게 하지 않는다면,
지금 견고한 질서 안에서 서로 결합되어 있는 만물은
자신들의 원천으로부터 떨어져나가
산산이 흩어져 사라지게 되고 말 것이라네.

이것이 만물에 공통된 사랑이니,
만물이 자신들의 목적인 선을 통해 하나로 연합되고자 하는 것은
이 사랑의 끈에 이끌려
그들을 탄생시킨 원천으로
끊임없이 반복해서 돌아가지 않는다면,
다른 방식으로는 자신의 존재를
유지할 수 없기 때문이라네.

제 7 장

온갖 운명은 선하다

[보에티우스는 모든 운명이 선한 것이라는 철학의 단어에 이의를 제기하면서, 사람들은 어떤 운명에 대해서는 불운이라고 한다는 것을 분명히 한다. 철학은 사람들의 그러한 평가가 과연 옳은 것인지를 함께 분석해 보자고 제안한다. 이어지는 시에서는 운명에 대한 태도를 보여주는 본보기들로서 세 명의 신화적인 인물을 집중적으로 조명한다.]

"너는 우리가 지금까지 말해 온 이 모든 것들로부터 자연스럽게 도출되는 결론이 무엇인지를 아느냐?"

"그것이 무엇입니까?"

"온갖 운명은 선하다는 것이다."

"하지만 어떻게 그럴 수 있습니까?"

"잘 들어 보아라. 즐거운 것이든 힘든 것이든 온갖 운명은 선한 자들에게는 상을 주거나 단련시키기 위한 것이고, 악한 자들에게는 벌을 주거나 바로잡기 위한 것으로서 정당하거나 유익한 것이기 때문에 선한 것일 수밖에 없다."

"그런 추론과 결론은 지극히 합당합니다. 당신이 방금 전에 섭리나 운명에 대해 내게 가르쳐 주신 것을 곰곰이 생각해 보면, 나는 그 가르침이 확고하고 강력한 논거 위에 세워져 있는 것을 봅니다. 하지만 당신도 인정하시겠지만, 그런 가르침은 대중들에게는 당신이 조금 전에 받아들이기 힘든 것들이라고 하신 것들 중의 하나일 것 같습니다.”

“그 이유가 무엇이냐?”

“사람들은 통상적으로 어떤 사람들이 불운하다고 말하고, 그런 표현을 실제로 자주 사용하기 때문입니다.”

“너는 우리가 사람들의 통상적인 생각에서 지나치게 동떨어진 것처럼 보이지 않기 위해서는 어느 정도 대중들이 실제의 삶 속에서 사용하는 단어나 표현을 고려해서 말하고 표현해야 한다고 생각하는 것이냐?”

“그렇게 해야 하지 않을까 생각합니다.”

“그렇다면 너는 사람들에게 유익이 되는 것이라면, 그것은 선한 것이라고 생각하지 않느냐?”

“그렇게 생각합니다.”

“어떤 것이 선한 자들을 단련시키고 악한 자들을 바로잡는 것이라면, 그것은 유익한 것이겠지.”

“동의합니다.”

“따라서 그것은 선한 것이기도 하겠지.”

“당연히 그렇지 않겠습니까?”

“하지만 그것은 미덕 안에 견고히 서서 역경에 맞서 싸우거나, 악으로부터 돌아서서 미덕의 길을 가고자 하는 사람들에게만 적용된다.”

“그렇습니다.”

“그렇다면 선한 자들에게 보상으로 주어지는 행운은 어떠하냐? 대중들이 그것도 나쁘고 악한 것이라고 생각하겠느냐?”

“결코 그렇지 않습니다. 뻔한 말이지만, 사람들은 그것을 아주 좋은 것이라고 생각합니다.”

“악인들에게 정의로운 형벌이 내려져서, 그들은 힘들고 괴로워하기는 하겠지만, 그들의 행실을 어느 정도 억제하고 바르게 교정하는 운명은 어떠하냐? 사람들은 그것도 좋고 선한 것이라고 생각하느냐?"

"그렇지 않습니다. 사람들은 그것을 사람이 생각할 수 있는 운명 중에서 가장 비참하고 참담한 것이라고 생각합니다."

"그렇다면 우리가 대중들의 생각을 따라서 말하다보면, 우리가 말하고자 하는 것과는 전혀 다른 엉뚱한 결론에 도달하게 되지 않겠느냐?"

"무슨 말씀이신지요."

"우리가 지금까지 증명하고 확인한 것들로부터 도출되는 결론은, 미덕을 지니고 있거나 미덕 안에서 진보를 이루고자 하거나 미덕에 도달하고자 하는 자들에게는 그들의 운명이 무엇이든 그들에게 주어지는 모든 운명은 한결같이 다 선하고 좋은 것인 반면에, 악을 고집하는 자들에게는 모든 운명이 지독하게 나쁘고 악하다는 것이다."

"아무도 그것을 인정하려고 하지 않겠지만, 그것은 옳은 말씀입니다."

"그러므로 용사가 전쟁터에서 적군의 함성소리를 들을 때마다 성가시다고 불평하는 반응을 보여서는 안 되는 것과 마찬가지로, 지혜로운 자는 운명과 싸움을 벌일 때마다 그 싸움이 힘들다고 불평하는 반응을 보여서는 안 된다. 자신에게 닥친 어려움이나 난관은, 용사에게는 자신의 영광을 드높일 기회가 되고, 지혜로운 자에게는 자신의 지혜를 더욱 갈고 닦을 기회가 되기 때문이다. 우리가 미덕을 '비르투스'(virtus)라고 부르는 이유도 미덕의 힘(vires - '비레스')에 의지하여 싸운다면 역경을 이길 수 있기 때문이다.[17] 미덕을 이루는 길로 나아가고 있는 너희가 지금 여기까지 오게 된 것

---

17 정확하게 말한다면, 라틴어로 미덕을 뜻하는 '비르투스'는 '비르'(vir, 사람)의 특질을 의미한다(Cicero, 『투스쿨룸에서의 대화』 제2권 43행). 라틴어로 "힘"을 나타내는 단어로는 '비레스'(vires)와 '비스'(vis) 가 있다.

도 풍족한 삶이라는 운명에 져서 방종과 쾌락으로 치닫지 않고, 도리어 그런 운명을 이기고 극복했기 때문이 아니더냐? 너희는 불운으로 인해 짓눌리거나 행운으로 인해 타락하지 않기 위해서 온갖 운명과 정신적으로 치열한 싸움을 치르고 있다. 어떤 경우에도 온 힘을 다해 중용을 지켜라.[18] 중용에서 지나치거나 부족한 것은 행복을 얻을 수 없고 수고에 대한 보상도 받을 수 없다. 왜냐하면, 어떤 운명이든지 그 운명이 너희 자신에게 유익이 되게 하느냐 해악이 되게 하느냐는 전적으로 너희 자신에게 달려 있어서, 역경으로 보이는 모든 운명은 너희를 단련시키거나 바로잡는 것이 될 수도 있고 너희를 벌하는 것이 될 수도 있기 때문이다."

> 아트레우스의 아들은
> 자기 동생의 결혼을 망쳐 버린
> 트로이의 왕자에 대해 복수하고자 하는 일념으로
> 십 년이라는 세월 동안 전쟁을 수행한 끝에
> 트로이를 멸망시켰다네.[19]
> 그는 그리스의 함대가 항해할 수 있게 하기 위해

---

18 미덕을 두 극단 사이의 중용으로 이해하는 것은 아리스토텔레스의 사상이다. 『니코마코스 윤리학』 1115A 이하를 보라.

19 미케네 왕 아트레우스의 아들은 트로이 전쟁에서 그리스 군의 총사령관이었던 아가멤논을 가리킨다. 메넬라오스가 트로이의 왕자 파리스에게 자신의 아내 헬레네를 빼앗기자, 메넬라오스의 형 아가멤논을 중심으로 그리스 군이 결성된다. 아가멤논이 전군의 사령관이 되고 아킬레우스가 함대를 지휘한다. 아가멤논은 아울리스 항구에 집합한 그리스 함대를 이끌고 트로이로 출정하려 했으나 바람이 전혀 불지 않아 함대를 출발시킬 수가 없었다. 아가멤논이 아르테미스의 분노를 사서 바람이 한 점도 불지 않기 때문이다. 예언자인 칼카스가 그리스 군의 총사령관 아가멤논의 딸 이피게네이아를 제물로 바쳐야 한다고 말한다. 아가멤논은 딸을 희생시켜야 하는 아비의 마음과 그리스 군의 총사령관의 의무 사이에서 극심한 내적 갈등을 겪는다. 결국 자신의 운명을 받아들이게 된 이피게네이아가 제단에 서자 그 순간 신비한 일이 일어난다. 제단에 이피게네이아가 아니라 암사슴이 피를 흘리며 누워 있었다. 이피게네이아를 불쌍히 여긴 아르테미스 여신이 그녀 대신 암사슴을 보낸 것이다.

신에게 자신의 딸의 피를 바쳐 순풍을 샀으니,

엄혹한 현실 앞에서 신의 제관으로서 아버지이기를 포기하고

가련한 자기 딸의 목숨을 바치기로 신에게 약속하였도다.

이타카 사람 오디세우스는

거내한 동굴 속에 숨어 살던 괴물 폴리페모스에게

자신의 동료들을 잃고서

저 괴물의 뱃속에 삼켜진 그들을 생각하며 통곡하다가

분연히 일어나 그 괴물의 눈을 찔렀고,

그 괴물이 눈이 멀어 몸부림치는 모습을 보았을 때,

비통한 눈물로 얼룩졌던 그의 얼굴에

기쁨이 다시 돌아왔다네.[20]

가혹한 고난의 연속이 헤라클레스에게 복이 되었으니,

오만방자한 반인반마의 괴물 켄타우로스를 굴복시켰고,

사나운 사자의 가죽을 벗겼으며,

귀신 같은 활솜씨로 식인 새들을 꿰뚫었고,

용이 지키고 있던 황금 사과를 손에 넣었으며,

---

20 폴리페모스는 그리스 신화에 나오는 외눈박이 거인족 키클로페스 중 한 명이다. 트로이 전쟁을 끝내고 귀향하던 오디세우스 일행을 잡아먹으려 눈을 찔러 맹인이 된다. 폴리페모스는 시칠리아 섬의 동굴에서 양 떼를 치며 살았는데, 트로이 전쟁을 끝내고 귀향하던 오디세우스 일행이 우연히 이 섬에 들르게 되었다. 일행은 폴리페모스가 양 떼를 몰고 나간 사이에 그의 동굴에 들어갔다가 그만 안에 갇히게 되고, 저녁에 돌아온 폴리페모스는 동굴에서 일행을 발견하고는 두 명을 붙잡아 잡아먹었다. 오디세우스는 칼을 뽑아 잠든 폴리페모스를 죽이려 했지만, 동굴 입구를 막아 놓은 거대한 바위를 움직일 힘이 없어서 죽이지는 않고, 그 대신 폴리페모스에게 맛있는 포도주를 권한 뒤 그가 술에 취해 곯아떨어지자 끝을 뾰족하게 깎은 말뚝으로 눈을 찔러 맹인으로 만드는 수법을 사용해서 거기에서 탈출한다.

저승 입구를 지키는 개인 케르베로스를

삼중의 쇠사슬로 묶어 놓았고,

폭군 디오메데스를 쳐서 이긴 후에는

그가 기르던 네 마리 잔인한 말들에게 먹이로 주었으며,

히드라를 불로 지져서 죽였고,

강의 신 아켈로스는 이마에 상처를 입고 뿔이 부러져서

수치스러움에 강둑 아래 물 속에

자신의 얼굴을 파묻었으며,

리비아 사막에서 안타이오스를 때려눕혔고,

카쿠스를 죽여 에반데르의 분노를 풀어 주었는데,

에리만토스의 멧돼지를 잡아 메고 오느라고

그 침으로 더럽혀진 그의 불굴의 두 어깨로

하늘을 떠받치는 것이 그에게 주어진 마지막 고난이었으니,

그 상으로 하늘에 올랐도다.[21]

그러므로 이 위대한 모범이 보여주는

저 고귀한 길로 가거라.

너희 게으른 자들이여,

어찌하여 그 길에 등을 돌리고

도망치려 하는 것이냐.

땅을 넘어서고 이기는 자에게만

하늘의 별들이 주어지는 법이니.

---

21 보에티우스는 여기에서 헤라클레스가 겪은 열두 가지의 노역을 차례로 노래한다.

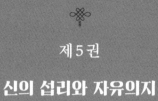

제 5 권

신의 섭리와 자유의지

제 1 장

섭리와 자유의지에 대한 서론 ─ 우연

[이 책의 마지막 권의 주된 주제, 즉 섭리와 자유의지를 어떻게 조화시킬 수 있는 것인가 하는 문제에 대한 정지작업으로서, 보에티우스는 우연이 존재할 가능성이 있는지, 있다면 그런 우연은 어떤 성격을 지니는지에 대해 가르쳐 줄 것을 요청한다. 철학은, 우연이라는 것은 섭리에 의해 주도되고 운명에 의해 실행되는 여러 요인들의 예기치 않은 결합이라는 아리스토텔레스의 저 유명한 정의와 예시로 대답한다. 이어지는 시에서는 그것을 구체적으로 예시해서, 겉보기에는 강물의 흐름이 무작위적인 것 같지만 사실은 일정한 원인들의 지배를 받고 있는 것임을 보여 준다.]

그녀는 이 문제에 대한 말을 마친 후에, 다른 문제들을 설명하기 위해 잠시 말을 중단한 채 숨을 돌렸다. 그래서 나는 그 틈을 타서 이렇게 말했다.

"당신의 권고는 지극히 옳고 당신의 권위에 비추어 보았을 때에도 아주 어울립니다. 하지만 나는 당신이 방금 섭리에 대해 말씀하신 것, 즉 섭리라는 문제는 다른 많은 문제들과 결부되어 있다고 하신 말씀을 좀 더 구체적으로 확인해 보고 싶습니다. 다시 말하자면, 당신은 우연이라는 것이 존재한다고 생각하는지, 만일 존재한다면 어떤 것이 우연인지를 알고 싶습니다."

"나는 내가 네게 한 약속을 가능한 한 빨리 이행해서, 너를 너의 본향으로 이끌어 줄 길을 네게 신속하게 열어 주려고 애쓰고 있다. 그런데 네가 지금 알고 싶어 하는 것을 실제로 네가 알게 된다면 물론 네게 유익이 되긴 하겠지만, 우리가 목표로 설정한 길에서는 약간 벗어나 있는 것이어서, 혹시라도 네가 그런 샛길로 가다가 지쳐서, 원래 우리가 설정했던 목표에 끝까지 도달하지 못하게 되면 어쩌나 하는 염려가 되기도 하는구나."

"그런 염려는 하실 필요가 없습니다. 내가 정말 알고 싶어 하는 것들을 알게 된다면, 그것은 내게 피곤한 일이 아니라 도리어 내가 편안함을 얻고 쉬는 일이 될 것이기 때문입니다. 아울러, 그것은 당신이 지금까지 해 온 논증을 모든 면에서 빈틈없이 견고하게 해 주는 것이 되어서, 당신의 논증은 그 어떤 면에서도 의심할 수 없는 더욱 완벽한 것이 될 것입니다."

그녀는 "네가 그렇게 말하니 너의 뜻대로 하겠다"고 말하고 나서 즉시 말을 이어갔다.

"일련의 원인들에 의해서가 아니라 느닷없이 제멋대로 생겨난 어떤 움직임에 의해서 어떤 일이 벌어지는 것을 우연이라고 정의한다면, 나는 우연이라는 것은 절대로 존재하지 않는다고 확신하고, 우연이라는 말은 실제의 현실을 조금도 반영하지 않는 전적으로 공허하고 무의미한 말이라고 생각한다. 신이 모든 것을 다스리고 주관함으로써 자신의 질서를 따라 만유를 이끌어가고 있는데, 어떻게 그 질서에서 벗어나서 제멋대로 움직이는 것이 존재할 수 있는 여지가 있겠느냐.

무(無)에서는 아무것도 생겨나지 않는다는 것은 참된 명제이기 때문에, 옛 사람들 중에서 거기에 이의를 제기한 사람은 아무도 없었고, 그들은 모두 그것을 창조의 원리와 결부시켜 생각한 것은 아니었지만, 만물의 생성과 변화의 원리로 보고서 만물과 관련된 모든 논증의 토대로 삼았다. 그런데 만일 어떤 것이 원인 없이 생겨난다면, 그것은 무(無)에서 어떤 것이 생겨나는 것이 될 것이다. 따라서 그런 일이 존재할 수 없다면, 우리가 방금 정의한 우연도 존재할 수 없다."

"그렇다면 우연이라고 부를 수 있는 것은 아예 존재하지도 않는데, 사람들은 어떤 일이 일어났을 때 그 원인을 알지 못해서 우연이라고 부른다는 것입니까?"

"아리스토텔레스가 자신의 서시인 『자연학』에서 간략하지만 거의 진리에 가까운 말로 이미 그것을 잘 설명해 놓았다."[1]

"어떻게 설명했습니까?"

"그는 어떤 특정한 목적을 이루기 위해서 어떤 일을 했는데, 이런저런 이유로 원래 의도했던 것과는 다른 일이 일어났을 때에 그것을 우연이라고 정의하고서, 그런 예로 어떤 사람이 밭을 갈기 위해서 땅을 팠는데, 땅 속에 묻혀 있는 금덩이를 발견한 경우를 들었다. 그런 경우에 사람들은 이것을 우연이라고 생각하지만, 이 일이 무에서 생겨난 것은 아니다. 이 일은 분명히 여러 원인들이 결합되어서 일어난 일이지만, 사람들은 원인들의 그러한 조합을 예상하지 못했기 때문에, 이 일은 우연이라고 부른 것일 뿐이다. 만일 그 사람이 자신의 밭을 갈기 위해서 땅을 파지 않았거나, 금덩이를 거기에 파묻어둔 사람이 그 금덩이를 바로 그곳에 숨겨두지 않았다면, 금덩이가 발견되는 일은 생기지 않았을 것이다. 따라서 이런 것들은 그 사람이 금덩이를 발견하게 된 일의 원인들이고, 이 일이 일어나게 된 것은 그 사람의 의도 때문이 아니라 이 원인들의 조합 때문이다. 즉, 금덩이를 땅에 묻은 사

---

1 우연에 대한 정의는 아리스토텔레스의 『자연학』 197A에 나오고, 밭을 갈기 위해 땅을 팠다가 거기에 감추어진 금덩이를 발견한 것에 관한 예화는 『형이상학』 1025A에 간략한 형태로 처음으로 등장하는데, 이후에는 철학자들의 저술에서 광범위하게 발견된다. 이렇게 우연에 대한 정의와 예화가 결합된 형태는 심플리키우스와 필로포누스의 글들에서 발견된다.

람이나 밭을 갈기 위해 땅을 판 사람이 금덩이를 찾아내고자 하는 의도를 지니고 있었기 때문이 아니라, 방금 말한 것처럼 한 사람이 금덩이를 거기에 묻은 것과 또 한 사람이 우연히 금덩이가 묻혀 있는 곳을 판 것이 서로 결합되었기 때문에, 이 일이 일어나게 된 것이다.

그러므로 우리는 어떤 목적을 위해 행해진 일에 여러 가지 원인들이 결합되어서 예상하지 못한 일이 일어나는 것을 우연이라고 정의할 수 있다. 그런데 모든 원인들은 섭리와 거기에 따른 질서에 의해서 서로 만나고 결합된다. 즉, 섭리라는 원천에서 나온 질서가 섭리와의 필연적인 연결 관계 속에서 모든 것을 섭리에 따라 고유한 장소와 시간에 안배할 때, 모든 원인들은 거기에 따라 모이고 흩어져서 서로 일정한 결합을 이루게 된다는 것이다."

후퇴하던 파르티아 군대가 되돌아서서

추격하던 적의 심장에 화살 세례를 퍼부었던 곳인

아카이메니아 산들의 바위 틈새에서 흘러나온 물이

두 갈래로 갈라져서

티그리스 강과 에우프라테스 강이 생겨나지만,[2]

이 두 강이 다시 만나 하나를 이루면,

그동안 따로 흐르던 물줄기들이 하나가 되어 흐르니,

---

2 "아카이메니아 산들"은 파르티아의 산들을 지칭하는 것인데, 아카이메네스 제국을 세우고 BC 559-330년까지 229년간 통치한 이란의 고대 왕조였던 아카이메네스 왕조를 염두에 두고 이렇게 부른 것 같다. 여기에는 파르티아 군대의 산악 궁수대가 사용한 전법이 묘사되어 있는데, 이러한 묘사는 아우구스투스 시대의 시가에서 흔히 사용되었다. 티그리스 강과 에우프라테스 강이 발원지가 동일하다는 보에티우스의 잘못된 이해는 루카누스에게서 영향을 받은 것으로 보인다.

따로 갈라져 내려오던 배들과
뿌리 뽑힌 나무들도 서로 만나서,
두 강물과 거기에서 떠내려 오던 모든 것들이
우연의 길에서 서로 뒤섞이고 한데 엉켜서
도도한 장강을 이룬다네.

하지만 이렇게 우연히 서로 얽히고설킨 것처럼 보이는 것들도
사실은 경사진 땅과 아래로 흐르는 물의 성질이
다스리고 있으니,
제멋대로 떠도는 것 같은 우연도
누군가에게 고삐를 잡혀 흘러가고
법칙에 따라 움직이는 것이라네.

제2장

인간에게 자유의지가 존재하는가

[이제 보에티우스는 인간에게 자유의지가 존재하는지를 묻는다. 철학은 자유의지가 존재한다는 것을 강조하지만, 자유의지의 작용을 네 단계로 구분한다. 개별 영혼이 땅의 것들, 특히 악들에 더 묶여 있을수록, 이성을 사용해서 자유로운 선택을 할 수 있는 능력은 더 떨어지게 된다. 이어지는 시에서는 철학이 여기에서 마지막으로 한 말을 발전시켜서, 섭리의 눈을 신이 지켜보는 것과 동일시하며, 신을 참된 태양으로 묘사한다.]

"나도 그것을 알고 있고, 당신이 말씀하시는 것에 전적으로 동의합니다. 하지만 이토록 긴밀하게 연결되어 있는 일련의 원인들의 연쇄가 존재하는데, 우리 인간의 의지의 자유라는 것이 과연 존재할 수 있겠습니까. 그러니 이 운명의 사슬이 인간의 정신의 움직임까지도 단단히 묶어서 지배하고 있는 것입니까?"

"의지의 자유는 존재한다. 이성을 지닌 존재에게는 본성적으로 의지의 자유가 있고, 의지의 자유가 없는 이성적 존재라는 것은 없다. 본성적으로 이성을 사용할 수 있는 존재는 판단하고 분별할 수 있는 능력도 지니고 있어서 모든 것을 자신의 의지에 따라 결정할 수 있고, 자기가 피해야 할 것들과 자신에게 바람직한 것들을 구별할 수 있기 때문에, 인간은 자신에게 바람직한 것이라고 판단한 것들을 추구하고, 피해야 할 것들이라고 판단한 것으로부터 도망친다. 그러므로 이성을 지닌 것들은 모두 그 자신 속에 의지의 자유를 지니고 있어서 이것을 원하거나 저것을 원하지 않을 수 있지만, 이 자유는 모두에게 똑같은 정도로 존재하는 것은 아니다. 신적 실체를 지닌 하늘에 속한 존재들은[3] 모든 것을 꿰뚫어보는 분별력과 손상되지 않은 의지와 자신이 원하는 것을 이룰 수 있는 능력을 소유하고 있다.

그러나 인간의 영혼은 신의 정신을 집중적으로 바라보며 자신을 보존할 때에는 더 사유롭지만, 물질적인 것들에 영향을 받아 흩어지면 덜 자유롭게 되고, 땅에 속한 것들에 매이고 묶이게 되면 더 한층 자유롭지 못하게 되며, 악에 사로잡혀 인간으로서의 고유한 이성을 상실하게 되면 마침내 노예가 되어 버린다. 그런 사람들은 최고의 진리의 빛을 바라보던 자신들의 눈을 비천한 어둠으로 돌리는 순간 그 즉시 무지의 구름에 뒤덮여서 파멸적인 욕망들에 의해 혼란스럽게 되어, 그 욕망들에 동의하여 자신을 거기에 내어줌으로써, 자신이 자초한 저 노예상태를 더욱 강화시키는 것이기는 하지만, 그것은 그들에게 의지의 자유가 없어서 그렇게 된 것이 아니라, 도리어 그들에게 주어진 의지의 자유에 의해서 그들 스스로가 선택하여 노예가 된 것일 뿐이다. 그럼에도 불구하고, 섭리는 영원 속에서 이 모든 것을 미리 내다보아 알고, 각 사람이 자유의지로 선택하게 될 것들을 고려해서 모든 것을 안배한다."

순수한 빛으로 빛나는 태양은
'모든 것을 보고 모든 것을 듣는다'고
호메로스는 감미로운 목소리로 노래하지만,
태양조차도 그 약한 광선의 빛으로는

---

3 이 존재들은 육신을 입지 않은 채로 천상의 "형상들"의 세계에서 살아가는 영혼들을 가리킨다.

땅이나 바다의 저 가장 깊은 곳까지는
꿰뚫어 볼 수 없다네.
이 위대한 만유의 조물주는 그렇지 않으니,
저 높은 곳에서 모든 것을 보시는 그에게는
거대한 땅덩어리도,
밤의 칠흑 같이 어두운 구름도
장애물이 되지 못한다네.

자신의 정신을 한 번 살짝 드는 순간,
지금 존재하는 것들과
전에 존재했던 것들과
앞으로 존재하게 될 것들을
아시니,
이렇게 모든 것을 아시는 오직 한 분인 그를
참된 태양이라 부를 수 있으리.[4]

---

4 이렇게 신을 모든 빛의 원천인 참된 태양으로 상징하는 것은 플라톤에게로 거슬러 올라가는데, 특히 『국
  가론』 제7권에 나오는 동굴에 관한 신화에 나온다. 이러한 묘사는 신플라톤주의의 글들에서 자주 등장
  한다.

제 3 장

신의 예지와 자유의지가 조화될 수 있는가

[이 장은 보에티우스가 제1권 제4장에서 자신의 신세와 처지를 한탄하는 말을 길게 늘어놓은 것을 제외하고는, 이 책에서 다루고 있는 논쟁과 관련해서 가장 길게 발언하는 유일한 장이다. 그는 자신의 이러한 긴 발언을 통해서, 이전의 철학자들이 제시했던 해법, 즉 신의 예지는 필연적으로 결정론을 의미하지 않는다는 해법을 일련의 반론으로 공격하는 방식으로, 신의 예지와 자유의지의 존재가 어떻게 조화될 수 있는지에 대해 근본적인 문제제기를 하면서, 자유의지의 존재는 허구이기 때문에, 선악에 대한 모든 상벌도 합당하지 않고, 신에게 기도하는 것도 아무 소용이 없는 짓이라고 결론을 내린다. 이어지는 시에서는 인간의 정신은 육신에 갇혀 있어서 이전에 소유했던 진리에 대한 지식을 온전히 다시 기억해낼 수 있는 능력이 없다고 노래한다.]

　"나는 한층 더 큰 난해함과 의구심으로 인해 또다시 혼란스러워지는 것 같습니다."

　"물론, 나는 너를 괴롭히고 있는 것이 무엇인지 이미 짐작하고 있기는 하지만, 너를 혼란스럽게 하는 것이 무엇인지 네 입으로 직접 말해 보아라."

　"신이 모든 것을 미리 알고 있다는 것과 자유의지가 존재한다는 것은 너무나 모순되고 서로 상충되는 것으로 보입니다. 신이 모든 것을 미리 알고, 그것이 조금도 틀릴 수 없다면, 필연적으로 모든 일은 신이 자신의 섭리

속에서 미리 내다본 그대로 일어날 수밖에 없습니다. 그러므로 신이 영원 안에서 사람들의 행위만이 아니라 그들의 생각과 계획과 의지까지 다 미리 알고 있다면, 자유의지는 존재하지 않을 것입니다. 왜냐하면, 절대로 틀릴 수 없는 신의 의지가 미리 알고 있는 것 외에는 인간에게서 그 어떤 행위나 생각이나 계획이나 의지도 존재할 수 없기 때문입니다. 만일 신이 미리 알고 있는 것과 다른 식으로 전개되는 일들이 존재한다면, 신은 미래의 모든 일들을 확실하게 미리 알고 있는 것이 아니라, 단지 불확실한 추측이나 추정만을 갖고 있을 뿐이라는 것이 되기 때문에, 그렇게 생각하는 것은 신을 모독하는 것이 될 것입니다.

또한, 어떤 사람들은 다음과 같은 논증으로 이 어려운 문제를 풀 수 있다고 주장합니다. 즉, 그들은 섭리가 어떤 일이 일어날 것임을 미리 알았기 때문에 그 일이 일어나는 것이 아니라, 그 일이 미래에 일어나게 될 것이 기정사실이어서, 섭리가 그것을 미리 아는 것이기 때문에, 이 둘 간에 존재하는 필연성은 우리가 생각하는 것과는 정반대의 것으로서, 신이 미리 아는 것들이 필연적으로 일어나는 것이 아니라, 단지 신이 장차 일어나게 될 일들을 필연적으로 미리 아는 것이라고 말합니다. 그러니까 그들은 신이 필연적으로 미래의 일들을 안다는 것이 미래에 그 일들이 일어나게 되는 원인인지, 아니면 미래에 그 일들이 필연적으로 일어나게 되어 있다는 것이 신이 그 일들을 미리 알게 되는 원인인지를 따져서 알아내는 것만이 마치 우리가 해야 할 일인 것처럼 말하면서, 신이 미래에 일어날 일들을 미리 아는 것이 그 일들이 미래에 일어나게 되는 필연적인 원인은 아니라고 해도, 현실에서 원인들이 어떤 식으로 서로 결합한다고 할지라도, 결국에는 신이 미리 알고 있는 일들만이 필연적으로 일어나게 되어 있다는 것이 이 문제의 핵심이라는 것을 간과해 버립니다. 그래서 나는 그들이 자신들의 논증으로 이 문제가 해결되었다고 주장하는 데 동의할 수 없습니다.

예컨대, 어떤 사람이 앉아 있다면, 그 사람이 앉아 있다고 추정하는 것은 필연적으로 참일 수밖에 없습니다. 역으로, 어떤 사람이 앉아 있다는 추정이 참이라면, 그 사람은 필연적으로 앉아 있어야 합니다. 따라서 전자의 경우에는 그 사람이 앉아 있다는 추정이 참이라는 필연성이 존재하고, 후자의 경우에는 그 사람이 앉아 있다는 필연성이 존재하기 때문에, 두 경우 모두에 필연성이 존재합니다. 물론, 그 사람에 대한 그러한 추정이 참이기 때문에 그 사람이 앉아 있는 것이 아니라, 먼저 그 사람이 앉아 있기 때문에 그 추정이 참이 되는 것이어서, 어느 한 쪽이 다른 쪽의 원인으로 작용하기는 하지만, 둘 모두에 공통적으로 필연성이 존재한다는 것은 여전히 사실입니다.

섭리와 미래에 일어날 일들의 관계에 대해서도 이것과 동일한 논리가 성립한다는 것은 분명합니다. 즉, 신이 어떤 일이 일어나게 될 것을 미리 알고 있기 때문에 그 일이 실제로 일어나는 것이 아니라, 그 일이 미래에 일어나게 될 것이 확실하기 때문에 신이 그 일을 미리 알고 있는 것이기는 하지만, 그럼에도 불구하고 그 일이 일어나게 될 것이기 때문에 신이 필연적으로 미리 아는 것이고, 신이 미리 알고 있기 때문에 그 일이 필연적으로 일어나게 된다는 것은 여전히 사실인데, 이것만으로도 의지의 자유는 충분히 부정되고 맙니다.

그런데 시간 속에서 일어나게 될 일들이 신이 영원 안에서 미리 아는 것의 원인이라고 말한다면, 그것은 얼마나 앞뒤가 뒤바뀐 것이겠습니까. 미래에 어떤 일들이 일어나게 될 것이기 때문에, 신이 미래의 일들을 미리 아는 것이라고 말하는 것은 어떤 일들이 이미 일어났기 때문에 그 일들이 신의 최고의 섭리의 원인이라고 말하는 것과 무슨 차이가 있겠습니까.

또한, 내가 어떤 것이 존재한다는 것을 알 때, 그것은 필연적으로 존재하는 것과 마찬가지로, 내가 어떤 일이 일어나게 될 것임을 알 때, 그 일은 필연적으로 일어나게 될 것입니다. 따라서 신이 미리 아는 어떤 일이 미래에 일어나게 될 것은 피할 수 없습니다.

끝으로, 어떤 사람이 어떤 것을 실제와는 다르게 생각한다면, 그것은 아는 것이 아니라, 참되게 아는 것과는 완전히 거리가 먼 잘못된 견해일 뿐입니다. 그러므로 미래에 일어날 어떤 일이 실제로 일어날 것인지가 확실하지도 않고 필연적이지도 않다면, 그 일이 미래에 일어날 것임을 미리 안다는 말을 어떻게 할 수 있겠습니까. 진정으로 안다는 것은 거짓된 것이 하나도 섞이지 않은 것이어서, 그렇게 아는 것은 있는 그대로를 아는 것 외의 다른 것일 수 없기 때문입니다. 진정으로 아는 것에 거짓이 섞일 수 없는 이유는 진정으로 아는 것은 반드시 모든 것을 있는 그대로 아는 것이어야 하기 때문입니다.

그렇다면 신은 미래에 일어날지 안 일어날지 불확실한 어떤 일들이 일어날 것인지 아니면 일어나지 않을 것인지를 어떻게 미리 아는 것입니까? 일어나지 않을 가능성이 있는 일들을 신이 반드시 일어날 것이라고 생각했다면, 그것이 신이 잘못 안 것인데, 이것은 생각하는 것만으로도 이미 불경한 짓이기 때문에, 입 밖으로 내어 말하는 것은 더욱더 불경한 짓입니다. 게다가, 신이 미래에 있을 그 일들을 있는 그대로 직시해서, 그 일들은 일어날 수도 있고 일어나지 않을 수도 있다는 것을 알고 있다고 한다면, 아무런 확실한 것도 알지 못하는 그것이 어떻게 미리 아는 것이 될 수 있겠으며, '내가 예언하는 것들은 일어나거나 일어나지 않을 것이다'라고 말했던 테이레시아스[5]의 저 어처구니없는 예언과 무엇이 다르겠습니까. 또한, 신이 일어날지 안 일어날지가 불확실한 일들을 단지 불확실하다고 말하고 그렇게만 알고 있다면, 신의 섭리가 인간의 견해보다 더 나은 것이 무엇이 있겠습니까.

반대로 모든 것의 가장 확실한 원천인 신에게 불확실한 것이 절대로 존재할 수 없다고 한다면, 신이 미래에 일어날 것이라고 미리 알고 있는 모든 것은 분명히 일어나게 될 것입니다. 그런 경우에는 신의 정신이 모든 것을 한 치의 오차도 없이 미리 내다보고서 모든 원인들을 자신의 뜻대로 조합하고 결합해서 하나의 결과를 만들어 낼 것이기 때문에, 인간의 생각이나 행위에는 그 어떤 자유도 존재하지 않게 됩니다.

이것을 받아들이게 되면, 인간사는 온통 대혼란에 빠져들게 될 것이 뻔합니다. 먼저 인간의 정신에는 자유의지를 따라 행할 수 있는 능력이 없기 때문에, 선한 자들에게 상을 주고 악인들을 벌해서 선을 유도하는 것이 아무 소용도 없는 짓이 될 것입니다. 또한, 악인들을 벌하고 선한 자들에게 상을 주는 것이 지금은 대단히 정의로운 조치로 여겨지고 있지만, 그때에는 가장 불의하고 부당한 조치가 될 것입니다. 악인들이나 선한 자들이 악행을 하거나 선행을 하는 것은 그들 자신의 의지에 의거해서 일어나는 것이 아니라, 그들이 그렇게 하도록 이미 확실하게 정해진 필연성에 의거해서 일어나는 것이기 때문입니다. 선과 악이 온통 뒤섞여서 그 구분도 사라질

---

5 테이레시아스는 그리스 신화에 등장하는 테베 출신의 맹인 예언자다. 신통력으로 유명했고 여자로 변신해서 7년을 살았던 적이 있으며 남들의 7배를 살았다. 여기에서 그가 한 말은 호메로스의 『오디세이아』에 나오는 오디세우스와 테이레시아스의 대화를 희화화한 호라티우스의 『풍자시』 제2권 5.59에 나오는데, "어떻게 하면 이타카에 돌아가기 전에 많은 돈을 벌 수 있느냐"는 오디세우스의 질문에 대한 대답으로서, 예언을 조롱하는 의미가 담겨 있다.

것입니다. 모든 것은 신의 섭리에 의거해서 일어나고, 인간이 자신의 의지와 생각으로 할 수 있는 것은 아무것도 없기 때문에, 이렇게 생각하는 것보다 더 악하고 불경스러운 것은 없겠지만, 우리의 모든 악들조차도 모든 선한 것의 원천인 신에게 돌려지게 될 것이기 때문입니다.

그러므로 어떤 일이 일어나기를 희구하거나 어떤 일이 일어나지 않기를 간청하는 것도 전혀 의미 없는 일이 됩니다.[6] 모든 일이 확고하게 정해진 것을 따라 일어나는데, 인간이 어떤 일이 있기를 희구하거나 어떤 일이 일어나지 않기를 탄원하는 것이 무슨 소용이 있겠습니까. 따라서 인간과 신이 교류할 수 있는 저 유일한 통로인 희구와 탄원이 사라지게 될 것입니다. 인간이 자신을 낮추고 신에게 기도했을 때에 신의 은총이라는 이루 헤아릴 수 없이 귀한 것을 받는 길이 열려 있는 경우에는, 사람들은 자신들이 구하는 것을 실제로 받지 못할 때에도 저 근접할 수 없는 빛 앞으로 나아가서 신과 대화할 수 있게 해 주는 것이 바로 저 희구와 탄원입니다. 그런데 우리가 미래에 일어날 일들은 미리 정해진 대로 필연적으로 일어난다는 것을 인정하게 된다면, 신에게 희구하거나 탄원하는 것은 아무런 의미도 없게 될 것인데, 무슨 수로 우리가 만물의 최고의 원천이자 원리이신 분과 대화하며 그에게 붙어 있을 수 있겠습니까. 그러므로 당신이 조금 전에 노래했듯이, 인류라는 종족은 자신의 원천으로부터 단절되고 떨어져 나와서 산산이 부서지고 말 것입니다."

---

6 신에게 드리는 기도는 좋은 일이 일어나게 해 달라고 행운을 기도하는 "희구"와 좋지 않은 일이 일어나지 않게 해 달라고 불운을 막아줄 것을 기도하는 "탄원"으로 구분되기 때문에, 보에티우스는 이 두 종류의 기도를 여기에서 함께 언급한다.

어떤 원인이 만물이 서로 간에 맺은

평화의 약속을 깨어 불화하게 하는가.

어떤 신이 두 진리[7] 간에

그토록 큰 분쟁을 일으키게 했기에,

각자 따로 있을 때에는 아무런 문제도 일으키지 않지만

서로 섞이면 함께 하기를 결단코 거부하는 것인가.

아니면, 두 진리 간에는 그 어떤 불화도 없고

늘 서로 딱 붙어서 잘 지내고 있는데도,

인간의 정신이 눈먼 육신에 가려 그 빛이 희미해져서

만물의 기가 막히게 조화로운 결합을

알아보지 못하는 것인가.

왜 인간의 정신은 그토록 큰 열망으로 불타올라서

감추어진 진리의 자취들을 찾으려 하는가.

자기가 알려고 간절히 찾고 있는 것을 이미 알고 있는 것인가.

누가 이미 아는 것을 알려고 하겠는가.

하지만 이미 알고 있지 않다면,

왜 눈이 멀어 있는데도 찾으려고 하는 것인가.

알지도 못하는 것을 어찌 열망하겠으며,

알지도 못하는 것을 어찌 좇겠으며,

알지도 못하는 것을 어찌 발견하겠으며,

---

7 "두 진리"는 신의 섭리와 인간의 자유의지를 가리킨다.

알지도 못하는데 어찌 찾았다는 것을 알겠는가.[8]

인간의 정신이 신의 정신을 바라보았을 때에는

만유를 전체적으로와 개별적으로 즉시 알았지만,

지금은 육신에 덮이고 가려져서

자신을 완전히 잊지는 않았어도

개별적인 부분들을 망각해 버리고

오직 전체적으로만 알고 있는 것이로다.

그러므로 진리를 찾는 자는 누구나

모든 것을 아는 것도 아니고

모든 것을 모르는 것도 아니어서,

저 높은 곳에서 보았던 전체적인 것을

기억하고 상기하며

이미 알고 있는 전체에 잊혀진 부분들을

더하는 것이라네.

---

8 이 연 전체는 플라톤의 『메논』 80D-E에 나오는 소크라테스와 메논 간의 대화를 연상시킨다. 거기에서 소크라테스가 자기는 미덕이 무엇인지를 모른다고 인정하자, 메논은 "어찌하여 당신은 자신이 알지도 못하는 것을 찾으려고 하는 것이냐"고 조롱한다. 그러자 소크라테스는 사람은 자기가 알고 있는 것은 찾으려고 하지 않을 것이고, 자기가 모르는 것은 자신이 무엇을 찾아야 하는지를 아는 경우에만 찾을 수 있다고 반박한다.

제 4 장

신의 예지와 인식의 본질

[철학은 이제 보에티우스가 거부했던 저 전통적인 논증, 즉 신의 예지가 미래의 일들을 필연적으로 만드는 원인인 것이 아니라는 논리로 되돌아가서, 모든 경우에 그런 필연성이 존재하는 것이 아님을 논증한다. 신의 예지로 인해 모든 일들은 필연적으로 일어나게 된다는 보에티우스의 오해를 해결하기 위해서, 철학은 감각, 상상, 추론, 직관이라는 네 가지 수준에서 작동하는 인식의 본질을 설명한다. 이어지는 시에서는 지식의 획득과 관련한 스토아학파의 경험론적 접근방식을 거부하고, 정신이 자신의 동력을 작동시켜서 기억 또는 회상을 통해 지식으로 나아간다는 신플라톤주의의 이해를 수용한다. 즉, 정신이 감각을 통해 받아들인 것을 자신의 그러한 지식과 결합시켰을 때에 인식이 일어난다는 것이다.]

나의 말이 다 끝나자, 그녀는 이렇게 말했다.

"섭리에 대한 그러한 논쟁은 오래된 것이어서, 일찍이 키케로가 신성의 종류를 구분하면서 본격적으로 다루었고, 네 자신의 경우에도 오랜 세월 동안 깊이 있게 탐구해 왔던 주제였다. 하지만 지금까지 탄탄한 논증을 토대로 해서 이 문제를 충분히 주도면밀하고 설득력 있게 설명한 사람은 아무도 없었다. 이렇게 이 문제에 대한 설명이 명료할 수 없었던 이유는 인간의 추론 능력이 신의 단순하고 단일한 예지에 미칠 수 없기 때문이다. 신의 그러한 단순하고 단일한 지식을 우리 인간이 어떤 식으로든 인식할 수 있다면, 그 순간 모든 의심은 사라지게 될 것이다. 이제 나는 먼저 네가 지금 고민하고 있는 것들을 해결한 후에 이 문제를 명료하게 설명해 보이고자 한다.

우선 내가 네게 묻고자 하는 것은, 왜 너는 신이 미리 아는 것, 즉 신의 예지가 미래에 어떤 일들이 필연적으로 일어나게 만드는 원인이 아니기 때문에, 인간의 의지의 자유는 신의 예지에 의해 전혀 제한을 받지 않는다는 논증이 이 문제를 실제로 해결해 주는 설명이 될 수 없다고 생각하느냐 하는 것이다. 너는 미래에 일어나게 될 것임을 신이 미리 아는 것들은 미래에 반드시 일어날 수밖에 없다는 사실 외에 미래에 그 일들이 필연적으로 일어나게 되는 또다른 증거를 제시할 수 있느냐. 그렇다면 우리가 방금 인정했듯이, 신의 예지가 미래에 어떤 일들이 필연적으로 일어나게 되는 원인일 수는 없기 때문에, 우리는 인간의 자유의지에 의거한 일들이 특정한 결과로 귀결될 수밖에 없게 되는 원인이 무엇인지를 찾아내야 하는 것이 아니겠느냐.

거기에서 어떤 결과가 도출되는지를 네가 좀 더 쉽게 알게 하기 위해서, 나는 논증의 편의상 신의 예지가 존재하지 않는다고 생각해 보겠다. 그렇게 생각했을 때, 인간의 의지의 자유에 의거해서 행해지는 일들은 그 어떤 필연성에 의해서 이미 정해져 있는 특정한 결과로 귀결되겠느냐."

"당연히 그렇지 않을 것입니다."

"그렇다면 이번에는 신의 예지가 존재하고, 그 예지는 미리 일어날 일들에 그 어떤 필연성도 부과하지 않는다고 생각해 보자. 그런 경우에도 여전히 의지의 자유는 온전히 절대적으로 보장될 것이다. 그러면 너는 '신의 예지가 미래에 어떤 일들이 필연적으로 일어나게 만드는 원인은 아니라고 할지라도, 그 일들이 미래에 필연적으로 일어나게 될 것임을 보여주는 표지로서의 역할은 하게 될 것'이라고 말할 것이다. 하지만 네가 그런 식으로 말하는 것은 신의 예지가 존재하지 않는다고 해도, 미래에 그 일들이 필연적으로 일어나게 될 것임을 인정하는 것이 될 뿐이다. 왜냐하면, 표지라는 것은 그것이 가리키는 일이 일어나게 만드는 원인이 아니라, 단지 그 일이 일어나게 될 것임을 가리켜 보여주는 것일 뿐이기 때문이다.

그러므로 신의 예지가 저 필연성의 표지라는 것이 증명되기 위해서는, 모든 일이 필연적으로 일어난다는 것이 먼저 증명되어야 한다. 모든 일이 필연적으로 일어나는 것이 아니라면, 어떤 일들은 미래에 존재하지 않을 것인데, 신의 예지가 그렇게 존재하지 않는 일들에 대한 표지일 수는 없을 것이기 때문이다. 확실한 증거를 기반으로 한 탄탄한 논증을 통해 이것을 증명하고자 한다면, 그 논증은 표지들이나 외부에서 가져온 논증들이 아니라 이 문제와 필연적으로 연결되어 있는 원인들을 토대로 한 논증이어야 한다.

따라서 우리가 가장 먼저 생각해 보아야 할 것은, 신이 미래에 일어날 것임을 미리 알고 있는 그런 일들이 실제로 일어나지 않는 것이 어떻게 가능하겠느냐는 것이다. 그것은 마치 우리가 미래에 일어날 것임을 신의 섭리가 미리 알고 있는 어떤 일들이 실제로는 일어나지 않을 수 있고, 그 일들이 일어난다고 해도, 그 일들의 본성에 내재된 어떤 필연성에 의해서 일어난 것이 아니라고 생각하는 것과 같다. 일상적으로 우리의 눈 앞에서 일어나고 있는 많은 일들을 생각해 보면 그것을 쉽게 알 수 있다. 예컨대, 마부들이 마차를 몰면서 이리저리 방향을 바꾸는 것이나 그것과 비슷한 많은 일들이 그 예다. 너는 그런 일들이 어떤 필연성에 의해서 특정한 방향으로 이루어지는 것이라고 생각하느냐.”

“당연히 그렇지 않습니다. 모든 일이 필연성에 의해 정해진 방향으로 이루어지는 것이라면, 사람들은 기술이나 솜씨를 발휘할 필요가 없을 것입니다.”

“그런 일들이 어떤 필연성에 의해 강제적으로 일어나는 것이 아니라면,

그 일들은 실제로 일어나기 전에도 미래에 필연적으로 일어나게 되어 있는 그런 일들이 아니다. 따라서 모든 필연성으로부터 벗어나서 자유롭게 일어나는 일들이 존재한다. 나는 어떤 일이 지금 일어나고 있다고 해서, 그 일이 일어나기 전에도, 그 일은 필연적으로 일어날 일이었다고 말할 사람은 아무도 없을 것이라고 생각한다. 그러므로 신의 예지에도 불구하고 필연성에 의해 강제되지 않아서 일어날 수도 있고 일어나지 않을 수도 있는 일들이 존재한다. 왜냐하면, 어떤 일이 지금 일어나고 있다는 것을 안다고 해서, 그것이 곧 그 일이 필연적으로 일어나게 될 일이었던 것이 아닌 것과 마찬가지로, 신이 미래에 어떤 일이 일어나게 될 것임을 알고 있었다고 해도, 그것이 곧 그 일에 필연성을 부여해서 미래에 필연적으로 일어나게 만드는 것은 아니기 때문이다.

하지만 너는 어떤 일들이 미래에 일어나게 될 것을 신이 미리 알고 있는데도, 그 일이 미래에 필연적으로 일어나게 되는 것은 아니라고 한다면, 그것이 어떻게 예지가 될 수 있겠느냐고 반문했다. 그러니까 너는 필연성이 결여된 일들을 예지와 결합시키는 것은 모순이라고 생각해서, 어떤 일이 미래에 일어날 것이라고 신이 예지하고 있다면, 그 일은 필연적으로 일어나게 되어 있고, 그 일이 필연적으로 일어나게 되어 있지 않다면, 신은 그 일을 예지할 수 없으며, 미래에 일어날 것임이 확실하게 필연적으로 정해져 있지 않은 것은 예지의 대상이 될 수 없다고 본다. 따라서 너는 어떤 일을 있는 그대로 명료하게 알지 못하고 실제와는 다르게 아는 것은 참되게 아는 것과는 거리가 멀다고 믿고서, 결과가 불확실한 일들을 마치 확실한 것처럼 예지하는 것은 진정으로 아는 것이 아니라 단지 추정하는 것일 뿐이라고 생각한다.

하지만 네가 그렇게 잘못 생각하는 이유는 어떤 인식 주체가 어떤 인식 대상을 안다는 것이 인식 주체와는 상관없이 전적으로 인식 대상의 능력과 본성에 달려 있다고 생각하기 때문인데, 사실은 너의 그런 생각과는 정반대로, 어떤 것을 안다는 것은 인식 대상의 능력과는 상관없이 전적으로 인식 주체의 능력에 달려 있다.

한 가지 간단한 예를 살펴보면, 그러한 사실은 분명해질 것이다. 하나의 동일한 둥근 물체가 있을 때, 우리의 시각과 촉각은 그 물체를 서로 다르게 인식한다. 시각은 멀리 떨어져서 시선들을 보내어 그 물체를 동시에 전체적으로 인식함으로써 그 물체가 둥글다는 것을 알게 되지만, 촉각은 그 물체와 접촉해서 그 전체의 모든 부분들을 만짐으로써 그 각각의 부분들에 대한 인식을 통해 그 물체가 둥글다는 것을 알게 된다.

인식방식으로는 감각과 상상과 이성(추론)과 직관이 있고, 이것들은 각기 다른 방식으로 사물을 보고 인식한다.[9] 감각은 어떤 사물의 기초를 이루는 '질료'로 이루어진 형태를 인식하고, 상상은 질료를 배제한 채로 오직 형태만을 인식하며, 이성은 보편적 사고를 통해서 어떤 사물의 형태를 뛰어넘어서 그 사물과 같은 각각의 개체들 속에 내재하는 종을 인식하고, 직관은 정신의 순수한 눈으로 보편성을 뛰어넘어서 단일한 '형상' 자체를 꿰뚫어 보는 방식으로 사물을 인식한다.

여기에서 우리가 특히 유념해야 할 것은, 높은 단계의 인식 능력은 낮은 단계의 인식 능력을 포괄하지만, 낮은 단계의 인식 능력은 높은 단계의 인

---

9 보에티우스는 여기에서 신의 섭리와 인간의 자유의지를 조화시키기 위한 설명에 대한 필수적인 정지작업으로서 인식방식을 네 가지로 구분하는데, 이것은 플라톤과 아리스토텔레스가 사용한 범주들을 결합시킨 것으로서, 신플라톤주의 철학자인 프로클로스(Proclus, 412–485년)의 글에서도 등장한다. 여기에서 감각, 상상, 이성, 직관으로 번역된 단어들의 라틴어는 '센수스'(sensus), '이마기나티오'(imaginatio), '라티오'(ratio), '인텔리겐티아'(intellegentia)다.

식 능력에 결코 미칠 수 없다는 것이다. 따라서 감각은 질료를 넘어서는 것에 미칠 수 없고, 상상은 보편 개념을 생각할 수 없으며, 이성은 단일한 '형상'을 파악할 수 없지만, 직관은 마치 가장 높은 곳에서 모든 것을 내려다보듯이 '형상'을 인식한 후에 거기에 종속되어 있는 다른 모든 것들을 인식한다. 이렇게 직관은 이성이나 상상이나 감각을 사용하지 않고, 오직 정신의 한 번의 움직임으로 형상을 인식함으로써 거기에 종속된 모든 것들을 일거에 파악하는 방식을 사용해서, 이성이 파악한 보편 개념을 알고, 상상이 파악한 어떤 사물의 형태를 알며, 감각이 파악한 질료를 알게 된다.

이성도 보편적인 개념을 인식함으로써, 상상이나 감각을 사용하지 않고서도, 그런 인식 능력들이 파악한 형태와 질료를 안다. 왜냐하면, 이성은 보편 개념을 인식해서 거기에 따라 사물을 정의하기 때문이다. 예컨대, 이성은 인간을 인식했을 때, '인간은 두 발로 걸어다니고 추론을 행하는 동물이다'라고 정의하는데, 이러한 정의는 보편 개념을 표현한 것이기는 하지만, 거기에는 상상과 감각이 인식한 사실들도 들어 있다는 것은 그 누구도 의심할 수 없다. 하지만 이성은 상상이나 감각을 사용해서가 아니라 추론을 통해서 그런 것들을 인식한다.

상상도 그 시작에 있어서는 사물을 바라봄으로써 감각을 통해 형태를 파악했다고 할지라도, 감각이 제거된 상태에서도 감각을 사용함이 없이 오직 상상을 통해 모든 감각적인 것들을 분별한다.

그러므로 어떤 것을 인식하고 아는 것에 있어서 인식 대상의 능력이 아니라 인식 주체의 능력이 사용된다는 것을 너는 알겠느냐. 그리고 이것은 지극히 합당하다. 왜냐하면, 모든 판단은 판단하는 주체의 행위인 까닭에, 판단 주체가 타자의 능력이 아니라 자신의 능력으로 그 행위를 수행하는 것이 마땅하기 때문이다."

한때 저 주랑에서[10] 배출한

무지몽매한 노인들은,

감각이 외부의 사물들과 접촉할 때

사람들의 정신에

심상이 새겨지는 것이라고 생각했으니,

옛적에 아무것도 씌어 있지 않아서

그 어떤 자국도 없는 파피루스에

철필을 빨리 움직여서

글자들을 새겨넣었던 것과 같은 것이라고

생각했다네.

하지만 인간의 정신이 그 고유한 힘과 움직임으로

아무것도 펼쳐나가지 못하고,

단지 바깥 사물들의 흔적들을 수동적으로 받아서

마치 거울처럼

사물들의 공허한 심상들을 반사하기만 하는 것이라면,

모든 사람들의 정신 안에 있는

모든 것을 분별하는 이 힘은

---

10 여기에서 "주랑"은 스토아학파를 가리킨다. 스토아학파는 BC 3세기 제논에서 시작되어 AD 2세기까지
이어진 그리스 로마 철학의 한 학파로서, 아리스토텔레스 이후 그리스 로마 철학을 대표하는 주요 학파
였다. 헬레니즘 문화에서 탄생해 절충적인 모습을 보이며, 유물론과 범신론적 관점에서 금욕과 평정을
행하는 현자를 최고의 선으로 보았다. 창시자는 스토아학파의 제논으로 불리는 키티온의 제논(Zeno of
Citium)이다. 그의 고향인 키티온(Citium)은 지중해 동부 키프로스 섬에 형성된 그리스 식민 도시로
헬레니즘 문화와 함께 상업이 번성한 곳이었다. 무역선을 타고 아테네로 들어온 제논은 학파가 다른 여
러 스승들에게 가르침을 받았고 이를 바탕으로 자신의 철학사상을 세웠다. 스토아학파의 명칭도 제논
이 철학 강의를 했던 아테네의 공공건물 "스토아 포이킬레"(Stoa poikile)에서 유래했다.

도대체 어디로부터 오는 것이란 말인가.

개체들을 인식하는 힘은 어디에서 오고,

그렇게 인식된 모든 것들을 구분하는 힘은 어디에서 오며,

그렇게 구분된 것들을 또다시 모아서,

가장 높은 곳들로 올라가기도 하고

가장 낮은 곳들로 내려가기도 한 후에

결국에는 다시 자신에게로 돌아와서는

참된 것으로 거짓된 것들을 밝혀내는 힘은 어디에서 오는 것인가.

인간의 정신은 단지 수동적으로 외부의 사물들을 감각으로 받아

그 안에 새겨진 흔적들이 아니라,

독자적으로 활동하는 훨씬 더 강력한 원인으로

작용하는 것이 맞도다.

하지만 산 육신에 있는 움직임이 먼저여서,

빛이 눈을 때리고

소리가 귀를 울릴 때,

정신의 능력이 자극을 받아 움직이고,

깨어난 정신은 내부에 간직한 개념들을 불러내어

외부에서 들어온 흔적들에 덧붙여서,

내부에 감춰진 형상을

그러한 심상들과 결합시킨다네.

제 5 장

신의 예지와 자유의지는 직관 안에서 조화된다

[철학은 앞 장에서 전개한 인식론을 토대로 해서, 이제 식물, 하등동물, 인간, 신적인 존재들에 의해 이루어지는 네 가지 수준의 인식 방식을 범주화해서, 실체에 대한 해석에서 이성은 감각과 상상보다 더 뛰어나고, 신적 직관은 이성보다 더 뛰어나다는 것을 논증한다. 이성 안에서 볼 때에 서로 모순되어 보이는 신의 예지와 자유의지는 신적 직관 안에서 서로 조화된다. 이어지는 시에서는 땅을 바라보는 하등동물들과 하늘을 바라보는 인간 사이에는 엄연한 차이가 존재한다는 것을 강조한다.]

"사물을 인식할 때, 외부로부터 주어지는 특질들이 인간의 감각 기관에 영향을 미치고, 사물이 감각들을 통해 인간의 정신에 작용하여 그 흔적들을 새겨 놓는 것이 정신의 능동적인 활동보다 선행해서, 사물의 그러한 작용으로 인해 정신이 자극을 받고 분발하여 내부에 잠들어 있던 형상들이 깨어나는 것이라고 해도, 사물을 인식하는 것과 관련해서 인간의 정신은 사물의 그러한 작용에 의해 완전히 지배되는 것이 아니라, 도리어 사물의 특질을 반영해서 이루어지는 그러한 작용을 자신의 힘으로 판단하는 것이라면, 외부의 사물이 미치는 모든 영향으로부터 완전히 벗어나 있는 것들을 판단하는 경우에, 외부로부터 주어지는 것들로부터 자유로운 판단이 가능하게 된 인간의 정신은 자신에게 속한 것들에 대해 얼마나 더 자유롭고 활발하게 활동하겠는가.

이렇게 인식 기관이 달라짐에 따라서 인식과 지식의 종류도 달라진다는 이러한 원리에 따라, 인식과 지식은 여러 종류로 구분된다. 바다의 조개나 바위에 붙어사는 생물들에게는 오직 감각만이 존재하고 다른 인식 기관들을 통한 지식은 존재하지 않지만, 움직이는 동물들의 내면에는 어떤 것들을 피하고 어떤 것들을 구해야 하는지를 구별할 수 있는 것이 이미 존재하기 때문에 그런 동물들에게는 상상이 있다. 반면에, 이성은 인간에게만 있고, 직관은 신에게만 있다.

그런데 자신의 본성을 따라 자신의 고유한 인식 대상인 것만을 아는 것이 아니라, 그 아래 있는 다른 인식 대상들도 알고, 후자가 많을수록, 그 인식은 더 나은 인식이 된다. 따라서 이성이 자기는 보편적인 것을 안다고 말할 때, 감각과 상상이 자신들은 그것을 알지 못하기 때문에, 보편적인 것은 존재하지 않는다고 말한다면 어떻겠는가. 즉, 감각과 상상은 자신들이 감각으로 알거나 상상으로 아는 것들은 보편적일 수 없다는 명제를 전제로 삼아서, 이성의 판단이 참이기 위해서는 감각이나 상상으로 아는 것이 없어야 하는데, 실제로는 많은 것들이 감각과 상상의 대상이라는 것은 이미 참으로 밝혀져 있고, 그럼에도 불구하고 이성은 감각과 상상으로 아는 것들을 마치 보편적인 것인 양 말하고 있기 때문에, 이성의 판단은 거짓일 수밖에 없다는 논리를 편다면, 우리는 그것을 어떻게 생각해야 하는가. 한편, 이성은 감각과 상상의 대상들을 보편성이라는 관점에서 인식할 수 있는 반면에, 감각과 상상은 본질적으로 질료와 그 형태를 넘어서서 보편성을 인식할 수 없기 때문에, 사물에 대한 인식과 지식에 있어서 더 확실하고 완전한 판단인 자신의 말을 믿어야 한다고 반박할 것이다. 그렇다면 이런 종류의 논쟁에서 우리는 감각과 상상만이 아니라 이성의 추론하는 능력도 지니고 있기 때문에, 이성의 주장이 옳다고 하지 않겠는가.

만일 우리가 신의 직관도 오직 인간의 이성이 사물을 인식하고 아는 것과 동일한 방식으로만 작동하기 때문에, 미래의 일들과 관련해서 인간의 이성으로 불가능한 것은 신의 직관으로도 불가능할 것이라고 생각한다면, 그것은 우리가 방금 앞에서 본 감각과 상상이 이성에 맞서 벌인 논쟁과 조금도 다를 바가 없게 될 것이다. 왜냐하면, 너는 어떤 일들이 미래에 일어나게 될 것이 필연적이고 확실하지 않다면, 그런 일들은 미래에 필연적이고 확실하게 일어날 일들에게만 적용되는 예지의 대상이 될 수 없기 때문에, 그런 일들과 관련해서는 예지라는 것은 존재하지 않고, 만일 우리가 그런 일들과 관련해서도 예지가 존재한다고 생각한다면, 필연성에 따라 일어나지 않는 것은 전혀 존재하지 않는 것이 될 것이라고 주장하기 때문이다.

　방금 전에 우리가 감각과 상상은 이성의 판단을 따라야 한다는 것을 확인했던 것처럼, 만일 우리가 이성에 참여하고 있는 것과 같이 신의 정신에 의한 직관적인 판단에도 참여하고 있다면, 우리는 인간의 이성을 신의 정신에 종속시키는 것은 아주 당연한 것으로 생각할 것이다. 그렇게 된다면, 우리는 최고의 인식인 직관을 통해 가장 높은 곳에서 모든 것을 내려다보게 될 것이고, 그때에 이성은 자신의 힘으로는 알 수 없었던 것을 알게 될 것이다. 즉, 신적 직관은 확실하고 명확한 예지를 통해 미래에 일어날지 안 일어날지가 불확실한 일들까지도 분명하게 안다는 것과 예지의 그러한 지식은 불확실한 추정이나 견해가 아니라 그 어떤 한계 속에 갇혀 있지 않는 최고의 단일한 지식이라는 것을 우리는 알게 될 것이다."

생물들은 얼마나 다양한 모습으로 이 땅을 활보하고 다니는가.

어떤 것들은 기다란 몸으로 지표면의 먼지를 쓸고 다니며

자신의 배의 힘으로 끊임없이 밭이랑 같은 흔적을 남기고,

어떤 것들은 가벼운 날갯짓으로 바람을 때리며

부드러운 비행으로 저 아득한 창공을 유영하고,

어떤 것들은 땅에 발자국을 남기거나

푸른 들판을 건너거나

무성한 숲 아래를 거닌다네.

이 모든 것들이 각기 모양은 다르지만

아래로 향한 머리는 한결같이 똑같아

그들의 지각은 무겁고 둔하나,

오직 인류만이 고귀한 머리를 높이 들고

몸을 바르게 하여 굳건히 서서

하늘을 바라보며

이 땅을 무시해 버리는구나.

네가 어리석게도 땅에 속하여

잘못되지 않아서,

얼굴을 들어 하늘을 구하고,

눈으로 높은 곳을 바라보며

바르게 일으켜 세워진 육신보다

정신이 더 밑으로 가라앉지 않는다면,

너의 그런 모습이 네게 교훈이 되리라.

제 6 장

신의 섭리와 자유의지의 관계

[겉보기에 모순되어 보이는 신의 섭리와 자유의지의 관계는 오직 신의 본성과 지식을 이해할 때에만 해결될 수 있다. 인간은 시간의 세계 안에서 살아가는 반면에, 신은 영원하다. 신은 항상 현재 속에서 변하지 않는 삶을 산다. 따라서 신의 지식은 시간의 세계를 초월한다. 신은 미래의 일들이 필연성에 의거해서 일어나든 그렇지 않든 모든 일을 자신의 눈 앞에서 현재 일어나고 있는 일들로 바라본다. 필연성에 관한 한, 신의 지식이라는 관점에서 보면, 모든 미래의 일들이 필연적이지만, 그 일들 자체만 놓고 볼 때에는 어떤 일들은 필연적이고 어떤 일들은 필연성에서 벗어나 있다. 자유의지의 주체가 자유롭게 자신의 결정을 바꾸는 것들도 섭리에 의한 예지 속에 포함되어 있기 때문에, 의지의 자유, 자유로운 선택에 의한 행위들에 대한 상벌, 미래의 복들을 구하는 신을 향한 기도는 모두 유효하다.]

"우리가 조금 전에 보았듯이, 어떤 것을 알게 되는 것은 인식 대상의 본성이 아니라 인식 주체의 본성을 따라 알게 되는 것이기 때문에, 이제는 우리의 능력이 닿는 데까지 신이라는 실체의 본성이 무엇인지를 살펴봄으로써 신의 인식과 지식이 어떤 종류의 것인지를 알아보자. 우선 신이 영원하다는 것은 이성을 지니고 살아가는 모든 존재의 공통적인 판단이기 때문에, 영원성이라는 것이 무엇인지를 살펴보는 것이 좋겠다. 이것을 알게 되면, 신의 본성과 신의 지식이 어떤 것인지가 분명해질 것이다.

영원성은 무한히 지속되는 삶 전체를 동시적으로 완전하게 소유하는 것이고, 이것은 시간의 제약을 받는 것들과 비교해 보면 한층 더 분명해질 것이다. 시간 안에서 살아가고 있는 것들은 무엇이든지 과거로부터 와서 현재에 머물러 있다가 미래로 나아가기 때문에, 시간의 제약을 받는 것들은 자신의 삶 중에서 미래에 속한 것들은 아직 붙잡을 수 없고 과거에 속한 것들은 이미 상실해 버린 것이어서 자신의 삶 전체를 동시적으로 향유하는 것이 불가능하다.

오늘의 삶 속에서도 네가 향유할 수 있는 것은 단지 신속하게 지나가는 찰나의 시간뿐이다. 따라서 아리스토텔레스는 이 세계가 시작된 시간도 없고 끝나는 시간도 없이 시간이라는 조건 속에서 무한히 존재한다고 생각했지만, 그런 것을 영원하다고 생각하는 것은 잘못이다. 그것은 무한한 삶이기는 하지만, 미래의 삶은 아직 소유하지 못했고 과거의 삶은 이미 지나가 버려서 더 이상 소유하고 있지 못하다는 점에서 그 삶 전체를 동시적으로 완전히 향유하는 것은 아니기 때문이다. 그러므로 오직 모든 미래를 그 자체 속에 담고 있고, 그 어떤 것도 시간과 함께 흘러가버려서 과거가 되어 상실하게 되는 것도 없이, 무한한 삶 전체를 동시적으로 완전하게 향유하는 것만이 영원하다. 그런 영원한 것은 필연적으로 언제나 즉자(即自: 자신이 독립적으로 존재하는 상태)적으로 현존하면서, 자기 자신을 현재적으로 소유하고 있고, 무한히 움직이는 시간을 자기 자신 속에 현재로 담아 가지고 있다.

따라서 플라톤이 이 세계는 시간 안에서 시작도 없고 끝도 없다고 생각했다는 말을 듣고서는, 그렇다면 이 피조세계는 조물주와 마찬가지로 영원하게 창조된 것이라고 생각하는 사람들은 틀린 것이다. 플라톤이 이 세계의 속성과 관련해서 말한 것과 같이 어떤 것이 무한한 삶을 이어가는 것과 신의 정신의 속성과 관련해서 말할 수 있는 것 같이 무한한 삶 전체가 동시적으로 완전하게 현존하는 것은 서로 다르기 때문이다.

또한, 신은 자신이 존재해 온 시간의 길이가 아니라 그의 본성의 단일성에 비추어서 모든 피조물들에 선행한 것으로 여겨져야 한다. 시간에 속한 저 무한한 운동은 전체가 동시적으로 완벽하게 현존하는 신의 부동의 삶을 모방하지만 그 삶을 온전히 재현할 수도 없고 그 삶과 똑같이 될 수도 없기 때문에, 거기에서 신에게만 존재하는 저 부동성(不動性)은 피조물의 운동성으로 전락하고, 신에게만 존재하는 저 현재의 단일성은 미래와 과거의 무한한 양으로 전락하고 만다. 그리고 시간적으로 무한한 것들은 삶 전체를 동시적으로 향유할 수 없기 때문에, 겉보기에는 영원한 현재와 비슷해 보이는 신속하게 지나가는 찰나의 순간으로서의 현재를 연속적으로 계속해서 한데 묶어내어 어떤 의미에서는 결코 존재하기를 그치지 않음으로써 영원한 삶을 흉내 내는 것으로 보인다. 이렇게 시간 안에서 무한한 것들은 영원한 것이 될 수 없지만, 무한한 시간 동안 존속하는 방식을 택함으로써 마치 영원한 것 같은 인상을 준다. 따라서 우리가 서로 다른 이 두 가지에 이름을 붙이고자 한다면, 플라톤이 그랬던 것처럼 '신은 영원하지만, 세계는 계속된다'라고 말해야 한다.

모든 인식 주체는 자신에게 주어진 것들을 자신의 본성에 따라 인식하고, 신은 항상 영원하고 현존하는 본성을 지니고 있기 때문에, 신의 지식은 시간의 모든 운동을 뛰어넘어서 신의 단일한 현재 안에서, 미래와 과거의 모든 무한한 시간 전체를 포괄하여, 그 안에서 일어났거나 일어나고 있거나 일어나게 될 모든 일들이 마치 현재적으로 진행되고 있는 것처럼, 자신의 단일한 인식 행위를 통해 아는 지식이다.

따라서 너는 신이 모든 것을 아는 것을 예지라고 하지만, 사실은 신의 예지는 미래에 일어날 일들을 아는 것이 아니라, 결코 지나가지 않는 현재 속에서 모든 것을 아는 것이라고 생각하는 것이 옳다. 그러므로 그것은 미리 앞서 보는 것(praevidentia)이 아니라, 세계의 가장 높은 곳으로부터 모든 것들을 까마득하게 멀리 있는 것들까지도 하나도 놓치지 않고 한 눈에 다 보는 것(providentia)이라고 해야 한다.[11] 사람들은 자신들의 눈으로 보는 것들을 필연적인 것이 되게 하지 않으면서, 왜 너는 신이 자신의 눈으로 한 번 보았다고 해서, 그것들이 필연적으로 일어나야 한다고 주장하는 것이냐. 네가 어떤 것들을 현재적으로 보고 있다면, 네가 그것들을 보고 있다는 사실이 그것들에 어떤 필연성을 부여하는 것이냐."

"그렇지 않습니다."

"신의 현재와 인간의 현재를 비교하는 것은 가당치 않은 일이기는 하지만 어쨌든 그 둘을 비교해 본다면, 네가 너의 현재라는 시간 속에서 사물들을 확실하게 보는 것처럼, 신도 자신의 영원한 현재 속에서 만물을 그렇게 확실하게 보는 것이라고 말할 수 있다. 그러므로 신의 이러한 예지는 사물들의 고유한 본성을 변화시키지 않고, 단지 시간 속에서 미래의 어느 시점에 일어나게 될 일들을 현재적으로 보는 것일 뿐이다. 또한, 신은 사물들을 있는 그대로 보기 때문에, 자신의 정신으로 한 번 봄으로써 필연적으로 일어날 일들과 필연성 없이 일어날 일들을 아무런 혼동 없이 구별하는데, 이것은 너희가 땅에서 어떤 사람이 걸어가는 것과 하늘에서 태양이 떠오르는 것을 동시에 보면서도, 이 둘을 서로 구별해서, 전자는 의지에 의한 행위이

---

11 보에티우스는 여기에서 사람들은 신이 미래에 일어나게 될 일들을 미리 본다는 의미에서 신의 "예지"라는 말을 사용하지만, 실제로 신은 모든 일을 항상 현재적으로 보는 것이기 때문에, 그것은 "미리 앞서 보는 것"을 의미하는 '프라이비덴티아'(praevidentia)가 아니라 "자신의 눈 앞에서 보는 것"을 의미하는 '프로비덴티아'(providentia)라고 해야 한다고 말한다. 라틴어에서 '프라이'(prae-)는 시간적으로 앞선 것을 의미하고, '프로'(pro-)는 장소적으로 앞에 있는 것을 의미하며, '비덴티아'(videntia)는 본다는 것을 의미한다.

고 후자는 필연에 의한 것임을 아는 것과 같다. 신은 모든 것을 그런 방식으로 내려다보기 때문에, 신의 예지는 신에게 현재의 일인 것들이 시간이라는 조건이 부과된 상태에서는 미래의 일이라는 사실에 조금도 영향을 미치지 않는다. 따라서 신이 어떤 일이 필연성 없이 미래에 일어나게 될 것을 알 때, 그것은 추정이나 견해가 아니라 참에 의거한 지식이다.

이 대목에서 네가 신이 미래에 일어나게 될 것임을 아는 일은 장차 반드시 일어나게 되어 있고, 미래에 반드시 일어나게 되어 있는 일은 필연성으로부터 일어나는 것이라고 말함으로써, 내게 '필연성'을 인정할 것을 강요한다면, 나는 너의 그런 말은 추호의 의심도 있을 수 없는 가장 확고한 진리라는 것을 인정하겠지만, 신학자가 아니라면 그런 식으로 이 문제를 접근해서 그렇게 말할 사람은 거의 없을 것이라는 말을 하고 싶다. 왜냐하면, 나는 단지 어떤 미래의 일이 신의 인식이나 지식과 관련해서는 필연성을 지니지만, 그 일의 본성 자체만 놓고 볼 때에는 필연성으로부터 완전히 벗어나서 절대적으로 자유로워서 일어날 수도 있고 일어나지 않을 수도 있는 일이라는 것을 말하고자 하는 것이기 때문이다.

우리가 필연성이라고 말할 때, 실제로는 두 종류의 필연성이 존재한다. 하나는 순수한 필연성인데, 모든 사람이 죽는다는 것은 필연적이라고 말하는 것이 여기에 해당한다. 다른 하나는 조건적 필연성인데, 어떤 사람이 걸어가는 것을 네가 보고 있다면, 그 사람이 지금 걸어가고 있는 것은 필연적이라고 말하는 것이 여기에 해당한다. 네가 지금 현재적으로 어떤 일이 일어나고 있는 것을 보고 있는데, 그 일이 지금 일어나고 있지 않은 것이 사실일 수는 없기 때문이다. 하지만 이러한 조건적 필연성은 앞에서 말한 순수한 필연성을 반드시 포함하고 있는 것은 아니다. 조건적 필연성은 어떤 사물의 고유한 본성에서 기인하는 것이 아니라 어떤 조건의 추가에서 기인하는 것이기 때문이다. 예를 들면, 어떤 사람이 걸어가고 있을 때, 그가 걸어가고 있는 것은 필연이긴 하지만, 그는 어떤 필연성에 의해서 어쩔 수 없이 걸어가고 있는 것이 아니라, 자신의 의지를 따라 걸어가고 있는 것일 뿐이다.

마찬가지로, 신의 섭리가 어떤 일들을 현재적으로 보고 있다면, 그 일들은 그 일들 자체의 고유한 본성에 따른 순수한 필연성에 의거해서 일어나고 있는 것이 아니라고 할지라도, 조건적 필연성에 의거해서 미래에 필연적으로 일어나게 되어 있다. 하지만 신은 미래에 자유의지에 의거하여 일어나게 될 일들을 현재적으로 보고 있는 것이기 때문에, 이 일들은 신의 인식이라는 조건으로 인해 필연적인 일들이 되지만, 그 자체로는 그 일들의 본성과 관련해서 절대적인 자유를 결코 상실하지 않는다.

따라서 신이 미래에 일어나게 될 것임을 아는 모든 일들이 실제로 일어나게 될 것임은 의심의 여지가 없지만, 그 일들 중에서 어떤 일들은 자유의지에서 나온 것들이어서, 그 일들이 미래에 일어날 수밖에 없고 실제로 일어난다고 해도, 자신의 본성을 상실하는 것이 아니기 때문에, 그 일들은 일어나기 전에는 일어날 수도 있고 일어나지 않을 수도 있는 것이었다는 사실은 여전히 바뀌지 않는다. 그러므로 원래는 필연성에서 벗어나 있던 일들이 신의 예지라는 조건으로 인해서 모든 면에서 필연성에 의해 일어나는 일들과 똑같은 모습을 지니게 되었다고 할지라도, 그 일들은 본래 필연성에서 벗어나 있어서 일어날 수도 있고 일어나지 않을 수도 있는 일들이었다고 말하는 것이 무슨 문제가 있겠느냐.

방금 전에 내가 든 예들을 가지고 다시 한 번 설명하자면, 태양이 떠오르는 것과 어떤 사람이 걸어가는 것이 현재적으로 일어나고 있는 경우에는, 이 두 가지 일은 일어나지 않을 수 없는 조건적 필연성을 지니고 있는 일들이지만, 이 일들이 일어나기 전에 전자는 순수한 필연성을 지닌 일이었던 반면에, 후자는 순수한 필연성으로부터 자유로운 일이었다고 말할 수 있다.

마찬가지로, 신이 미래에 일어나게 될 것임을 현재적으로 알고 있는 일들이 장차 일어나게 될 것임은 의심의 여지가 없지만, 그 중 어떤 일들은 그 일들의 본성 자체가 지닌 필연성에 의거해서 일어나게 되는 반면에, 어떤 일들은 그 일들을 행하는 주체의 능력[12]에 의거해서 일어나게 된다. 따라서 후자와 관련해서는 그 일들이 신의 예지와 관련해서는 필연적이라고 말해야 하지만, 그 일들 자체로만 놓고 본다면 필연성에서 벗어나 있다고 말하는 것은 전혀 틀리지 않다. 이것은 네가 감각으로 인식한 모든 것들을, 이성과 연결시키면 보편적인 것이 되지만, 그 자체로만 본다면 개별적인 것이 되는 것과 같다.

너는 이렇게 말할지도 모르겠다. '어떤 일들을 계획하거나 그 계획을 바꾸는 것이 전적으로 나의 능력 안에 있는 것이라면, 신의 섭리가 미리 알고 있는 것들도 얼마든지 내 마음대로 바꾸어 버릴 수 있을 것이기 때문에, 나는 섭리를 무력화시킬 수도 있게 될 것이 아니겠습니까.' 거기에 대한 나의 대답은 너는 네가 이미 세워 둔 계획을 너의 뜻대로 이리저리 바꿀 수 있다는 것은 분명하지만, 신의 섭리라는 진리는 네가 그렇게 계획을 바꿀 수 있다는 것, 그리고 네가 어떤 구체적인 일에서 그런 식으로 계획들을 바꿀 것인지, 바꾼다면 어느 방향으로 바꿀 것인지를 모두 다 현재적으로 보고 있기 때문에, 네가 신의 예지를 바꾸거나 피하는 것은 불가능하다는 것이다.

---

12 이것은 그 일들이 필연적으로 일어나는 것이 아니라, 행위주체의 의지와 능력에 의해서 일어나게 된다는 것을 의미하기 때문에, 자유의지를 긍정하는 말이다.

그것은 마치 네가 너의 자유의지로 어떤 일에 대한 계획을 이리저리 바꾸어서 행한다고 할지라도, 언제나 네가 하는 그 일을 현재적으로 보고 있는 너의 눈을 속이거나 피하는 것이 불가능한 것과 같다.

그렇다면 너는 이렇게 말할지도 모르겠다. '내가 어떤 일을 종잡을 수 없이 행하여 이번에는 이렇게 행하고 다음번에는 저렇게 행한다면, 거기에 따라 신의 예지도 바뀔 것이기 때문에, 나의 변덕으로 신의 예지도 바꿀 수 있지 않겠습니까.'

결코 그렇지 않다. 신의 예지는 네가 생각하는 것처럼 너의 계획이 바뀔 때마다 거기에 맞춰서 너의 일들을 아는 것이 아니라, 미래에 일어나게 될 모든 일들을 그 일들보다 앞서서 자신의 현재로 불러와서 현재적으로 알고, 네가 수시로 바꾸는 모든 계획들 전체를 한 번에 포괄적으로 다 아는 것이기 때문에 절대로 바뀌지 않는다. 신은 미래에 일어나게 될 일들의 결과를 확인하는 과정을 거쳐서가 아니라 자신의 단일성에 의거해서 모든 것을 자신의 현재 안에서 즉자적으로 본다. 그리고 이것은 네가 조금 전에 제기했던 반론도 해결해 준다. 왜냐하면, 신의 예지가 지닌 이러한 본성은 우리가 미래에 취하게 될 행위들이 신의 예지에 영향을 미칠 것이라고 네가 생각한 것이 잘못된 것임을 보여주기 때문이다.

모든 것을 자신의 현재 안에서 한 번에 즉자적으로 인식하는 것이 신의 예지의 본성이기 때문에, 결과적으로 신의 예지가 미래에 일어나게 될 모든 일들의 기준이 되기는 하지만, 그 자신은 미래에 일어나게 될 그 어떤 일들로부터도 제한이나 영향을 받지 않고, 신의 예지도 모든 것들의 본성 자체를 제한하거나 영향을 주지 않는다. 그렇기 때문에, 인간에게는 의지의 자유가 신의 예지에 의해 훼손됨이 없이 고스란히 존재한다. 따라서 모든 필연성으로부터 벗어나 있는 인간의 의지에 상이나 벌을 부과하는 법은 부당하지 않다. 또한, 신은 저 높은 곳에서 내려다보고서 모든 것을 미리 아는 관찰자에 늘 머물러 있기 때문에, 신이 영원 안에서 모든 것을 현재적으로 보고 있는 것과 우리가 우리 자신의 자유의지로 어떻게 행하느냐에 따라 선한 자들에게 주어지는 상을 받을 수도 있고 악인들에게 주어지는 형벌을 받을 수도 있는 가능성은 서로 공존한다. 따라서 우리가 신에게 드리는 희구와 간구도 헛된 것이 아니기 때문에, 그런 것들은 올바르게 드려지기만 한다면 반드시 효력이 있다.

그러므로 너희는 악을 멀리하고 미덕을 기르며, 바른 희망을 품고서 너희의 정신을 들어올려서 저 높은 곳을 바라보고 겸손하게 간구를 드리라. 너희는 모든 것을 보고 있는 심판주의 눈 앞에서 살아가고 있는 것이기 때문에, 너희 자신을 속이고자 하지만 않는다면, 바르게 살아가야 한다는 필연성이 너희에게 주어져 있다는 것을 알 것이다.”[13]

---

13 보에티우스가 이 책에서 마지막 장에서만 시를 덧붙이지 않고 산문으로만 끝낸 것은 플라톤의 『파이돈』의 결말을 의도적으로 모방한 것으로 보인다. 즉, 철학은 『파이돈』에서 소크라테스가 그랬던 것처럼 자신의 독자들을 신의 정신에 대한 이해로 이끌고서는 그것으로 자신의 소임을 마무리한다.

옮긴이 박문재

서울대학교 법과대학 법학과와 장로회신학대학교 신학대학원 및 동 대학원을 졸업했으며, 독일 보쿰 Bochum 대학교에서 수학했다. 또한 고전어 연구 기관인 Biblica Academia에서 오랫동안 고대 그리스어와 라틴어를 익히고, 고대 그리스어와 라틴어로 쓰인 저서들을 공부했다. 대학 시절에는 역사와 철학을 두루 공부하였으며, 전문 번역가로 30년 이상 신학과 인문학 도서를 번역해왔다. 역서로는 『자유론』(존 스튜어트 밀), 『프로테스탄트 윤리와 자본주의 정신』(막스 베버), 『실낙원』(존 밀턴) 등이 있고, 라틴어 원전 번역한 책으로 『고백록』(아우구스티누스), 『철학의 위안』(보에티우스) 등이 있다. 그리스어 원전에서 옮긴 아우렐리우스의 『명상록』과 『소크라테스의 변명·크리톤·파이돈·향연』, 『아리스토텔레스 수사학』은 매끄러운 번역으로 독자들의 호평을 받고 있다.

현대지성 클래식 2

철학의 위안

1판 1쇄 발행 2018년 6월 1일
1판 8쇄 발행 2024년 7월 1일

지은이 아니키우스 보이티우스
옮긴이 박문재
발행인 박명곤 **CEO** 박지성 **CFO** 김영은
기획편집1팀 채대광, 김준원, 이승미, 이상지
기획편집2팀 박일귀, 이은빈, 강민형, 이지은, 박고은
디자인팀 구경표, 구혜민, 임지선
마케팅팀 임우열, 김은지, 전상미, 이호, 최고은

펴낸곳 (주)현대지성
출판등록 제406-2014-000124호
전화 070-7791-2136 **팩스** 0303-3444-2136
주소 서울시 강서구 마곡중앙6로 40, 장흥빌딩 10층
홈페이지 www.hdjisung.com **이메일** support@hdjisung.com
제작처 영신사

© 현대지성 2018

"Curious and Creative people make Inspiring Contents"
현대지성은 여러분의 의견 하나하나를 소중히 받고 있습니다.
원고 투고, 오탈자 제보, 제휴 제안은 support@hdjisung.com으로 보내 주세요.

현대지성 홈페이지

현대지성 클래식 살펴보기